旅游城市

每个城市都包括城市解读、旅游片区、旅游资讯三大版块。

旅游片区

每个城市划分为若干旅游片区，全面介绍。同时突出重要旅游点。

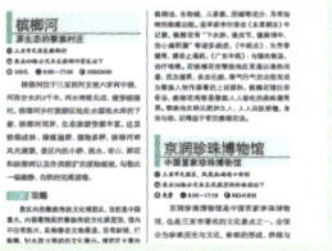

旅游景点

每个旅游景点包括介绍、攻略、链接等版块。力求景点收录全面。

旅游资讯

每个城市旅游资讯版块，包括住宿、就餐、购物、娱乐等内容。

海口 PP.56~95

海南西线 PP.150~181

海南中线 PP.182~209

海南东线 PP.210~251

三亚 PP.96~149

三沙

景点索引（PP.252~254）

如何使用本书

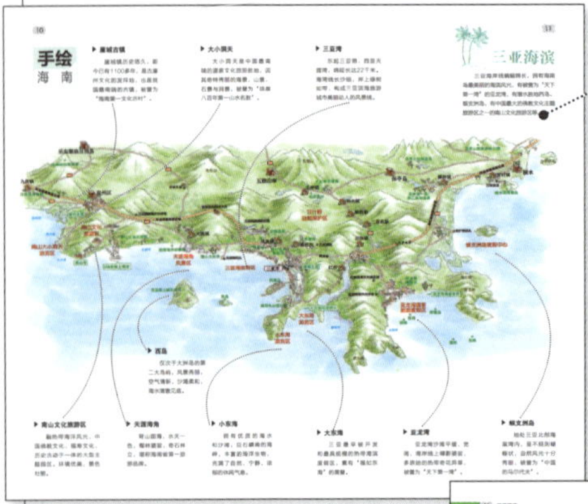

1 多角度解读 全书从地理、历史、文化等多个角度解读海南。包括主题地图、分类景观、精美图片等形式，力图给读者呈现出一个更直观、丰富的海南。

主题地图 精美而实用的地图，是了解海南的最好窗口。书中还有大量的区域旅游地图、景区导览图。

分色标签 每个城市都有一个特定的检索色，便于翻阅。

2 专题知识 对于认识海南具有重要意义的关键词条，书中特设专题，图文并茂，让读者迅速读懂词条。

3 精华景点 三维立体图更深度地引导读者鉴赏那些特别重要的必游的景点。

4 攻略 大部分景点配有位置、交通、门票、链接等丰富的实用攻略。

5 资讯 每个城市都包括交通、美食、住宿、购物、娱乐等资讯。

发现者旅行指南

海南（第2版）

北京·旅游教育出版社

目录

CONTENTS

手绘海南……4
摄影海南……14
印象海南……26
自驾海南……32
解读海南……34
地理/历史/文化
行走海南……48
带什么/何时去/吃什么/住哪儿/怎么走/有用信息

海口……56
概览……58
区域解读……60
琼山府城……64
海口城区景点……68
海口郊区景点……80
攻略资讯……87

三亚……96
概览……98
区域解读……100
三亚城区景点……104
天涯旅游区……111
崖州旅游区……120
吉阳旅游区……128
海棠旅游区……134
西沙旅游区……137
攻略资讯……140

海南西线……150
概览……152
澄迈旅游区……154
临高旅游区……158
儋州旅游区……161
白沙旅游区……169
昌江旅游区……171
东方旅游区……175
乐东旅游区……179

海南中线 …… 182

概览 …… 184
定安旅游区 …… 186
屯昌旅游区 …… 191
琼中旅游区 …… 195
五指山旅游区 …… 198
保亭旅游区 …… 203

海南东线 …… 210

概览 …… 212
文昌旅游区 …… 214
琼海旅游区 …… 224
万宁旅游区 …… 235
陵水旅游区 …… 244

索引 …… 252

地图目录

海南岛自然景观 …… 4
海南岛骑行线路 …… 6
琼海旅游区 …… 8
三亚海滨 …… 10
海口城区 …… 12
海口旅游示意图 …… 59
万绿园 …… 74
石山火山群地质公园 …… 81
海南热带野生动植物园 …… 82
三亚旅游示意图 …… 99
三亚湾度假区 …… 112
西岛 …… 113
天涯海角 …… 116
南山大小洞天 …… 123
亚龙湾 …… 129
亚龙湾热带天堂森林公园 130
大东海 …… 131
蜈支洲岛 …… 135
海南西线旅游示意图 …… 153
儋州旅游交通示意图 …… 164
霸王岭 …… 172
尖峰岭 …… 180
海南中线旅游示意图 …… 185
文笔峰 …… 187
五指山 …… 199
呀诺达 …… 204
海南东线旅游示意图 …… 213
文昌旅游交通示意图 …… 222
万泉河漂流 …… 225
兴隆度假区 …… 236
分界洲岛 …… 245

专题目录

岛屿的种类 …… 36
琼崖纵队 …… 40
黎族船形屋 …… 47
五公祠海南第一楼 …… 65
琼台书院 …… 67
海瑞墓园 …… 70
骑楼老街 …… 72
凤凰岛 …… 105
美丽之冠 …… 108
崖城古城文明门 …… 121
崖城学宫 …… 122
南山 …… 126
东坡书院 …… 162
玉蟾宫 …… 187
文昌孔庙 …… 219
博鳌亚洲论坛永久会址 …… 226

手绘
海南

▶ 红坎瀑布

瀑布总落差145米，两岸峰峦矗立，熔岩密布，附近有元门洞，凌空天河倾泻，宛如银色巨龙从天而降。

▶ 黎母山

世界唯一的热带与亚热带海域分界岛，拥有众多独特自然景观，是海南最适宜潜水、观赏海底世界的海岛。

▶ 呀诺达热带雨林

呀诺达热带雨林生态环境一流，雨林深处的栈道、石级、吊桥和铁索依山势巧妙结合，可以感受雨林的宁静神秘，震撼和新奇。

▶ 天涯海角

这里碧水蓝天一色，烟波浩渺，帆影点点，椰林婆娑，奇石林立，那刻有“天涯”“海角”等巨石雄峙海滨，使整个景区如诗如画，美不胜收。

▶ 大小洞天

大小洞天历史悠久，距今已有800多年。景区以秀丽的海景、山景、石景闻名遐迩，被誉为“琼崖第一山水名胜”。

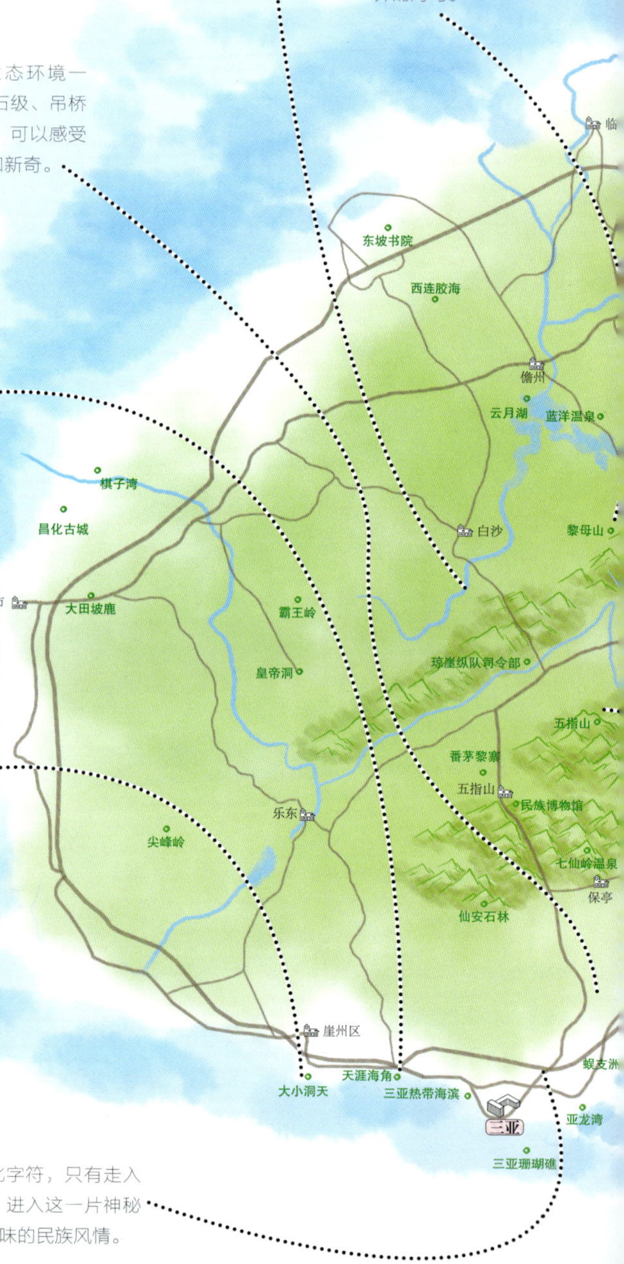

▶ 槟榔谷

槟榔是黎族人的文化字符，只有走入槟榔谷，走入黎家文化，进入这一片神秘雨林地，才能感受原汁原味的民族风情。

海南岛自然景观

▶ 临高角

临高角与雷州半岛隔海相望，拥有临高百年灯塔、热血丰碑、观海亭等景点。

▶ 石山火山群

完整的死火山口，其丰富的熔岩景观、神奇的熔岩隧道都为罕见的火山奇观，被地质专家誉为“火山岩洞博物馆”。

▶ 东寨港红树林

中国建立的第一个红树林保护区，这里树林、阳光、海水、海滩及海底古村庄交织在一起，被誉为“海上森林公园”。

▶ 铜鼓岭

铜鼓岭位于海南的最东角，这里山美石奇，传说动人，有着壮观的山海景色，素有“琼东第一峰”之美称。

▶ 东郊椰林

东郊椰林郁郁葱葱，宛如天然绿色屏障。

▶ 万泉河

万泉河分为漂流区和峡谷探险区，其漂流惊险刺激，被誉为“中国热带第一漂”。峡谷区为探险项目，热带雨林中峡谷丛生，景色奇幻。

▶ 五指山

海南第一高山，是中国名山之一。远眺五指山，只见林木苍翠，白云缭绕，绿山盘旋而上峰巅，有云从脚下生，人在空中游之感。

▶ 分界洲岛

世界唯一的热带与亚热带海域分界岛，拥有众多独特自然景观，是海南最适宜潜水、观赏海底世界的海岛。

手绘海南

▶ 环三亚市

从海月广场出发沿三亚湾路向东骑行经过椰梦长廊，然后南行参观鹿回头公园。沿鹿岭路东行进入大东海，继续北上，沿榆亚路进入新风街，参观曾举办世界小姐比赛的美丽之冠会展中心。然后沿凤凰路进入G225，西行6千米上西线高速，前往大小洞天游览。

▶ 海口—临高—澄迈

从海口绕城公路路口右转进入西线高速路，沿途经过富有热带生态特色的万绿园、保存最完整火山历史遗迹的石山地质公园，经由美台立交进入临高县。然后沿S306进入澄迈县。当晚住在澄迈。

▶ 澄迈—屯昌—琼中—儋州

从澄迈县沿S303南行进入屯昌县，稍作休息后进入G224，一路向南路过枫木镇，参观木色旅游区。到达琼中后，沿G224行至什运镇后，进入S310一路北行进入儋州市，这里有著名的度假胜地云月湖景区和集聚了多种类热带植物的海南热带植物园。

▶ 儋州—白沙—昌江—东方

从儋州市沿G225行至西培农场，然后走S315南行到白沙县，沿途可饱览未加修饰的热带风光，到白沙后，走S310东行至西线高速公路，经过太坡镇进入昌江县，沿X705进入西线高速公路，一路南行至东方市。可参观有名的鱼鳞洲，这里海水清澈、沙滩洁白。

海南岛骑行线路

海南岛面积不大，风光秀丽，气温适宜，而且修建了环岛高速公路。无疑是骑自行车漫步的好地方。每年一度的“环海南岛公路自行车赛”更给这个海岛平添了许多自行车运动的氛围。这种时尚、环保的旅行方式受到越来越多的旅游者青睐。

▶ 三亚—陵水—保亭

从三亚市区沿G223骑行至田独镇，参观“号称天下第一湾”的亚龙湾，从田独镇沿着G223继续前行至藤桥镇，可在那里泡泡南田温泉。抵达陵水后，沿着S305西行到达保亭县，参观七仙岭国家森林公园。

▶ 文昌—定安—海口

从文昌沿X202—S206—G224抵达定安县，沿途经过风光旖旎的南丽湖景区。从定安沿东线高速公路抵达海口，可参观著名的滨海大道景观、海口世纪大桥、历史悠久的五公祠。

▶ 保亭—五指山—琼中—兴隆

从保亭县城出发，沿G224途经毛岸镇，去当地的苗村村寨做客，然后抵达五指山市，参观黎苗风情村和太平山瀑布。沿G224北行便来到了琼中县，游览百花岭瀑布。然后沿S304东行至兴隆，去兴隆温泉度假区感受温泉带来的惬意。

▶ 兴隆—万宁—琼海—文昌

从兴隆沿G225北行至万宁市，参观东山岭。继续北行至和乐港时，可品尝有名的和乐蟹，在龙滚桥沿着X428行驶到博鳌时，可去游览博鳌水城旅游区。然后抵达琼海市，沿路经过红色娘子军塑像。沿S201到达文昌市，此处可游览文昌孔庙和东郊椰林。

▶ 东方—乐东—三亚

从东方沿S314行驶至新宁坡镇，附近有一个大田坡鹿自然保护区，可以参观海南特有的坡鹿。然后沿S314进入乐东县，南行至三亚市天涯镇，参观天涯海角风景区。继续东行至凤凰镇，最终抵达三亚的海月广场。这里毗邻大海，风光秀丽多姿。

手绘海南

琼海属热带季风及海洋湿润气候，四季如春，终年无霜雪。这里风景秀丽，旅游资源丰富，有博鳌亚洲论坛永久会址，有被誉为世界河流出海口自然景观保存最完美的地方之一的万泉河风景区，有闻名的红色娘子军纪念园等。

▶ 万泉河

又称万全河，全长163千米，是目前世界河流出海口自然风光保护最好的地区之一。

▶ 红色娘子军纪念园

为纪念“中国工农红军第二独立师女子军特务连”而专门建造的景区，于2000年开园。

▶ 官塘温泉度假区

一个以中国式庭园廊道，将主楼、客房、别墅、保龄球馆等亭台楼阁有机连成一体，是旅游度假、疗养休闲的人间仙境。

▶ 白石岭

由公子岭、衬布岭、登高岭、三牛岭等山岭组成，山上有石柱擎天等“八景”，登顶可饱览万泉河风貌。

琼海旅游区

琼海属热带季风及海洋湿润气候，四季如春，终年无霜雪。这里风景秀丽，旅游资源丰富，有博鳌亚洲论坛永久会址，有被誉为世界河流出海口自然景观保存最完美的地方之一的万泉河风景区，有闻名的红色娘子军纪念园等。

▶ 博鳌水城

以“亚洲论坛”而闻名，这里水中有岛，岛中有水，秀丽景色和名胜古迹集于一地。

▶ 圣公石

高出海面数米的巨大岩礁，古往今来，任由风吹浪打，石群依然昂首挺胸，巍然不动，气概伟岸。

▶ 玉带滩

万泉河入海口的一处狭长沙滩半岛，是世界上分隔海、河最狭窄的沙滩半岛，外侧是一望无际的南海，内侧是万泉河。

▶ 古县衙乐城

自元大德四年（1300年）设县，至今已有近700年历史。这里有香火不断的城隍庙、四通八达的青石砖古道以及昂然屹立的古县衙

手绘海南

▶ 崖城古镇

崖城镇历史悠久，距今已有1100多年，是古崖州文化的发祥地，也是我国最南端的古镇，被誉为“海南第一文化古村”。

▶ 大小洞天

大小洞天是中国最南端的道家文化旅游胜地，因其奇特秀丽的海景、山景、石景与洞景，被誉为“琼崖八百年第一山水名胜”。

▶ 西岛

仅次于大洲岛的第二大岛屿，风景秀丽，空气清新，沙滩柔和，海水清澈见底。

▶ 南山文化旅游区

融热带海洋风光、中国佛教文化、福寿文化、历史古迹于一体的大型主题园区。环境优美，景色壮丽。

▶ 天涯海角

背山面海，水天一色，椰林婆娑，奇石林立，堪称海南省第一旅游品牌。

▶ 小东海

拥有优质的海水和沙滩，巨石嶙峋的海岬，丰富的海洋生物，充满了自然、宁静、浓郁的休闲气息。

三亚海滨

三亚海岸线蜿蜒绵长，拥有海南岛最美丽的海滨风光，有被誉为“天下第一湾”的亚龙湾，有潜水胜地西岛、蜈支洲岛，有中国最大的佛教文化主题旅游区之一的南山文化旅游区等。

▶ 三亚湾

东起三亚港，西至天涯湾，绵延长达22千米。海湾线长沙细，岸上绿树如带，构成三亚滨海旅游城市美丽动人的风景线。

▶ 大东海

三亚最早被开发和最具规模的热带海滨度假区，素有“福如东海”的美誉。

▶ 亚龙湾

亚龙湾沙滩平缓、宽阔，海岸线上椰影婆娑，多原始的热带奇花异草，被誉为“天下第一湾”。

▶ 蜈支洲岛

地处三亚北部海棠湾内，呈不规则蝴蝶状，自然风光十分秀丽，被誉为“中国的马尔代夫”。

世纪公园
泰华酒店
万绿园
德桂轩海景大酒楼
滨海大道
海口会展中心
黄金海景大酒店
西秀海滩
秀英炮台
文华大酒店
崖州古城
远航大厦
远东大厦
金牛岭公园
海瑞墓
宝源花园
人民医院
秀英区政府
秀英大道
海垦路
八一新村
望海金豪
丘海大道
海南职业技术学院
锦绣京江
南海大道
海口国中学校
乡村钓鱼台
丘浚文化公园
金福路
人类生命科技馆
海南省农垦医院
喜客来超市
海口景山学校
海台金华学校
椰海大道

海口城区

海口城区旅游资源十分丰富，有古寺、古墓、百年老街等众多景点。独具热带滨海特色的万绿园，风光旖旎的西海岸带状公园，中国历史文化名街——海口骑楼老街，纪念唐宋历史名人的五公祠等，无不映衬着这座海滨城市的独特魅力。

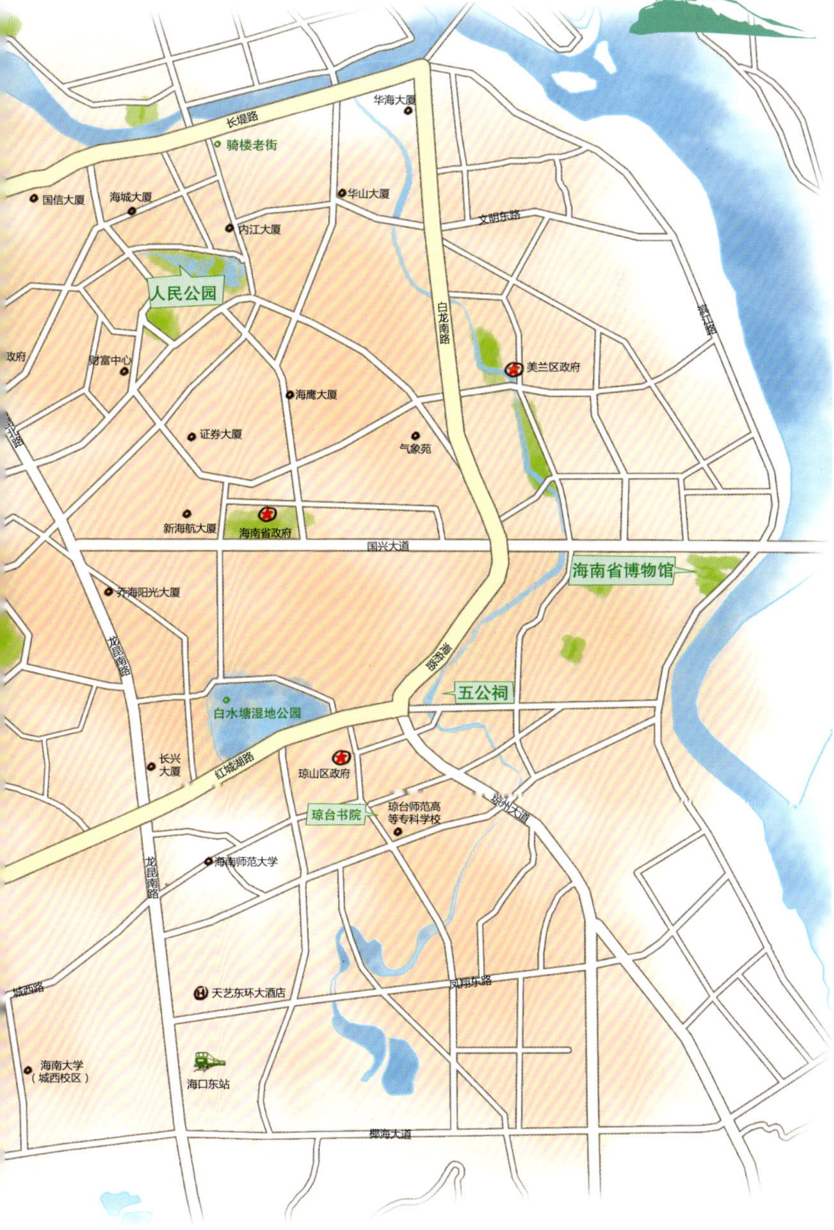

摄影
海 南

漫步沙滩赏梦幻

清幽的海水、细白的沙滩、灿烂的阳光、旖旎的海底世界构成了迷人的海南，其中沙滩是海南最为梦幻的地方。海南岛拥有漫长而优美的海岸线，有众多美如仙境的港湾沙滩令人向往。漫步沙滩，遥望海天一色的天际，仿佛时光在此静止。

精彩刺激的海上运动

帆船、帆板、冲浪、潜水、摩托艇……这些刺激的海上运动你都体验过吗？在海南圣洁辽阔的海边上，无论是风驰电掣的摩托艇，还是刺激翱翔的冲浪板，抑或是潜入深海探秘海底世界，总之，只要你想，在这里你都能体验得到。

摄影
海 南

人间天堂数三亚

海南岛是旅游胜地、度假天堂，三亚的海岸更是国际顶级酒店云集，依山傍水，奢华静谧，犹如世外桃源一般。悠闲地躺在宽大的沙发上，沐浴着和煦的阳光，抬头就可以眺望窗外一望无际的大海，在大自然的纯粹中为心灵做一次神圣的洗礼。

南湾猴岛灵猴闹

南湾猴岛四季绿树葱葱，风光秀丽迷人，拥有着洁净迷人的沙滩，妩媚多姿的椰树，葱郁的山林以及林间嬉闹的猕猴，它们穿梭游走，追逐嬉戏，憨态可掬，十分惹人喜爱。

景色清幽

霸王岭

霸王岭林区是海南热带雨林的典型代表，林区内气候温和，雨量充沛，动植物种类繁多，生态系统完整，远远望去，巍巍群山、莽莽林海，风光无限，处处显现着神奇的自然色彩。

海口钟楼夜色美

海口钟楼景致幽雅，风姿绰约，是海口八景之一，每当日薄西山，夜幕降临之时，江水与城市沉浸在绚烂的黄昏之中，天与地都是瑰丽的玫红色，那种绮丽壮观的黄昏之美，让人忍不住为之心醉。

印象海南

阳光沙滩

亚龙湾

绵延千米的海滩平缓宽阔，三面有青山环抱，风景如画，被誉为“天下第一湾”。

天涯海角

这里碧水蓝天一色，奇石林立，来到此处，仿佛到达了天地的尽头一般。

潜水

三亚海底有绚烂多姿的景观，是探索海底世界、领略海洋风情的旅游胜地。

冲浪

海南万宁的海浪长，刺激性强，海岸风光赏心悦目，是享誉世界的冲浪天堂。

椰梦长廊

是环三亚湾的一条著名的海滨风景大道，这里曲线优美，海水清澈见底。

环岛骑行

骑上单车环游海南，在海天一色中前行，可饱览大海风光，纵享热带风情。

印象海南

热带水果

芒果

芒果营养丰富，果肉甜滑芳香，风味独具一格，素有“热带果王”之美称。

椰子

椰子遍布海南全岛，以东南一带为多，文昌县有“文昌椰子半海南”的美誉。

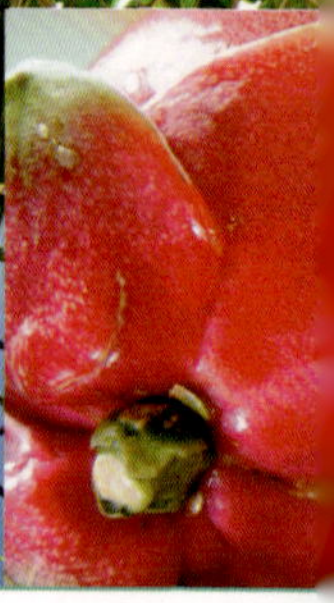

波罗蜜

是三亚水果王国里的庞然大物，味道香甜如蜜。

荔枝

海南岛的荔枝栽培历史悠久，果肉多汁，味甘美，有“百果之王”美誉。

火龙果

火龙果在海南随处可见，果实于夏秋成熟，味甜多汁，营养丰富。

莲雾

莲雾的外形像一个挂着的铃铛，看起来赏心悦目，食之则香甜可口。

印象 海南

黎族风物

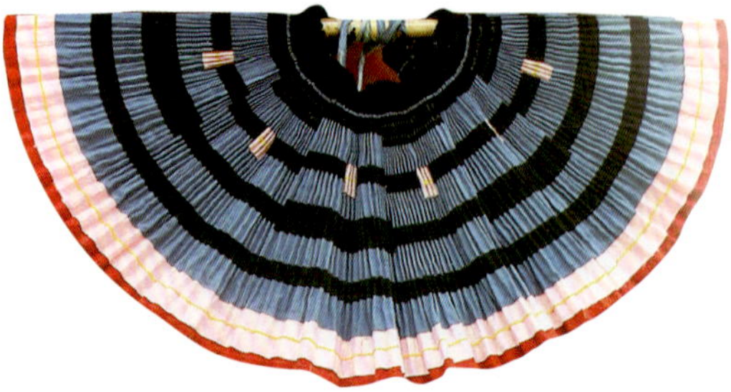

黎锦

黎锦是黎族的特色丝织品，制作精巧，色彩鲜艳，是中国纺织艺术的一朵奇葩。

蜡染裙

是海南苗族的传统手工艺，以天然植物色素染织而成，富有大自然的气息。

五指山

海南第一高山，山清水秀，四季如春，有“天然别墅”的美称。

槟榔谷

这里有大片亭亭玉立的槟榔树，古木参天、藤蔓交织，婀娜多姿。

船形屋

因外形似船篷而得名，是黎族最古老的民居，被称为“黎族精神家园的守望者”。

三月三

黎族人最盛大的节日，也是黎族青年谈情说爱的日子，节日期间会举行歌舞盛会。

自驾海南

线路 1

海南热带风情之旅

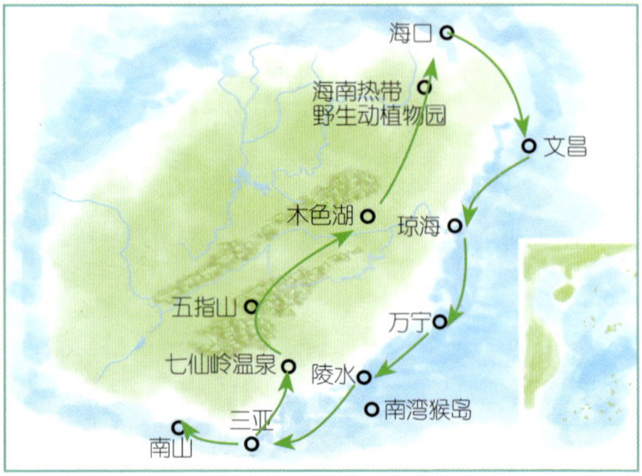

海口 世纪大桥

琼海 东郊椰林

万宁 南湾猴岛景区

保亭 槟榔谷

五指山 五指山风景区

海南岛是南海上的一颗璀璨明珠，这里有碧海蓝天的浪漫，有热带雨林的惊喜，有独特的黎族风情，还有巍峨的五指山，这里是无数游人魂牵梦绕的度假天堂。驾车行驶在世间最美的海岸线上，你将感受到不一样的人生情怀。

第一天 从海口市区沿 S11—S203 行驶至文昌市参观文昌孔庙和铜鼓岭景区，沿途可选择参观东寨港，夜宿文昌市。

第二天 上午参观文昌市附近的东郊椰林景区，之后沿 S201 行驶至博鳌镇参观博鳌古城，夜宿博鳌镇。

第三天 上午前往琼海市参观风景区万泉河，之后沿 S201—航天大道行驶至兴隆温泉景区游览，夜宿温泉度假区。

第四天 从兴隆温泉沿 G98 行驶至南湾猴岛景区游览，之后前往三亚亚龙湾景区游览，夜宿亚龙湾景区。

第五天 从亚龙湾向西行驶至天涯海角景区游览，之后可参观南山文化旅游区，夜宿天涯海角景区。

第六天 从天涯海角景区沿 G98—G224 行驶至槟榔谷景区游览，之后沿 G224—S305 行驶至七仙岭温泉景区泡温泉，夜宿温泉景区。

第七天 从七仙岭温泉沿 G224 行驶至五指山景区游览，下午至屯昌县参观木色湖，夜宿屯昌县城。

第八天 从屯昌县沿 G224 行驶至东山镇参观海南热带野生动植物园，之后沿 G224 返回海口市。

线路 2

三亚五日经典之旅

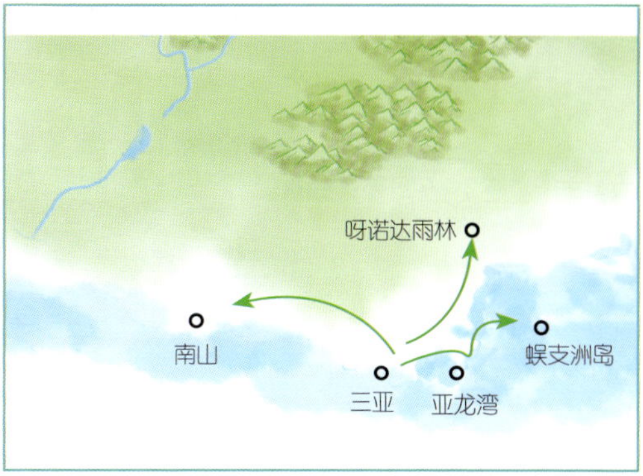

晒太阳，吃海鲜，与椰林树影为伴，在碧海蓝天下尽情放松，来这儿寻找梦想中的度假天堂。五天的时间，在三亚寻一段时光漫步。

第一天 早上去天涯海角，领略美丽的自然和海滨风光，还有天涯画廊、历史名人雕像，以及美丽的爱情神话。中午在景区内品尝美味的海鲜，午后来到南山景区，感受佛教文化的深远意境。

第二天 早餐后前往蜈支洲岛，一睹“中国的马尔代夫”。午后在附近潜水，体验五彩斑斓的海洋世界。

第三天 上午游览锦母角，锦母角是中国版图上大陆架的最南端，是真正意义上的“天涯海角”，是探险和徒步旅游的绝佳去处。随后前往亚龙湾，踩着白皙的沙滩，看海沐浴阳光，呼吸新鲜空气。

第四天 早上去呀诺达雨林景区，观览十二生肖，感受雨林深处的静谧和神奇，领略飞瀑戏水的刺激和乐趣。午后到鹿回头山顶公园，观览鹿回头雕像。随后前往三亚海润珍珠科学馆，之后到小东海，尽情享受夜间海洋的神秘与瑰丽。

第五天 早餐后前往椰梦长廊，欣赏优美迷人的热带植物园林，享受慵懒的度假时光。午餐后前往第一市场，在此可以品尝许多罕见的热带水果，还能淘到心仪的纪念品。

三亚 南山大小洞天

三亚 蜈支洲岛

三亚 呀诺达雨林景区

三亚 小东海

三亚 椰梦长廊

解读海南

三亚鸟瞰

地理

面积和区划

海南省位于中国最南端，形似一个呈东北至西南向的椭圆形大雪梨，是仅次于台湾岛的中国第二大岛。海南省的行政区域包括海南岛、西沙群岛、中沙群岛、南沙群岛的岛礁及其海域，是我国面积最大的省，南沙群岛的曾母暗沙是我国最南端的领土。全省陆地（包括海南岛和西沙、中沙、南沙群岛）总面积约3.5万平方千米，海域面积约200万平方千米。

海南省辖海口、三亚、三沙、儋州4个地级市，五指山、文昌、琼海、万宁、东方5个县级市，定安、屯昌、澄迈、临高4个县和白沙黎族自治县、昌江黎族自治县、乐东黎族自治县、陵水黎族自治县、保亭黎族苗族自治县、琼中黎族苗族自治县6个民族自治县。海南的县级市、县和民族自治县均为省直管，省会为海口。

三亚沙滩

人口和民族

截至2018年末，全省常住人口约为934万，是我国人口较少的省份之一，城镇人口比重约为59%。

黎族、苗族、回族是海南省的世居少数民族，其中黎族是海南岛上最早的居民。世居的黎、苗、回族大多聚居在中部、南部的琼中、保亭、白沙、陵水、昌江等县和三亚市、五指山市。

地形

海南岛四周低平，中间高耸，呈穹隆山地形，以五指山、鹦哥岭为隆起核心，向外围逐级下降，由山地、丘陵、台地、平原构成环形层状地貌，梯级结构明显。

海南岛的山脉海拔多数在500~800米之间，海拔超过1500米的山峰有五指山、鹦哥岭等。五指山山脉位于海南岛中部，主峰海拔1867.1米，是海南岛最高的山峰；鹦哥岭山脉位于五指山西北。

海南岛地势中部高四周低，较大的河流大都发源于中部山区，组成辐射状水系。南渡江、昌化江、万泉河为海南岛三大河流，三条大河的流域面积占全岛面积的47%。

海南岛本岛有长达1823千米的海岸线，拥有优质的沙滩，是我国的度假胜地。海南省的南海境内岛屿云集，西沙群岛、南沙群岛、中沙群岛等岛礁散布于广阔的南海当中，是我国南部的“蓝色宝库”。

气候

海南是我国最具热带海洋气候特色的地方，全年暖热，雨量充沛，干湿季节明显，台风活动频繁，气候类型多样。海南岛年平均气温在23℃~26℃之间，全年无冬。全岛降雨充沛，东多西少，中部和东部相对湿润，西南部沿海则相对干燥。

中国南海诸岛

南海诸岛是指南中国海南北约1800千米，东西约900多千米范围内诸多岛屿、沙洲、礁、暗沙和浅滩的总称，北起北卫滩、西起万安滩、南至曾母暗沙、东至黄岩岛，大致可以分为东沙群岛、西沙群岛、中沙群岛和南沙群岛等四大群岛，南海诸岛共有大小岛礁200多个。

南海诸岛地处热带海洋，多数岛屿气温年变化极小，终年皆夏。岛的基质为多盐环境，植被为极端的盐生类型，主要有麻风桐、海岸桐、海刀豆等。栽培植物有椰子、番木瓜、波罗蜜、剑麻、香蕉和绿化树种木麻黄等。

南沙群岛位于中国南疆的九段线内的南部，是南海诸岛中岛礁最多，散布范围最广的一椭圆形珊瑚礁群，水域面积约82万平方海里，约占中国南海传统海域面积的40%。南沙群岛战略地位十分重要，扼太平洋至印度洋海上交通要冲，为东亚通往南亚、中东、非洲、欧洲必经的国际重要航道，也是我国对外开放的重要通道和南疆安全的重要屏障。

坦荡无垠的中国南海，自古就是中国固有领土，但因其美丽富饶，引起多国觊觎，“鸠占鹊巢”反成常态，平静的南海渐成周边多国矛盾、冲突的焦点。针对当前存在的各国对南海的“争抢”，中国将不折不扣坚持自己的原则，维护国家统一。

琼州海峡，黄金水道

琼州海峡为中国三大海峡之一，是海南岛琼州岛与广东雷州半岛之间所夹的水道，海峡东西长约80千米，南北平均宽为29.5千米，是东南沿海进入北部湾的海上要塞，也是海南省和广东省的自然分界。

琼州海峡形成于千百万年之前。根据最新研究，从晚第三纪（距今2500万年前—250万年前）开始，由于地壳断裂和地块差异性运动，导致雷州半岛与海南岛之间地块断裂下沉，形成地堑式凹陷。之后，海平面上升，海水淹没了凹陷地带，经过潮流的反复冲刷，最终形成了今日的琼州海峡。

琼州海峡两岸的海岸曲折，呈锯齿状，岬角和海湾犬牙交错，而其海底基本为一个潮流通道，组成为一个中央潮流深槽及东西两端两个潮流三角洲。深槽是潮流强烈冲刷的地方，槽内地形起伏不定，深槽主槽轴水深大于80米。在深槽形成的深水盆地中，还断断续续地分布着椭圆形的隆起地形，它是由潮流冲蚀而形成的。

到目前为止，由于琼州海峡的阻隔，大陆和海南依旧未能实现陆地交通，火车要驶入海南，也要整列车厢“乘坐”轮船才能越过海峡。未来，两岸将探索建设横跨海峡两岸的大桥，届时开车直接驶入海南将不再是一个梦想。

海南屋脊五指山

有“海南屋脊”之称的五指山位于海南

岛的中部，因峰峦起伏形似五只手指而得名。五指山是海南岛的象征，也是中国名山之一，五指山的最高峰是其二指，海拔1867米，也是海南岛的最高峰。

五指山主峰由西南向东北排列，先疏后密。山体基本是由距今1.4亿~1.7亿年侵入的花岗岩所组成，在地壳运动及强烈切割作用下，山体中、上部为强烈上升的褶断地貌。山峰起伏成锯齿状，地势险峻，海拔高于1000米的山峰有五指山、铁占岭、平献岭等20多个，构成气势磅礴的穹隆山体。五指山的山溪水沟呈现网状分布，水资源十分丰富，是

岛屿的种类

岛屿是散布在海洋、河流或湖泊中的四面环水、高潮时露出水面、自然形成的陆地，彼此相距较近的一组岛屿称为群岛，列状排列的群岛即为列岛。岛屿拥有领海、毗连区和专属经济区。

大陆岛

是指在地质构造上与大陆相似或相关的岛屿，一般多位于大陆附近，原为大陆的一部分，后因地壳下沉或海面上升，使其与大陆分隔而成的岛。如我国的台湾岛、海南岛，北美洲的格陵兰岛和纽芬兰岛，欧洲的大不列颠群岛等均属大陆岛。

冲积岛

常形成于河口附近，它的组成物质主要是泥沙。陆地的河流流速比较急，带着上游冲刷下来的泥沙流到宽阔的海洋后，流速就慢了下来，泥沙就沉积在河口附近，积年累月，越积越多，逐步形成高出水面的陆地，这便是冲击岛，也叫沙岛，像琼海的东屿岛、上海的崇明岛都属于冲积岛。

人工岛

是人工建造而非自然形成的岛屿，一般在小岛和暗礁基础上建造，是填海造地的一种。人工岛的大小不一，多由扩大现存的小岛、建筑物或暗礁，或合并数个自然小岛建造而成。如三亚的凤凰岛。

海南岛周边岛屿

海南岛近海周边大于500平方米的岛屿就有180个。较有名的有：

万宁大洲岛，4.42km²；

三亚西瑁洲，2.12km²；

琼海东屿岛，1.72km²；

三亚蜈支洲岛，1.48km²。

珊瑚岛

分布于南北纬30°之间、水温大于20℃的浅海区内，是由热带亚热带海洋中的珊瑚虫遗体堆积的珊瑚礁构成的。珊瑚岛地面一般低平多沙，如我国南海的东沙、西沙、南沙，印度洋的马尔代夫都是珊瑚岛，还有一些珊瑚岛分布于主海岛附近，如澎湖列岛、琉球群岛附近又有很多小的珊瑚岛。

火山岛

由海底火山喷发物堆积而成，一般具有高度大而面积小的特点，像太平洋上的很多岛屿都是火山岛，比如夏威夷群岛。

珊瑚岛

分界洲岛

南海诸岛中有很多珊瑚礁构成的岛、礁、滩。西沙群岛中永兴岛最大；南沙群岛中，太平岛最大；中沙群岛有黄岩岛。

海南三大江河中的昌化江、万泉河的发源地和分水岭。

五指山区遍布热带原始森林，层层叠叠，透遮不尽。海南主要的江河皆从此地发源，山光水色交相辉映，构成奇特瑰丽的风光。五指山热带雨林与南美洲的亚马孙河流域、印度尼西亚的热带雨林并称为全球保存最完好的三块热带雨林，被誉为海南岛之“肺”。

独特的地理条件造就了五指山优越的气候资源，这里具有最典型的热带气候特征，冬暖夏凉的气候不仅海南唯一，而且全国少有，是避寒避暑、度假疗养的理想胜地。

中国的亚马孙河——万泉河

万泉河是海南的第三大河，位于海南岛东部，全长163千米，流域面积3693平方千米。万泉河沿河两岸典型的热带雨林景观和巧夺天工的地貌，令人叹为观止，是中国未受污染、生态环境优美的热带河流，被誉为中国的“亚马孙河”。

万泉河有两个源头，南支乐会水为干流，长109千米，发源于五指山林背村南岭；北支定安水发源于黎母岭南，两水在琼海市合口嘴汇合始称万泉河，经嘉积至博鳌入南海。万泉河的上游多为高山峻岭，流经深山峡谷，过合口嘴以后河槽渐宽，水流变得平缓。

万泉河入海口为琼海市博鳌玉带滩，这里集三河（万泉河、龙滚河、九曲江）、三岛（东屿岛、沙坡岛、鸳鸯岛）、两港（博鳌港、潭门港）、一石（砥柱中流的圣公石）等风景精华于一地，既有海水、沙滩、红礁、林带，又有明媚阳光、新鲜空气、清柔流泉，是目前世界河流出海口自然风光保护最好的地区之一。

万泉河景区的游览项目有大型水上观光游船、摩托艇、快艇、竹排等，万泉河漂流更是这里惊险刺激的项目，游客乘橡皮艇顺流而下，有落差各异的激流险滩，有神形绝妙的奇峰异石，有银河奔泻的飞流瀑布，还有椰竹掩映的苗寨村舍，恍若步入人间仙境。

万泉河

海南的自然景观

▼ 国家级自然保护区

三亚珊瑚礁国家级自然保护区
东寨港国家级自然保护区
铜鼓岭国家级自然保护区
大洲岛海洋生态国家级自然保护区
大田国家级自然保护区
尖峰岭国家级自然保护区
五指山国家级自然保护区
坝王岭国家级自然保护区
吊罗山国家级自然保护区
鹦哥岭国家级自然保护区

▼ 国家地质公园

海口石山火山群国家地质公园

▼ 国家森林公园

尖峰岭国家森林公园
蓝洋温泉国家森林公园
吊罗山国家森林公园
海口火山国家森林公园
七仙岭温泉国家森林公园
黎母山国家森林公园
海上国家森林公园
霸王岭国家森林公园
兴隆侨乡国家森林公园

历 史

海南民族博物馆藏品

从骆越到黎族

黎族是我国岭南的少数民族之一，主要聚居在海南岛的中南部，聚居市县有琼中黎族苗族自治县、白沙黎族自治县、昌江黎族自治县、乐东黎族自治县、陵水黎族自治县、保亭黎族苗族县、东方市、五指山市等，是生活在海南岛上的主要少数民族之一。

黎族起源于岭南的骆越人和驻守岭南的中原人。秦始皇征服岭南各部族后，岭南的骆越人与驻守岭南的中原人开启了融合之路。秦末汉初，秦将赵佗据岭南建立“南越国”，对临近大陆的海南岛进行开发，居住在岭南的骆越人和中原人在南越国的主导下登上海南岛，并在海南岛上繁衍生息，逐渐融合形成今日之黎族先民。

南越国归汉后，汉武帝在海南岛设置珠崖、儋耳两郡，又有大量中原汉人进入海南岛，客观上促进了黎族先民的发展。自唐朝开始，黎族和岭南其他民族一起被泛称为“里”“蛮”“俚”“僚”等。“黎”这一专有族称始于唐末，到宋代才固定下来。元、明、清时期，封建地主经济在黎族社会中已占统治地位，大部分黎族地区的生产力水平与当地汉族

历史大事记

远古时期

据海南三亚境内的落笔洞遗址可知，距今约一万年前，海南岛已有人类活动的遗迹。

秦汉时期

公元前214年，秦始皇统一六国，设海南岛为象郡。

公元前203年，赵佗起兵兼并桂林郡和象郡，自称“南越武王”，海南纳入赵佗的势力范围。

相近。

新中国成立后，为使海南的汉族、黎族和其他民族和谐共处，政府先后设置了琼中、白沙、昌江等多个黎族自治县。发展至今，黎族人民已经实现了经济、文化、教育等各方面的提升，向更好的方向迈进。

巾帼英豪冼夫人

冼夫人是中国公元6世纪时岭南地区的百越女首领，是我国历史上南北朝和隋初时期的一位重要人物，被誉为我国历史上巾帼英雄第一人，现在的广东和海南地区还保留有很多与冼夫人有关的遗迹。

岭南冼氏原是拥有十几万户的部族首领，跨据广东恩平、阳江一带山区。冼夫人幼年时叫冼百合，自幼追随父兄南征北战，经历过几次部族之间的械斗，颇有男儿气概，不但能够挽弓执刀与敌人拼斗，而且深谙行军布阵之法，因此深得同族的器重和信赖，不久，她便从冼氏家庭中接替了俚族大首领的职位，甚至海南儋耳诸部落民族也望风归附。

黎族竹竿舞

冼夫人绘画

535年，冼夫人嫁给了罗州（今化州市）刺史冯融的儿子——时任高凉太守的冯宝。冼冯联姻后，冼夫人尽力协助丈夫冯宝处理政事，并约束本族民众，自觉遵守王朝法令。549年，海南王侯景叛梁，高州刺史李迁仕也一同谋反。冯宝在冼夫人的帮助下顺利平定了李迁仕叛乱，冼夫人被梁简文帝封为保护侯夫人。

557年，冯宝病故，岭南大乱。冼夫人挺身而出，为朝廷分忧解难。她利用自己的威望，抚慰岭南百越各部落，终于使岭南各州平静下来，保证了岭南地区的社会稳定。569年，广州刺史欧阳纥谋反，冼夫人又配合朝廷一同打败了叛军，维护了岭南地区的稳定。

589年，隋军大举渡江攻陈，陈国灭亡。冼夫人召集百越各郡大小首领数千人，宣布了这一消息。当时，群情悲愤，大家都要为亡陈报仇，但冼夫人冷静地向他们分析了当时

秦汉时期

公元前111年，西汉将军路博德、杨仆等率师平定南越之乱，在海南岛设置珠崖郡、儋耳郡，标志着中央政权对海南岛直接统治的开始。

隋唐时期

589年，岭南各郡共奉冼夫人为主，后冼夫人率领各郡归附隋朝，完成了隋文帝统一南北的大业。

631年，唐朝在海南增设琼州，海南省的简称“琼”即源于此。

隋唐时期

667年，琼州黎民发动大规模起义，攻陷了琼州城及其属县，起义延续了长达120年。

西沙群岛发现的唐代石碑表明，早在唐代时期中国人即开始在西沙群岛生活。

琼崖纵队

琼崖纵队是中国共产党在海南岛领导的一支人民武装，是以1927年9月海南岛农民起义队伍为基础组建的。这支人民武装在土地革命战争、抗日战争和解放战争中经历了长期艰苦卓绝的斗争考验，创立了以五指山为中心的革命根据地，为海南的抗战和解放事业做出了巨大的贡献。

琼崖纵队总部遗址

冯白驹

是琼崖纵队的创建者和领导人，为解放海南做出了不朽贡献。

琼崖纵队司令部旧址

位于海南省琼中县鹦哥岭的半山腰，1945年冯白驹将军和黎族人民起义领袖王国兴会师后，在此建立了革命根据地。

大事年表

1927年
蒋介石发动"四一二"反革命政变后，中共琼崖特委先后在文昌、琼山等县组建琼崖讨逆革命军。

1927年9月
琼崖特委领导讨逆革命军举行武装起义。

1929年冬
琼崖工农红军独立团成立，次年扩编为琼崖工农红军独立师。

1932年7月
独立师遭受严重损失，余部在冯白驹领导下组建琼崖工农红军游击队。

1938年12月
琼崖红军游击队改编为广东省民众抗日自卫团第十四区独立队。

1939年3月
中共琼崖特委将独立队改称独立总队，由冯白驹任总队长。

1939年2月至年底
独立总队在琼文地区作战70余次，歼日军800余人，开辟了琼崖抗日根据地。

1944年秋
独立总队改编为广东省琼崖抗日游击队独立纵队。

1945年7月初
建立起白沙抗日根据地，继而对日伪军实施反攻。

1947年10月
独立纵队改称中国人民解放军琼崖纵队，冯白驹任司令员兼政委。

1948年9月至次年7月
琼崖纵队向国民党军发动了秋、春、夏季攻势，歼灭4900余人。

1950年3月
琼崖纵队成功接应部分大陆解放军横渡琼州海峡，登陆海南岛。

1950年5月1日
海南全岛解放。

1950年7月
琼崖纵队改编为中国人民解放军海南军区。

宋元时期

971年，宋朝大将潘美攻克广州，南汉灭亡，海南岛开始归宋朝统治。
1097年，北宋文学家、政治家苏东坡被贬至海南，与百姓相处融洽，留下诸多痕迹。

宋元时期

1321年，时为元朝亲王的图帖睦尔被放逐琼州，后图帖睦尔返回北京，于1328年登基称帝，是为元文宗。

明清时期

明朝开始，来海南的大陆移民大幅增加，为海南地域文化的形成发展和成熟创造了文化条件。
1858年，中法签订的《中法天津条约》增开琼州（今海口）为通商口岸，海南开始沦为半殖民地性质。

的形势，表示不要再挑起战火，要维护国家的统一和稳定，终于说服了众首领，岭南归顺隋朝。

冼夫人的一生致力于国家的统一和民族的团结，保证了社会的和平稳定，促进了岭南地区的经济发展，被隋文帝封为谯国夫人，官阶一品，历代朝廷也对她进行了多次追封。

红色娘子军

红色娘子军是土地革命战争时期由冯白驹领导的琼崖苏区红三团下属的一支武装力量，多由农村青年妇女组成，她们在与国民党的战斗中扬名四海。1961年，以娘子军故事为蓝本的电影《红色娘子军》一经上映就风靡全国；1964年诞生的芭蕾舞剧《红色娘子军》，至今仍是中央芭蕾舞团的保留剧目。

1931年5月1日，中国工农红军第二独立师第三团女子军特务连在乐会县正式成立，这就是著名的“红色娘子军”。全连有三个排，每排三班，每个班有十名战士，全连九个班，加上连部的传令兵等人，共有103人。除了两名年纪较大的庶务、挑夫和一名小号兵是男同志外，其余都是农村青年妇女，“娘子军”因此而得名。

娘子军成立后，首战便痛击敌军。1931年6月21日，国民党乐会县“剿共”总指挥陈贵苑带领反动民团武装进攻万宁县苏区机关，娘子军连按作战计划，假装退却，诱敌深入，在路上设伏打击敌人，这一战共毙、伤敌军20余人，俘敌总指挥陈贵苑和中队长陈传美及属下70多人，从此，“红色娘子军”的英名威震琼岛。

娘子军的主要任务是保卫红军师部和苏维埃政府领导机关，看守犯人，做宣传发动群众工作，必要时配合红军主力作战，打击敌人。除了战时英勇杀敌外，平时还配合当地苏维埃政府深入到各村开展活动，是一支十分活跃的宣传队。

1932年7月，国民党向琼崖苏区和红军进行第二次“围剿”。由于红军在第二次反“围剿”战斗中失败，娘子军一部分英勇牺牲，一部分失散，第一、二连先后解体。不久后，海南红军主力作战失利，娘子军被迫解散，成为了不朽的传奇。

海南历史名人

白玉蟾（1194—1229）：琼州（今海南琼山）人，道教全真南宗祖师，南五祖之一。他才华横溢，著作甚丰，建立了称为“靖”的教区组织，成为道教内丹派南宗的实际创始者。

海瑞画像

近现代时期

1931年，中国工农红军第二独立师第三团女子军特务连正式成立，即为后来著名的“红色娘子军”。
1939年，日军占领海南，中国共产党领导的琼崖抗日独立总队在之后的数年中给予了日军沉重打击。

近现代时期

1950年5月，海南正式解放。
1988年4月26日，海南省正式成立，定海口为省会。
2001年，博鳌亚洲论坛在海南成立，海南博鳌为论坛总部的永久所在地。

近现代时期

2010年，国务院发布《国务院关于推进海南国际旅游岛建设发展的若干意见》，至此海南国际旅游岛的建设步入正轨。
2012年，国务院在西南中沙办事处的基础上设立地级市三沙市，市政府驻西沙的永兴岛。

邢宥（1416—1481）：海南文昌人，明代政治家、学者、海南三贤之一。为官20余年，著作有《湄丘集》传世，对于海南文化的发展有极大的影响。

丘濬（1421—1495）：今海南海口人，明代政治家和思想家。丘濬学问渊博，善为南曲，剧作《五伦全备记》在当时颇有影响。其诗法度严谨，风格典雅，著有《丘文庄集》。

海瑞（1514—1587）：海南琼山（今海口）人，明朝著名清官，有“海青天”之誉。海瑞一生经历了正德、嘉靖、隆庆、万历四朝，他为官的故事在民间广为流传。

王映斗（1797—1878）：海南定安人，清代有名的教育家，为人诚直正大，为官公正廉明，关心人民疾苦，爱国忧民。

张云逸（1892—1974）：海南文昌人，中国人民解放军高级将领，无产阶级革命家、军事家。一生历经北伐战争、南昌起义、百色起义、反围剿、抗日战争和解放战争，1955年被授予大将军衔。

宋庆龄（1893—1981）：祖籍海南文昌，生于上海，民主革命家，经历了近代70年历史风雨，被誉为20世纪的伟大女性。

周士第（1900—1979）：今海南琼海人，毕业于黄埔军校，是中国人民解放军著名高级将领，参加了历次中国革命战争。

冯白驹（1903—1973）：海南琼山人，无产阶级革命家，琼崖革命武装和根据地创

东坡书院

海南的人文景观

▼ 全国重点文物保护单位

海口市：海瑞墓、丘濬故居及墓、五公祠、中共琼崖第一次代表大会旧址、秀英炮台、珠崖岭城址、琼海关旧址

三亚市：落笔洞遗址、藤桥墓群、崖城学宫

三沙市：甘泉岛遗址、北礁沉船遗址、华光礁沉船遗址

琼海市：蔡家宅

儋州市：东坡书院、儋州故城、洋浦盐田

文昌市：斗柄塔、文昌学宫、韩家宅

澄迈县：美榔双塔

陵水县：陵水县苏维埃政府旧址

昌江县：信冲洞遗址

临高县：临高角灯塔

▼ 国家历史文化名城

海口（含琼山）

▼ 中国历史文化名镇

三亚市崖城镇（现改为崖州区）

儋州市中和镇

文昌市铺前镇

定安县定城镇

▼ 中国历史文化名村

三亚市崖城区保平村

文昌市会文镇十八行村

定安县龙湖镇高林村

文 化

黎族服饰

璀璨的黎族文化

黎族是海南最早的居民，其历史可追溯到新石器时代，至今已有数千年。今天黎族主要聚居在海南岛的中南部地区，他们在海南岛这方热土上，经历了长久的历史积淀，逐步形成自己璀璨而又独特的文化。

黎族服饰

黎族妇女

黎族服饰风格独特，无季节之分。黎族男子一般上身穿无领对襟无纽扣麻衣，腰间前后各挂一块麻织长条布，头上缠红布或黑布。妇女的装饰一般穿对襟或偏襟，直领或圆领上衣，上衣边沿绣花，并缀以贝壳、铜钱、串珠等饰品，黎族女性习惯头戴花巾。

黎族歌舞

黎族表演艺术主要体现在民间舞蹈和歌谣上。其民间舞蹈分为宗教祭祀舞、生产劳动舞、生活自娱舞三种类型。代表作品是黎族的《打柴舞》，曾在中国大陆和多个国家巡演，被誉为“世界上罕见的健美操”。黎族歌谣花样繁多，黎族人遇事、遇景、遇情而歌，即兴演唱。歌调古朴粗犷，曲调优美绵长。

黎族建筑

黎族人民居住的房屋很有特色，一般呈船底形和金字形，建房屋的材料是茅草、木料、竹子、红白藤、山麻等。木料多用

黎族船形屋

海南卷轴

《海南岛史》：由日本作家小叶田淳所作，描写了从两汉到清朝海南岛历史人文的发展，书中有极为罕见的图片，是研究海南岛古代史的珍贵资料。

《阳光的首都》：从一个旅游者的角度将海南风光呈现在读者面前，是阳光、海洋、沙滩、椰林和滨海城市之书，同时也是民俗、探险、热带雨林之书。

《风从南洋来》：作者是《海南日报》资深女记者，全书描写了数年史海钩沉，揭秘了埋藏在过去时空的海南。历史的真实与残酷，命运的悲怆与凄美，交织成一条忧伤的河流，在她的笔下缓缓流淌。

黎族船形屋

优质、坚固耐用的格木。船底形屋又有铺地形和高架形之分，房门开在房屋的两端，上面住人。

黎族饮食

在热带气候条件下，黎族人创造了特有的饮食文化。特色饭有山兰米饭、竹筒饭、山果饭等；特色饮料有“并酒”（糯米酒）、芭蕉酒、木薯酒等；特色菜肴有南杀（黎家酸菜）、肉茶、鱼茶等。

黎族文身

黎族文身被人类学者誉为“人体上的敦煌壁画”，黑色的线条在脸上纵横，下巴上也密密地布着几道，像是用炭划过一般，有些则像是被密密麻麻的大头针扎过，遍及四肢。在我们看来差别不大的文身，对于黎族人来说有着特殊含义，这跟他们的服饰一样，是区别于其他支系和部落的重要标志。

宗教信仰

黎族没有形成统一的宗教信仰，各地均以祖先崇拜为主，也有自然崇拜，个别地区还残留着氏族图腾崇拜的痕迹。祭祖先是黎族的重要宗教活动，以求祖先保家人平安。

十 洋浦千年古盐田

海南儋州洋浦的新英湾区是一个天然避风的海湾，在这个海湾里，有流传千余年的古盐田和晒盐技艺，被人们称为洋浦最早的“工业”。古盐田没有天生丽质和华贵的美貌，它的美朴实而厚重，千百年来养育着这片土地上的人们。

千年古盐田是我国最早的一个日晒制盐点，也是我国至今保留最完好的原始日晒制盐方式的古盐田。在这里，盐工们就地取材，将海边大片的天然火山岩石削去一半，凿成无数浅浅的石槽，像一方方砚台比肩伫立，因石而异，大小、高低错落，有些上面还雕凿着古朴的文字，错落有致地分布镶嵌在一垄垄、一块块的盐田周围，总数达6800多槽，蔚为壮观，平时在石槽中注入经过滤后的海水，涨潮时海水也会自动漫入这些石槽，让烈日暴晒成盐。

千年古盐田的制盐工序古老、独特，生产出的盐巴白如雪，细如棉，咸味适中醇正，

洋浦古盐田

海南影像

《行走海南》：全书以精美的图片及优美的文字，为读者介绍了海南的山水、海南的美食、海南淳朴的民风、海南闲适的生活……帮助读者感受中国山水的魅力，唤起心中的山水情怀。

《红色娘子军》：20世纪60年代的经典影片，讲述了内战时期海南红色娘子军的斗争故事，围绕吴琼花从奴隶成长为共产主义战士的经历，用写实的手法突出反映了旧社会妇女在反抗和斗争中成长的典型事例。

《冲出亚马逊》：在海南取景拍摄的一部影片，描述了两名中国特种兵在国际“猎人学校”受训的故事，影片中以海南的雨林风光为背景。

黎族三月三

不带苦味，具有纯天然、无杂质、颗粒小、可直接食用的特点。

今天的海南人对古盐田所产的盐巴仍青睐有加。千年古盐田目前仍有1000多个形态各异的砚式石盐槽密布海滩，现在的盐田村仍有30多户盐工，每天都在这片盐田上沿袭着1200多年来的古老方式劳作。

海南音乐唱响全国

海南是一片音乐飘荡的土地。海南岛在新中国成立后创作了一大批有影响的音乐作品，而在海南建省近20年来，这里的音乐创作更加活跃，在歌曲、器乐等很多方面均取得了丰硕的成果。

新中国成立后，为反映红火的建国热情，讴歌劳动人民的精神面貌，海南出现的歌曲有《春米谣》《侬是黎家伐木工》《海南渔歌》等。这些作品有着鲜明的时代特色，反映出时代的旋律特点、节奏特色，音乐也为当时的生产劳动注入了激情，反映了劳动者的心声，从而使这些作品得到普通劳动人民的喜爱而被经久传唱。

改革开放以后，尤其是海南建省以来，为反映海南的开发胸怀和昂扬的精神面貌，出现了《海南我的家》《永远的邀请》《请到天涯海角来》《海南好》《博鳌更喜人》《海之南》等歌曲，从旋律走向、音乐素材的运用、内在的音乐情绪上都突出了海南作为中国改革沿海省市的对外态度，反映出时代赋予海南的文化优势以及海南人的开放胸襟。

近年来，海南音乐创作获得了快速发展，不仅表现在作品数量的急剧增加上，而且表现在大量新技法、新思潮的运用上。海南开放的政策吸引了大批作曲家来到海南，他们以自己对海南的体验、观感为题材，写出了一系列新时代的作品，如马剑平运用现代手法创作的《第三音乐会序曲》、倪承为的舞蹈音乐《种山兰的女人》、民族管弦乐

海南天籁

《青槟榔之味》：主要讲述了黎族姑娘立春一家的生活，表现了当代黎族人民对时尚生活以及家庭和谐美满的自觉追求，是我国第一部黎族现代生活题材电影。

《中国有个海南岛》：是一部介绍海南风情的纪录片，摄制组深入海南各市县，在一个多月的时间全面挖掘展现海南的自然、历史、文化及民俗等，充分展现了海南岛的风土人情。

《我爱五指山我爱万泉河》：描写了海南革命时期的战争场面，是一首红透了70年代的歌曲，由游国屏首唱，后来歌唱家李双江将这首歌搬上了1987年的春晚舞台。

《椰乡情趣》等。这些作品是音乐家们在海南开放精神感召下，以海南音乐为素材而妙笔抒怀创作出来的。

海南的流放文化

海南历史上是一个贬谪之地，流放之地，古人有“一去一万里，千之千不还”“鸟飞犹需半年程”之叹。被流放的名相文士留下的诗作历代传颂。不论是被贬的政客还是流放的文人，甚至是贩夫走卒，这些被大陆权贵所遗弃的人们在海南这片土地上获得了新生，为后人留下了丰厚的历史文化遗产。

较集中体现海南流放文化的是三亚崖城镇水南村，从汉到明，被贬到海南的贤相、名臣、学士有15人之多，其中有10人居住在水南村，至今村中仍有多位被贬名相、大臣、学士的后人居住。因他们的先人来自不同地方，所以不同形式的民居建筑风格各异。

历史上流落或被贬至海南的名人辈出，唐代太子洗马兼侍读刘纳言，唐高僧鉴真，宋代画家、书法家、诗人白玉蟾，宋诗僧惠洪，北宋宰相卢多逊、丁谓，南宋曾任右司谏侍御史（宰相）、参知政事的赵鼎，南宋曾任参知政事、资政学士的李光，南宋时四位抗金主战派忠臣相继被贬至海南。

在海南的贬官历史上还有一个独一无二的皇亲国戚，即元代元英宗的亲王图贴睦尔。这位亲王因卷入宫廷斗争而被贬至海南，当时才17岁。然而世事弄人，数年后，这位亲王回到大都并最终成为皇帝，史称元文帝。

在所有被贬人士中，对海南的历史进程、风俗习惯影响最大、最有成就的无疑首推苏轼。在来海南的途中苏轼写了一首诗给弟弟苏辙，诗的最后两句是：“他年谁作舆地志，海南万里真吾乡。”可见，苏轼当时到海南是抱着“生还无期”的心情的。苏轼在海南的地位相当于孔子在中原，他在儋州开辟学府，自编讲义，自讲诗书，不遗余力地推行文化教育，培养出了一大批的饱学之士。史载海南历史上第一个中举人者姜唐佐，就是苏轼精心培养的得意弟子。苏轼获赦北归后，他的弟子连续不断地考上了功名，仅宋代，海南历史共出12位进士，使“蛮荒之地”放射出文化人才的曙光。今天在海南儋州还保留有东坡书院，是苏轼被贬儋州后的居住地。

这些失意者在感慨命运多舛的同时，却为海南带来了当时先进的思想理念和生产生活方式，最重要的是带来了大陆先进的文化，并在海南这块肥沃的土地上播下了文化的种子。

苏轼像

《万泉河水清又清》：电影《红色娘子军》中的一首插曲，在音乐语言上体现出鲜明的黎族音乐风格和特点，表现了军民团结一家亲的景象。

《请到天涯海角来》：由歌手沈小岑演唱的一首歌曲，1984年登上中央电视台春节联欢晚会，描写了海南岛美丽的自然风光，让更多的人知道了海南，开始向往这片美丽的土地。

《五指山歌》：解放战争时期流行于海南岛革命根据地的黎族民歌，歌曲以意境深远和清新优美而深邃的曲调，抒发了黎族人民对红军的爱戴和拥护。

黎族船形屋

黎族船形屋是黎族民居建筑的一种，流行于海南的黎族聚居区。船形屋是用藤条、树枝、木棍扎制屋架，茅草覆顶，屋檐接地，檐墙合一，远看像船底，因而被称为“船形屋”，主要分布在海南中部的琼中县、白沙县、昌江县等地区。如今只有在偏远的山区还零星分布着一些这样船形的茅草房。

黎族习俗

黎族女孩到了15岁，便由父母或兄弟帮她盖间“人”字形茅草屋——隆闺，男孩则多是自己盖。隆闺一般建在村头或者村尾的僻静处，或者紧挨父母住房搭建，是黎族青年谈情说爱的场所。

白查黎族村

东方市江边乡白查村是海南船形屋保存得最完整的自然村落之一，被誉为“黎族最后一个古村落”，现存81间船形屋，2008年儋州船形屋被列入国家非物质文化遗产保护名录。

海南的文化景观

▼ 国家级非物质文化遗产

民间音乐：儋州调声、崖州民歌、黎族竹木器乐、黎族民歌、海南斋醮科仪音乐、海南八音乐器、临高渔歌、苗族民歌

传统舞蹈：黎族打柴舞、老古舞

传统手工技艺：黎族钻木取火技艺、黎族原始制陶技艺、黎族树皮布制作技艺、黎族传统纺染织绣技艺、海盐晒制技艺、陶瓷烧制技艺

民俗：黎族“三月三”节、南海航道更路径、黎族服饰、黎族船形屋营造技艺、海口天后祀奉、民间信俗

传统戏剧：临高人偶戏、公仔戏、琼剧、海南斋戏

传统美术：海南椰雕、木雕

行走 海南

带什么

来海南旅游，要想把一些著名景点全部游览完，也需要一定的时间。虽然海南作为旅游胜地，景点大多开发得比较完善，并不需要携带过多物品，但是对于滨海游泳潜水、户外徒步探险、食用海鲜水果等事宜，还是需要做好充分的准备。

旅行者

常规必带

服装、背包、鞋袜

海南热带海洋性气候显著，多高温湿热天气，尽量携带吸汗、透气、易干的衣物，因衣物干燥较快，无须带太多。如果是冬天，尽管天气暖和，最好也带件外套，以防寒潮来袭。

背包尽量选取透气性好，材质结实耐磨型。

在海南进行爬山、徒步旅行时，一双结实耐用的运动鞋是必不可少的。袜子方面，选择弹性较好、排汗良好的运动袜即可。

药品

药品、食品

常规旅游准备一些感冒药品、胃肠类药品和一些去热止痛的消炎药品就可以了，如：感冒片剂、感冒冲剂、泻痢停、复方阿斯匹林、扑尔敏、抗生素等。

在海口、三亚等大城市旅游，各大景区都备有餐厅或小卖部，也备有一些常规药品，不必过于担心。但是在郊区或较为偏远的地方，需要准备纯净水或功能饮料等，以备随时补充能量。

海南海滨

洗漱用品

毛巾、牙膏、牙刷、香皂、护肤霜、洗发水、梳子、剃须刀、手纸、湿纸巾等。

防护用品

海南岛紫外线辐射很强烈，要携带墨镜、高指数的防晒霜。防晒霜可以削弱紫外线的影响，避免被晒得脱皮，太阳镜和带檐的帽子同样能起到防晒保护的作用。

海南夏季多台风暴雨，此时旅行要带雨伞或雨衣。

特殊选带

药品、食品

对于完全背包客、徒步、探险之类的自助旅游，要备一些以下药品：

常备药物：牛黄解毒片、黄连素、牙周宁、息斯敏、乘晕宁；

外用药：云南白药、万花油、创可贴、清凉油、风油精、伤湿止痛膏、眼药水、药棉、纱布、绷带、白胶布；

维生素类：金施尔康、善存片、其他维生素片；

驱蚊药水：岛内热带雨林等区域比较潮湿、夏天蚊虫也较多，应自备驱蚊药水。

补给食物：首选巧克力、牛肉干、饼干、糖果等高热量的食物。

泳衣、泳帽、水镜

前去海南旅游必不可少的项目便是去海滨沙滩、浴场游泳潜水，因此准备好泳衣、泳帽、水下眼镜等用品。

帐篷、睡袋、旅行水壶、指南针

若是打算去热带丛林或深山老林中探险，准备在野外露营的话，需要携带防雨帐篷和睡袋。户外探险随身带个水壶便于饮水；如果迷了路，指南针能够指引前进的方向。

指南针

摄影器材

旅游和摄影向来是不分家的。前往风情多彩的海南也是如此，相机是一件必不可少的装备。普通旅游需求下，家用卡片机基本满足需要。若是想拍摄高质量的自然美景和少数民族的风土人情，镜头中带上一支广角镜头和一支中焦变焦镜头基本满足需要，一支轻便的三脚架也十分有必要。多带几颗电池和几张容量大点的SD卡是明智之选，此外偏振镜、UV镜、清洁套装、防尘防御塑料袋等设备也十分有用。

何时去

三亚海滨

海南长夏无冬，终年温和湿润，一年四季适合旅游。相对而言，每年11月至次年5月是海南的最佳旅游季节。6~9月有台风，雨季集中。

春天，春暖花开，万物复苏，三亚附近的景观也被花红柳绿的植物所笼罩，是三亚最美的时候。这个时期，还有盛大的“三月三”节举行，可以了解黎族、苗族服饰、黎族婚庆习俗以及各种民族竞技等内容。每年3月下旬或4月上旬还会举行海南国际椰子节。

夏季，海南不只有炎炎烈日，这里遍地皆绿，空气清新，瓜果飘香。海南五指山、黎母山、呀诺达等热带原始森林区，峰峦叠嶂，森木茂密，是避暑胜地。除了可以登山观景，探险热带雨林，还可以进行漂流。此外，在三亚、蜈支洲岛、西岛、分界洲岛等地，还可以进行潜水，漫步海底，探索神秘海洋世界。

秋冬时节，海南温暖宜人，可以漫步海滩赏落日，吃美味的海鲜。这个时期，海南还有各种大型活动举行，每年中秋有儋州民间歌节，11月下旬有“海南欢乐节”，三亚市举办国际婚庆节，12月儋州有“东坡节”等，秋冬季的海南也充满乐趣。

▼ 海南旅游月历

月份	节日
1	中国海南美食节（海口）
2	琼山换花节
3	三亚龙抬头节 琼山府城军坡节
4	三亚姐妹节 海南国际椰子节 “三月三”节（黎、苗族村寨）
5	兴隆东南亚风情狂欢节
6	龙舟节 龙水节（盈滨半岛）
7	南山法会
8	七仙岭嬉水节
9	儋州民间歌会
10	南山长寿文化节
11	国际热带兰花展览会
12	天涯海角国际婚礼节 福山咖啡文化节

吃什么

文昌鸡

海南独特的热带气候使这片土地拥有众多怡人可口的美食小吃，海南当地的特色菜，数之不尽的海鲜特产，品种丰富的热带水果，为前去旅行的游人带来全新的味蕾体验。

文昌鸡

海南最负盛名的传统名菜。文昌鸡皮薄滑爽而且肉质肥美，传统吃法是白切，蘸着吃的酱汁则是精髓所在；同时配以鸡油鸡汤精煮的米饭，俗称“鸡饭”。

嘉积鸭

其烹制方法繁多，尤以白切最能体现原汁原味。嘉积鸭肉质肥厚、皮白滑脆，皮肉之间夹着一层薄脂，特别甘美。

东山羊

东山羊主产于万宁市东山岭。其美味据传是因羊食东山岭的稀有草木所致。肉肥而不腻、食无膻味，且滋补养颜防湿热。

和乐蟹

和乐蟹产于海南万宁市和乐镇，与文昌鸡、嘉积鸭、东山羊并列为海南四大名菜。甲壳坚硬、肉肥膏满。可蒸、煮、炒、烤，尤以清蒸为佳。

苗族三色饭

三色饭是一种极富民族特色的饭，具有节令性，在农历“三月三”民间节庆时，几乎家家制作，饭呈红、黄、黑三色。

斋菜煲

海南斋菜煲是海南民间传统菜，主要出自海口和琼山地区。传统的海南斋菜煲中配以黄花菜、腐竹、粉丝、南瓜、大薯，豆角等蔬菜。每逢农历大年初一，家家户户必吃斋。

黎家竹筒饭

黎族的传统美食，用香米配肉为原料，放进新鲜的竹筒中，加适量的水，再用香蕉叶将竹筒口堵严，放在炭火中烤焦而成。竹节青翠，香气飘逸，柔韧适口，是海南著名的风味美食。

椰丝糯米粑

椰丝糯米粑是海南常见的风味小吃。是用糯米粉做皮，填以新鲜椰肉丝、芝麻、碾碎的炒花生、白糖等配成馅做成。黏而不腻，清甜可口，风味独特。

椰丝糯米粑

海南椰奶鸡

海南椰奶鸡是一道具有独特海南风情的菜式，将清冽甘甜的椰子汁与正宗的文昌鸡合而为一，由此诞生椰香浓郁、鸡肉嫩滑、味鲜可口的椰奶鸡，用筷子戳开分块即可夹食。

住哪儿

凤凰岛建筑

随着海南日益成为热门旅游地，海南岛的各项旅游设施也在不断地完善，在海南旅游不必担心住宿问题，海南有300多家酒店遍布全岛，尤其以海口、三亚两市最为密集，住宿标准也相对较好。因为竞争激烈，海南的酒店非常注重服务质量，而且价格低廉实惠。在海南没有不打折的酒店，在海口和三亚尤甚。

星级酒店

海南的星级酒店数量众多，主要分布在海口、三亚及省内各热门旅游景点附近。其中海口的高档酒店多在滨海大道、国贸等商圈，三亚的高档酒店多在亚龙湾附近。酒店档次、服务质量普遍较高，且价格实惠，常会有折扣优惠。游客可以放心入住，尤其是旅游旺季，最好提前预订。

快捷连锁酒店

省内各市县均有如家、汉庭、7天等快捷酒店分布，尤以海口、三亚居多。酒店价格、设施、服务与内陆相差不大，可以选择网上提前团购预订。

度假村及海景房

海南拥有绵长蜿蜒的海岸线，海滨风光秀丽，海口、三亚有众多依海而建的酒店、度假村，游客入住“海景房”，可以观赏到美丽风景，直接领略到海南的热带海洋风情。三亚的大东海附近有优质且价格实惠的海景房。

普通宾馆

海南的宾馆遍布海口、三亚等各个角落，各种类型的都有，服务也十分周到，可以满足各类游客的需求。除去旅游旺季，价格一般都比较实惠。

青年旅舍及家庭旅馆

海南省内的国际青年旅舍数量不多，主要在海口和三亚，适合年轻自由的背包客，除此之外，还可以选择温馨舒适的家庭旅馆，汇聚了众多家庭旅馆的三亚湾是最佳的选择之一。

亚龙湾酒店

怎么走

杨浦大桥

海南交通发达，岛外前往海南的主要交通方式以航空和水运为主，岛内交通以公路和铁路为主。在海南旅行时，不同的交通方式给我们带来便捷的同时，让我们领略到海南不同角度的魅力，也带给我们不一样的人生体验与感受。

飞机是国内大部分游客到海南旅游最便捷最常用的交通方式。海南省现主要有北部海口美兰机场，南部三亚凤凰机场两大国际机场，已开通航线200余条，通往国内外90多个城市和地区。

海运是海南的一大交通重点。客运港口以海口、三亚、清澜为主。海口有新港、秀英港两个大型客运港口，每天开往大陆沿海及香港等地区客轮达40多艘。三亚港是客货两用港口，客运轮船直达广州、越南、香港和新加坡等地。海南东线的清澜港则是到达西沙群岛及附近岛屿的省内水路交通重要港口。

海南岛陆上交通以公路为主，通车里程达1.4万余千米，主要以环岛高速公路及东线223国道、中线224国道、西线225国道为主脉落。

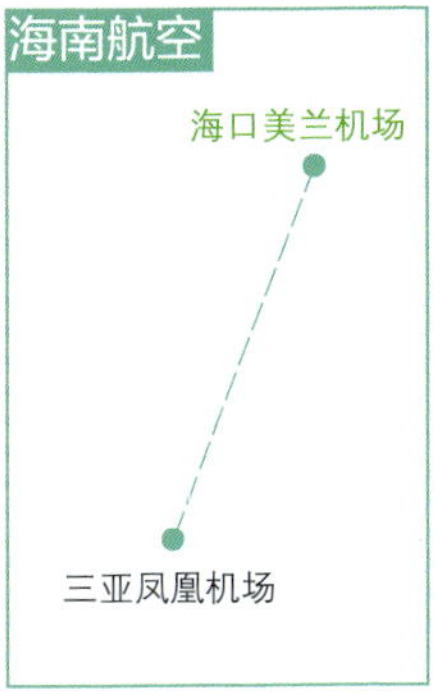

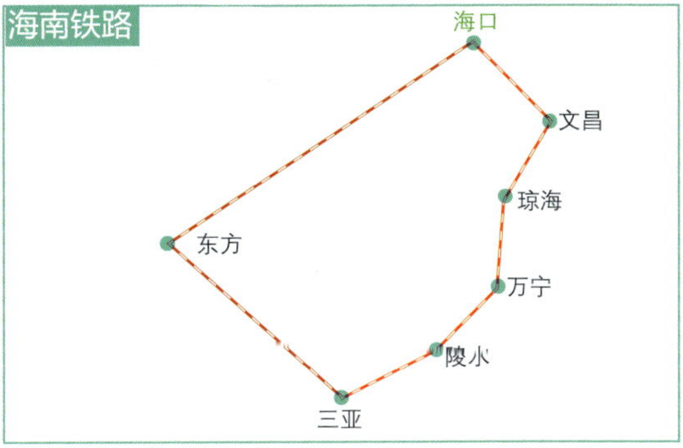

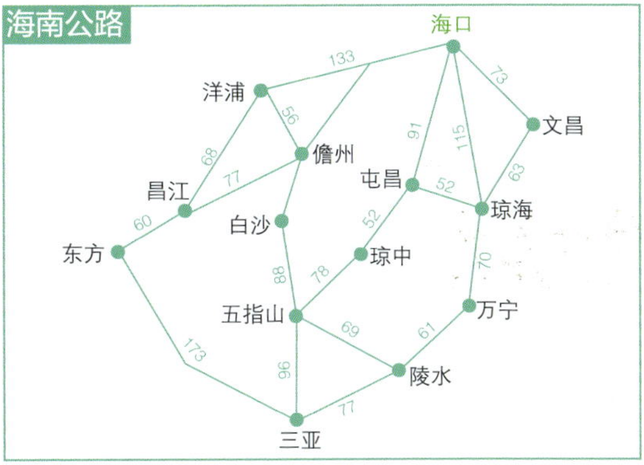

有用信息

旅游通信

海南话十句

海南语	普通话
又猫	跳舞
霞接	请坐
鲁够帅	你好帅
鲁哆密嘎	你在干吗
鲁哦	你好
卧瞌	睡觉
食糜	吃饭
布田	种田
行路	走路
对谈	聊天

通信

海南全境基本都通手机，信号覆盖全面广泛，从信号强度上来说，三家运营商中移动较为稳定。但在偏远地区，三家的信号都比较弱。游客若是打算徒步、登山等极限旅行活动，进入深山老林或房屋密集的地方，最好配备卫星电话。

银行

海南全境的银行网点众多，商业银行设施齐全，尤其是海口、三亚等大城市，工行、建行、中行、农行、邮政等均设有分行，一般具有银联标志的银行卡即可使用。其他较为偏远地区的银行数量较少，建议消费前可携带适量现金。

节约技巧

1.选择入住品牌连锁酒店时，除了订房网站外，不妨到团购网站和酒店官网看看，往往有更多惊喜，在海口和三亚等地，经常会有酒店折扣优惠活动。

2.要善于利用淘宝、大众点评及各种团购应用APP，不仅能吃到美味，还能得到众多优惠。

3.合理安排行程，不仅可节省时间，又能减少交通费用，可参考第一步等网站的行程攻略。

4.在海南、三亚等地游玩，尽量选择公共交通，前往较为偏远的地区可选择拼车同行。

5.淡季出行是省钱的杀手锏。淡季不仅门票价格减半，避开众多的游人，也可以欣赏到别样的风光。淡季的海南海滨景色优美，且住宿饮食价格普遍较低。

三亚度假酒店

6.在海南购买旅行纪念品，大可不必非去商业街区的各种店铺。在当地人开的店铺或是从村民手中，不仅能买到理想的纪念品，而且对当地人的生活有实际的帮助。

风俗禁忌

海南是一个国际性的开放性海滨旅游胜地，具有强大、友好的包容力，在日常交往中，没有过多特定的礼节，只需在特殊场合注意即可。要注意的是在黎苗等少数民族村寨地区旅游时，入乡随俗，尊重和保护少数民族地区的风俗禁忌。

突发状况

旅途中总是会出现一些不期待发生的情况，但只要做到“事前认真准备，事后冷静处理”，一切都会迎刃而解的。

汽车抛锚：开车自驾游前您应当掌握一些简单基本的维修技术，若是途中出现汽车抛锚，先依据经验，判断是否可以自己解决。不能解决或无法判断，则要打电话给保险公司。

钱物丢失：钱物在旅途中是十分重要的，无论损失大小，总会给美好的旅行蒙上一层阴影。为避免财物损失，应以预防为主。最好做到少携带现金，把现金放到贴身衣物中，只把零钱放在包里，银行卡不要与身份证放在一起。若是钱物丢失，马上联系可以联系的朋友进行及时帮助，切不可拖拉。

水土不服、食物中毒或生病：因为水土不服、食物不洁或者天气因素，生病也是会发生的事情。特别是一个人的话，更是需要时刻注意。因此，旅途中应带足相关药品（如感冒类、肠胃类药品等），出行时要保护自己，不随便吃东西、避免在太阳下暴晒、少在雨里行走等。不幸生病的话，要及时吃药或到医院就诊，若是严重的话要联系朋友及家人。在海南旅游，海鲜美食、热带水果众多，尤其要注意过度食用的后果，做好防范。在滨海浴场安全区域内游泳，避免误入深水危险区域，保护好自身的生命安全。

海上观音

皮肤晒伤处理：在海边游泳晒太阳后，皮肤会感到灼热疼痛，应立即用清水将皮肤清洗干净，因为海水的盐分会吸收皮肤的水分，使肌肤变得粗糙。使用清水（矿泉水最佳）清洗皮肤，让皮肤吸收水分，但需要注意的是一定要待晒伤的肌肤冷却后冲洗，用冷水效果最好，避免用热水。如果只是轻微晒伤，可使用较滋润的晚霜或护肤膏涂在痛处；如果是严重晒伤起水泡，最好是找医生治理，免得皮肤受到其他感染。

请保护蔚蓝的海南

海南的海滨生态环境比较脆弱，我们前往海南获得了旅行带来的快乐，也有义务承担带去的影响。每个人都应做到不随便破坏或是占有当地的动植物资源，旅途中尽量减少垃圾的产生，更不能乱丢垃圾，尤其是在偏远地区，应将其带回城市中，进行垃圾回收处理。美丽的海南，我们带走回忆的同时，也应带走垃圾。

发现者

旅行指南

海口

概览

亮点

■ **石山火山群**

石山火山群是一个完整的死火山口，拥有多种火山类型，丰富的熔岩景观、神奇的熔岩隧道都为罕见的火山奇观，被地质专家誉为火山岩洞博物馆。

■ **海南热带野生动植物园**

海南热带野生动植物园拥有大量珍稀的热带动植物，游客可乘车观赏到非洲狮、黑熊等，也可步行观赏亚洲象、长颈鹿、鳄鱼、河马等动物。

■ **东寨港红树林**

东寨港红树林是中国最大的红树林保护区，划小船进入曲折的"走廊"，犹如进入幻境，树林、阳光、海水、海滩及海底古村庄交织在一起，被誉为"海上森林公园"。

■ **海口老城区**

海口老城区处处留有原欧洲巴洛克、阿拉伯、印度等风格，还分布有200余座骑楼式建筑，浓缩着海口百年城市的发展，已经成为海口历史的印记。

■ **五公祠**

五公祠是为纪念唐宋两代被贬谪来海南的李德裕、李纲、李光、赵鼎和胡铨五位历史名臣而建，五公祠有着近千年的历史，有"海南第一名胜"之美誉。

■ **琼台书院**

琼台书院相传是为纪念海南第一才子、明朝大学士丘浚而建，曾是琼州的最高学府，书院历史悠久。

■ **必逛街道**

博爱路：历史悠久，距今已600多年，是老海口最繁华、最具特色的商贸街之一。街道上包括服装、布艺等各色店铺应有尽有，热闹非凡，适合休闲购物。

线路

■ **海口市区一日游**

海口是休闲度假首选之地，这里有迷人的碧海蓝天、旖旎的海底世界、茂密的热带丛林、传奇的少数民族风情、奇特的火山地质遗迹。上午游览五公祠和琼台书院，品味幽幽书卷气；下午游览骑楼老街和海瑞墓，在古迹遗址中，寻找历史的痕迹。

■ **海口风情两日游**

第一天上午参观"海上森林"国家自然保护区东寨港红树林，在此可以看到分布在海岸浅滩上的红树林、世界地质奇观"海底村庄"和多种鸟类。下午前往火山群世界地质公园，参观壮观的火山遗址。晚饭后自由在市内游览海口城市夜景。

第二天上午游览海南热带野生动植物园，可以观赏国内典型的热带雨林景观，与可爱的动物们亲密接触。下午前往假日海滩，可去露天海鲜烧烤广场吃晚饭。

为何去

五公祠

海口历史悠久，距今已近千年，该市位于海南岛北部，总面积 2304.84 平方千米。它不仅是海南省的政治、经济、科技、文化和交通中心，也是“国家历史文化名城”“国家园林城市”“中国优秀旅游城市”等。这里拥有丰富的热带资源，尤其以自然海滨风光闻名遐迩。

海口以迷人的热带风光、独具魅力的滨海特色吸引着世人的目光,是海南省的著名旅游胜地,是旅人度假的理想之地。

何时去

海南海口

海口属热带季风气候，温和湿润，终年无冰雪。每年 5 至 10 月是海口的雨季，6 至 9 月间是台风季节，此时是海口旅游淡季。海口地区光照强度大，来此旅游要做好防晒准备，建议携带墨镜、防晒霜、防中暑药品等。

11 月到次年 5 月期间海口风平浪静，气候怡人，是来此旅游的最佳时节。此时，海南会举办农历“三月三”期间的“椰子节”、农历二月初九至十九的“军坡节”、海南岛欢乐节、横渡琼州海峡的游泳赛等活动。

海口旅游示意图

区域解读

区号：0898

面积：约3145.93km²

人口：约230.23万人

地理 GEOGRAPHY

区划

海口下辖4个区（秀英区、龙华区、琼山区、美兰区）。

地形

海口市地处海南岛北部，地貌基本分为北部滨海平原区，中部沿江阶地区，东部、南部台地区，西部熔岩台地区。石山镇境内的马鞍岭为全市最高点，地表主要为第四纪基性火山岩和第四系松散沉积物，呈较大面积分布。

海南岛最长的河流南渡江穿过海口市中部而入海，其主流在市区长75千米，流域面积1300平方千米。另外，海口市地处南渡江下游河口河网地带和休眠火山口地带，潜水、承压水分布广泛。

气候

海口市地处低纬度热带北缘，属于热带海洋性季风气候，春季温暖少雨多旱，夏季高温多雨多台风暴雨，秋季凉爽舒适时有阴雨，冬季干旱时有冷气流侵袭带有阵寒。年平均气温约24.2℃，年平均降水量约1684毫米。这里全年日照时间长，太阳辐射能量大，来此旅游要注意做好防晒准备，冬季时有寒潮来袭，要携带厚衣物保暖。

历史 HISTORY

历史大事记

●秦至汉代

秦朝末年时，海口属南越国。海口起源于汉代，但“海口”一名出现于宋代。

汉武帝元鼎六年（公元前111年），伏波将军路博德和楼船将军杨仆平定了南越。

汉武帝元封元年（公元前110年），海南岛置珠崖、儋耳二郡，领16县，海口地属珠崖郡玳瑁县。两郡裁撤后海南建置时设时废，至梁朝大同年间（535—545年）在儋耳郡废地置崖州，海口地属崖州。

●汉至明代

唐贞观元年（627年）属琼山县。宋神宗熙宁四年（1071年）称海口浦，意为南渡江入海口处的一块浦滩之地，“海口”一名始于此。

北宋大文豪苏东坡于绍圣四年（1097年）被贬来琼，借寓金粟庵（今五公祠内），留存遗迹以来，宋、元、明、清及民国历朝不断在其周围增建、重修古迹。

海口城市风光

元朝前属于交州，元世祖至元十五年（1278年），在海南岛设置琼州路安抚司，所领军、县与南宋时相同，隶属湖广行中书省。

明洪武三年（1370年）称海口都。

●近现代

1912年，海口地属琼山县，称海口所。1926年12月9日，海口从琼山县分出设市（县级），称海口市政厅，属广东省。

1921年中国共产党诞生，先后有三批共产党员和团员来琼进行革命活动，并于1926年2月在海口“关帝庙”成立了“中共琼崖特别支部”。

1950年6月1日，成立海口市人民政府，为广东省辖市（地级）。

2002年10月16日，经国务院批准，撤销琼山市和海口市秀英区、新华区、振东区，以原琼山市和海口市原秀英区、新华区、振东区的行政区域组成新海口市，设立秀英、龙华、琼山、美兰4个市辖区（县级），海口市的发展翻开了新的一页。

海口海关，见证海南百年沧桑

海口海关的前身是成立于1876年的琼州海关，设立的海关俗称“琼海洋关”或“新关”，后简称“琼海关”，位于今海口市得胜沙路4号的海关大楼，建成于1937年，这座历经殖民地风云和抗战烽火的老海关，至今仍风姿绰约，成为海口的另一标志性建筑。

1860年《天津条约》正式换文生效，当年英国在海口盐灶设立领事馆。中英《天津条约》签订后，海口埠首先向英、俄、法、美，继而向欧洲各国开放，海南岛从此有了直接的对外贸易往来。此后，几乎当时的世界列强如德国、西班牙、葡萄牙等十三国都在海口设立领事或领事馆。19世纪末20世纪初的海口市区不到5万人，却设有这么多的领事或领事馆，各国争相争取在海南的利益，令人难以想象。

琼海关实行外籍税务司制度，琼海关由英国人总税务司赫德把持，先是允许英、法商船自由来往贸易，并允许在海口设立领事馆。琼海关成立后，为区别洋关，原设立的海口总口及其分口统称“常关”，直到民国20年（1931年）5月常关撤销，海南口岸长期存在洋关、常关并立局面。从光绪二年（1876年）到1941年的65年内，先后有英国、德国、美国、俄国、日本、丹麦、西班牙、葡萄牙、挪威9个国家的外籍人士担任税务司职务，历任38人。其中以英、德两国人居多，分别为21人和9人。

琼海关成立后，海南对外贸易日渐繁荣。日军占领海南，对外贸易大为减少。1942

年，琼海关被日本人占据，税务司改称“海关长”。之后，除日货输入海南外，海南与其他各国贸易基本中断，税收寥寥无几。1945年，抗战胜利，国民党政府接管琼海关。不久内战爆发，对外贸易陷于瘫痪。

“文革”期间，海口海关的工作受到严重影响，1971年海南区革委会甚至批准撤销海口海关，1972年才得以恢复。60多年来，海口海关从一个边陲小关发展成为走在开放最前沿的大特区海关，关区业务门类不断增加，业务量快速增长，为促进海南经济特区扩大开放和加速发展做出了积极贡献。

文化 CULTURE

海口命名与东西湖的传说

海口是海南的省会城市，是海南政治、经济、文化的中心，它有一个神奇的传说。

远古的时候，现海口市中心广场，东西湖一带是一个无底的潭洞，潭洞中有五条小龙在修炼。潭的周围总是烟雾缭绕，神秘而富有灵气。一千年过去了，五条小龙都修炼成了巨龙，潭洞对它们来说越来越小，修炼时总觉得被束缚。有一天，只见潭水翻滚汹涌，雾气浓浓，五条巨龙腾云而出，聚于高空之中俯瞰神州大地，为了寻找更理想的安身之所。五龙见东西南北海水域宽阔，还有滚滚水流的长江黄河，便知这是上天所赐。于是其中四条巨龙驾云各奔东西南北海，余下一龙奔向长江黄河。五龙奔去之地，水势更加汹涌，从此以后神州大地为五龙所镇踞。后来，人们把原来五条龙修炼的潭叫“海口”，沿用至今。

可是这深不见底的潭为什么会变为现在的陆地呢？原来从五指山而来的南渡江，并着许多的溪流，不停息地将泥沙填入潭中，不知多少年之后，海口变成了一大片陆地。

海口的服饰发展

海口多暑少寒，温度高35℃~36℃，低则3℃~5℃，全年气温以25℃~30℃为多。居民以夏装、秋装为主，款式与其他地方无大差别。

清末民初，长流人男女服饰相似，上衣剪成两块缝合，均为大襟，右腋下扣纽，无领（裤子为大筒）。姑娘衣边镶有花纹，或以色布缀边，腰间佩带一个小巧玲珑的荷包。妇女皆留长发，编辫盘髻，发鬓常插银钗，披黑长帕，手戴玉镯或十三鳞镯，耳挂铜（银）坠。渔民妇女常在肩头至胸部衬一块颜色鲜艳的彩料。疍民妇女衣服紧身，上衣大襟右扣，常用一块颜色鲜艳的布料衬于肩头袖筒之上，发鬓常插银钗，手戴玉石、玳瑁镯。

新中国成立前，男子多穿粗布对襟唐装，上衣4个口袋，下大上小两两对称；裤子为粗布大筒，灰、蓝、黑、白蓝等色。妇女为大襟衣扣于右侧腋下，有蓝、黑色。人们多光足，夜晚或雨天多穿木屐。少女留对辫，辫尾以彩绸扎蝴蝶结，刘海如梳；中青年妇女多剪时髦短发，自然朴素；老妇编独辫，盘高髻

苗族服饰

于脑勺。民国年间，有身份的男士穿西装，学生有学生装；有钱人家小姐云鬓金钗，戴金项链和戒指。一般妇女多戴竹笠，或披方巾，节日、喜庆、访亲、看戏，手戴玉镯，耳挂金、银耳环为饰。

解放初期，郊区农民衣着无大变化，市区流行新时装，有中山装，苏式女装等。六七十年代，中青年人穿干部装、军装和工作服，颜色多为蓝、黑、灰、绿色。80年代，海口人的服饰多样化、时髦化，男着西装、女穿裙子十分普遍。青年男女的服装色调、款式丰富多彩。中青年男女戴金戒指、金项链等，老年女人爱戴金耳环和玉镯等。

海口的早茶文化

早茶始于清同治年间，源于广州“一厘馆”，故称广式早茶。广式早茶在民国时期传入海口并盛行，诸如“面皇”“琼南”“利南”等酒家就经营早茶。

广东人吃早茶讲究“一盅两件”，而海口人“吃早茶”是各取所需，吃到尽兴。“有钱是三大升，无钱是四山颠”“有钱吃无钱钉屐”这些民间谚语就是对海口人的真实写照。

新中国成立前，海口处于贫困地区，“吃早茶”应是富人的体面消费，穷人是可望而不可即的。新中国成立后，特别是改革开放以来，“吃早茶”已是百姓的家常便饭了。

“吃早茶”也叫“吃中茶”，它是与西式早餐套餐有区别的，虽然西式早餐讲究营养搭配但品种单调。人们一觉醒来总感嘴干口浊，一杯清茶沁入口中，体中的燥热虚火便荡然无存，再加上几十品的茶点随君选择，虽比不上“汉皇大餐”但也不逊色多少。

早茶也与时俱进，如今的茶点也掺进了不少的西点，诸如蛋挞、榴梿酥、牛仔骨、面包、酸奶、蛋糕、意粉等。当然也结合海南的地方特色和海口的饮食习惯，增加了诸如海南粉、五谷杂粮、椰蓉包、芋头包、芒果布

海口早茶

丁、椰奶西米露等，海口早茶既包容了西点又加入了地方的饮食特色，大大丰富了早茶的内容。

海口“早茶文化”深厚广博，展示了不同的文化品位，体现了不同的文化价值，异彩纷呈，成为了海口饮食的特色文化。

海口的“行符”

海南海口乡村街坊庙宇的“公祖”一年来受到百姓的供奉和祭祀，春节期间，“公祖”也入乡随俗，向乡里坊间百姓拜年，并赐予一道“太上神符”。上真垂佑，灾害不生，福寿增延，子孙荣昌，田蚕倍盛，六畜兴盛，扫荡妖邪，灭除精怪，灵符之妙永镇门庭。

根据《千镇百镇桃花镇》太上感应秘法灵符卷三记载，“行符”应始于汉孝文帝期间。共有神符七十二道，勒令奉行此符传行天下，在香火前供养镇宅，回凶作吉，万祸书消，诸事吉庆。“行符”反映了两个主题，其一是“为官一方，保一方平安”，其二是“与民同乐，共庆升平”。

海口“行符”的神符由坊间父老请来的道长画就，并盖上该道长的“官印”。“行符”在坊间的庙宇是按规定日子举行的，但有些坊间是由“卜杯”而定。不论是按日子或占卜定日子都应在正月初七至三十期间举行。

“行符”最早应源于白沙村一带的先民，即如今的新安、福安、吉安、过港、园尾、白沙坊、板桥、山旺等村庄。所以至今仍由新安村一带领头在初七举行，正月三十游“大街”，今中山路的天后宫总吉。

景点推荐

琼山府城

海口市琼山区府城镇

旅游公交专线“新美兰”号可直达琼台书院、五公祠、海瑞故居等景点，票价1~2元。此外，也可乘坐其他公交到达景区

府城镇是一座具有二千多年历史的文明古城，北至五公祠与国兴大道接壤，东至南渡江西岸，南与龙塘镇、龙桥镇交界，西接海口城西镇。府城历史悠久、物华天宝、人杰地灵，素有“琼台福地”的美称。

建好后的府城传统民居历史文化街区将会有“一带两轴四巷”的框架，其中“一带”为沿护城河风貌控制保护带；“两轴”为以文庄路、忠介路为东西轴线，中山路为南北轴线，构成的“十”字轴；“四巷”为北胜街、马鞍街、绣衣坊、达士巷。景区内分别设有酒楼茶艺美食街、古玩工艺商品街、土特产购物街等。游客漫步其中，仿佛又回到久远的古代。

府城鼓楼

古为府城的制高点

海口市琼山区府城镇文庄路南端

府城鼓楼又称文明楼，为土木结构，始建于明洪武年间，是当时的海南卫指挥使王友所建。据《琼州府志》《琼山府志》载，府城鼓楼为海南卫所在地，地势居高临下，是一项军事设施。原楼高3层，现仅存2层，门额上灰塑“海南壮观”“奇甸文明”楷字。楼下有石级拾登，可直通城门。府城鼓楼气势磅礴，雄伟壮观，是一座具有历史意义的文物古迹，因而也是游客在海口感悟历史和发思古之幽情的好去处。

玩家攻略

府城鼓楼所在的鼓楼街，现为居民区，每年正月十二，这里会举办鼓楼街公期活动。公期是当地民间自发组织的年度性、区域性祭神活动，气氛庄严而热闹，游客可在这个时候去鼓楼附近游玩，顺便体验一下这种地方文化习俗。

五公祠

海南五位历史名人的谪居地

✉ 海口市琼山区海府大道169号

🚌 乘坐1、11、41路公交车在五公祠站下

¥ 25元　🕗 8:00~18:00　📞 65353047

五公祠是一组古建筑群的统称，占地面积66000平方米，素有“琼台胜境”“瀛海人文”“海南第一名胜”之誉。它是为了纪念唐、宋朝时期谪居过海南的5位历史名人而建的，他们分别是唐朝宰相李德裕和宋朝宰相李纲、李光、赵鼎及名臣胡铨。五公祠景观众多，包括海南第一楼、学圃堂、观稼堂、西斋、东斋、苏公祠、两伏波祠、洞酌亭、浮粟泉、琼园、五公祠陈列馆。此外，这里的自然景观也是得天独厚，树木葱郁，流水潺潺，景色和环境十分秀丽、清雅。五公祠文化内涵丰富，历史底蕴深厚，名胜古迹众多，是游客全面、细致地了解和认识海南历史、政治、文化的绝佳地，也是游客在海南思古抒怀的理想处。

玩家 解说

苏公祠最早为苏东坡借寓过的金粟庵，后来更名为“东坡读书处”。元代在此设“东坡书院”，匾额由当时的大书法家赵孟頫题写。明万历四十五年（1617年），书院改建为“苏公祠”，里面奉祀苏东坡及其子苏过和弟子姜唐佐。苏公祠作为纪念苏东坡的建筑景观，是游客瞻仰、缅怀和凭吊这位文史名人的绝佳之地。

李硕勋烈士纪念亭

“勋亭流芳”被列入“海口八景”

✉ 海口市琼山区勋亭路（五公祠对面）

🚌 乘坐48、52路公交车在国瑞城下

📞 65312287

李硕勋烈士纪念亭，位于海口市勋亭路李硕勋烈士就义地点，占地面积约3000

五公祠海南第一楼

多平方米，始建于1986年，1989年被列为全国重点革命纪念建筑物保护单位，1990年以“勋亭流芳”列入“海口八景”。纪念亭坐南朝北，呈四角形，高6.1米，匾额为王震同志题写。亭前有李硕勋烈士半身像，高1.2米，以花岗岩雕成，正面刻有“李硕勋烈士永垂不朽”9字，为邓小平同志题写。亭后有一道黄墙绿瓦长廊，上嵌10块大理石题词，分别为朱德、聂荣臻、郭沫若等同志题写。亭旁有李硕勋烈士生平事迹展览室。作为专门为李硕勋烈士而建的纪念亭，这里是游客缅怀这位现代历史名人的最佳去处。

海瑞故居

海氏家族墓群

海口市琼山区红城湖路67号

乘坐11、14、31路在海瑞故居站下

免费

65358451

海瑞故居依山顺水，坐北朝南，占地1363平方米，至今保存完整，是当地的重要历史古迹。故居前门为牌坊式，上悬一块“海瑞故居”木匾额，匾上又有一块“粤东正气”4字匾。这里有前后2进正屋，为十柱抬梁结构，都是1厅2房；正屋两侧有横屋，里面设有书斋、花厅、陈列厅、杂用间各1间。

玩家 解说

故居附近现存4座海氏家族祖墓，分别为明始祖海公之墓、八世海一龙之墓、十二世祖海见龙之墓、海瑞母之墓。其中，海瑞母之墓墓碑高5米，气势壮观。明嘉靖二十八年（1549年），海瑞回石峡村祭祖时，因耳闻目睹汉族官军杀黎族同胞，愤慨之余，写就了《治黎策》《平黎疏》两篇奏疏，驳斥了当时一些人的大汉族主义倾向，是他的爱民思想和处理民族矛盾的重要方法的体现，具有一定的思想性和可参考性。海瑞故居极具旅游观光、考古研究价值，是游客缅怀历史的好去处。

海瑞故居

丘浚故居

工艺水平极高的砖木结构建筑

海口市琼山区府城镇金花村

丘浚，字仲深，别号深庵，又号海山道人，著作甚多，一生“以文学大名负天下重望”，撰有《寰宇通志》《史世正纲》《琼台类稿》等书，尤以《大学衍义纲》著称于世。丘浚与海瑞被称为“海南双璧”。其故居位于府城镇金花村，建于明洪武年间，共有前后两进，有前庭、中院、可继堂，是典型的明代风格建筑，内有丘公塑像等。

琼台书院

为纪念明朝大学士丘浚而建

海口市琼山区府城镇文庄路

乘坐游7路到琼台书院下即到

8:00~17:30

65894166

琼台书院是一座具有民族特色的砖木结构建筑，始建于清康熙四十年（1701年），据传是为了纪念海南第一才子、明朝大学士丘浚（1421—1495年）而建。该书院是当时琼州的最高学府，后经几次扩建而成为斋舍齐全、藏书颇多的大型书院。清雍正年间（1723—1735年），这里发生了张日旻与婢女终成眷属的《搜书院》故事，琼台书院从此蜚声海内外。书院在历史上曾培养了一大批文人墨客，民国时期还培养了许多革命骨干分子。作为海南的名胜古迹，这里是一处非常值得游客参观的景点。

玩家 解说

“奎星楼”是琼台书院的主体建筑，建于清乾隆十八年（1753年），二楼正中悬挂“进士”二字匾，为当年该书院生员张日旻中进士后朝廷所赐。楼内雕梁画栋，极具艺术观赏性；楼前树木葱茏，环境清幽雅致。

海南省博物馆

海南省唯一的一所综合性的大型博物馆

海口市琼山区国兴大道68号

乘坐游7路到海南省博物馆下

免费但不免票，每天限量3000人，16:30停止发票　9:00~17:00（周一闭馆）　65238891

2008年才开馆的海南省博物馆是省级博物馆中最年轻的博物馆，也是海南省唯一的综合类现代化博物馆。海南省博物馆一共有《海南馆藏文物》《海南历史》《海南少数民族》《海南非物质文化遗产》4个基本陈列。

展馆一共分为三层，第一层一般是临时展厅。第二层就是重头戏的《海南馆藏文物陈列》，里面展出了近百件铜器、陶瓷器和书画作品，是海南历史和文化的重要见证。省博的三件镇馆之宝就在这个陈列馆，即“越王亓北青铜古剑”“唐三彩立马俑”和“宋青白釉花口凤首壶”。《海南历史陈列》也是在二层，它以时代为线索，展示了海南历史发展的主要过程和基本规律。《海南少数民族》《海南非物质文化遗产》的陈列位于三楼，前者展现了海南的少数民族——黎族、苗族、回族，质朴淳厚的民风民俗。

琼台书院

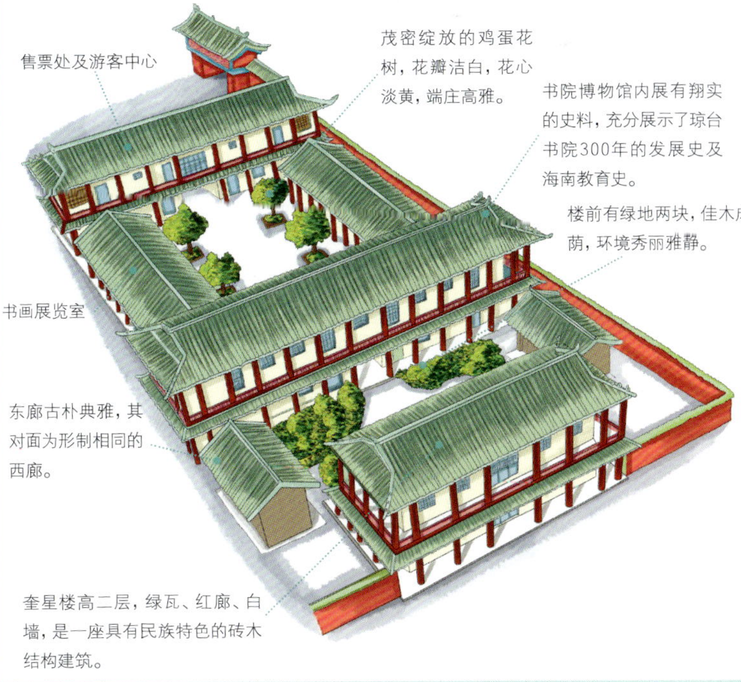

景点推荐 海口城区景点

西海岸带状公园

连接城市西海岸数个公园的带状公园

海口市秀英区滨海西路

乘坐28、35、37路等公交可到

西海岸带状公园海滩全长10多千米，宽广的椰林大道两边是雕塑、草地、回廊和旖旎的海滩风光，夜景非常美丽。西海岸带状公园包括西秀海滩、假日海滩、观海亭、热带海洋世界、热带森林博览园等景点。

玩家攻略

1.入夜的西海岸带状公园是灯的海洋。远处高楼大厦的灯光倒映在海面上，大海中船舶的灯光、小舟上的渔火，同天上闪烁的星星交相辉映，非常美丽。

2.假日海滩上有多种价格不等的娱乐项目供游客选择。

3.假日海滩休闲度假区建有新型度假别墅、特别木竹结构度假中心、各样帐篷、简便吊床等滨海住宿设施。

4.西秀海滩是轮滑爱好者的乐园，建有专门的轮滑滑道，海面上有不少国内外帆船运动员和爱好者在弄潮。

假日海滩

假日海滩的天然海水浴场是市区唯一正规的海滨浴场，是假日海滩十景之一“城郭远眺”，是从海上眺望海口城区的最佳视点。五彩缤纷的太阳伞，整齐划一的沙滩椅，海面上的白色浮标，熙熙攘攘的人群，高高耸立的瞭望台，构成了浴场的假日情怀。这里是海口市民最钟爱的地方，到假日海滩游泳享受海水浴已经成为海口市民不可或缺的日常生活组成部分。

西秀海滩

西秀海滩原名为海口秀英海滨浴场，海岸线长度约1200米，是距海口最近和最大的海水浴场，也是到达海南后最早游览的海滩风景地。

海胆剧场

剧场的圆形轮廓与圆形看台相呼应，奇美圆润。剧场的设计灵感来源于大海，整个建筑群寓意一组漂浮在海面上的贝壳，而最

西海岸带状公园

大的那个贝壳，就是主体建筑——剧场。剧场采用组合变化的泛光照明技术，在不同季节的夜晚，“海胆”将呈现不同的颜色：春绿、夏红、秋黄、冬蓝，十分奇妙壮观。

亚洲水彩艺术博物馆

中国第一家专业水彩博物馆

海口市秀英区滨海大道南侧245号蔚蓝海岸小区闻涛阁

乘坐28、35、37等路公交可到　免费

9:00～18:00　66169805

亚洲水彩艺术博物馆是中国第一家专业水彩博物馆，融收藏、展览、交流、创作、研究为一体，以“百家争鸣”为学术方针，以“百花齐放”为收藏方向。该馆作为具有国际水准的专业艺术殿堂，一直秉承面向群众、雅俗共赏的原则，是一处独具艺术性、学术性、人民性、公益性的博物馆，极具游览观赏价值。

玩家解说

目前，馆藏作品涵盖了国内外百余名著名水彩画家的代表作品，其艺术价值、学术价值与历史价值均很高，包括约瑟夫·马洛德·威廉·透纳的《康威城堡》、安德鲁·怀斯的《利刃》《晚收》等，黄铁山《海岸夕照》《寺庙正午》《雪林薄雾》等，陶世虎的《二月》《故土萦怀》等，王维新的《街头小景》等，刘寿祥的《鲜果系列》等，关维兴的《人间圣母》(30余幅)等。

秀英炮台

中华民族抗击外国侵略的历史见证

海口市秀英区海秀大道秀英村

乘坐3、4、8路公交可到

15元　7:30～18:00　68920988

秀英炮台，也称秀英古炮台，是海南的一处近代大型军事设施，也是中华民族抗击外国侵略、不畏强暴的历史见证。19世纪80年代，中法战争爆发，清政府为加强琼州防务，建成秀英炮台，置有炮台5座，大炮5门。抗日战争时期，琼崖人民曾在秀英炮台痛击来犯日寇，谱写了中国军民抗日斗争的壮烈一页。遗址现已被列为省级文物保护单位和海口市国防教育基地。秀英炮台作为与虎门炮台、天津炮台同样闻名遐迩的海岸炮台，在中国近代史上具有重要的海防屏障意义，是游客感悟历史和弘扬爱国主义民族精神的胜地。

海瑞墓园

清正廉明官吏海瑞的墓园

海口市龙华区丘海大道39号（近海瑞路）

乘坐旅游公交1线、2路可到

10元　8:00～17:30　68916604

海瑞墓占地面积约1万平方米，始建于明万历十七年（1589年），是当朝皇帝专门派人修建的。海瑞墓为长方形，四周砌以石围墙，陵园大门石牌坊上刻“粤东正气”4个红色大字。牌坊下有一条宽阔的麻石大道，道路两旁置有栩栩如生的石羊、石马、石狮、石人，路的尽头直通陵园内。坟墓高2.6米，墓碑高4米，上刻“明皇敕葬资善大夫南京都察院右佥都御史赠太子少保谥忠介海公之墓”30字。海瑞墓规模宏大，布局严谨，风格独特，园内草木四季常青，整体环境给人宁静、肃穆之感，是游客瞻仰、凭吊这位历史名人和欣赏文物的胜地。

玩家 攻略

海瑞墓现为国家级重点文物保护单位、海南省爱国主义教育基地。陵园内有海瑞文物陈列室，专供游客瞻仰。每年农历二月二十是海瑞祭日，当地百姓届时会来到海瑞墓前祭祀他。

玩家 解说

海瑞墓园始建于明万历十七年（1589年），是皇帝派许子伟专程到海南监督修建的。据说，当时海瑞灵柩的绳子突然断了，人们以为这是海瑞自选风水宝地，于是将其就地下葬。

扩建后的海瑞墓园，从步入墓道至登上八方亭，共分为八级台阶，即入口墓道—谕祭碑—海瑞主墓—海瑞塑像—扬廉轩—清风阁—人造山峦—八方亭，一级比一级高。如此设计，意为在海瑞精神激励下，人们的思想境界、品格行为将步步升华，海瑞精神将永放光辉。

链接

海瑞生平

海瑞（1514—1587），字汝贤，号刚峰，祖籍广东琼州府琼山县（今海南海口市琼山区）。历任州判官、户部尚书、兵部尚书、尚书丞、右佥都御史等职，死后赠太子少保，谥忠介。海瑞一生历经正德、嘉靖、隆庆、万历4朝，因为官清廉有“海青天”之誉。海家为望族，在琼山当地向来行善施仁，再加上海瑞为官清廉、洁身爱民，所以群众对海氏家族素怀敬意，因而每逢清明节，不少当地人会来这里拜祭。

丘浚墓园

墓庭呈椭圆形的墓园

海口市秀英区海秀乡水头村

乘坐17、22路到罗牛山市场下

丘浚墓占地约2500平方米。水头村原名邱邻村，因一位文人缅怀丘浚写下“文章华国金生水，庄严圣地人出头”的对联，尔后更名为水头村。

丘浚墓系石砌，圆顶，高6米，墓基分为6层，计有16级台阶。墓前立石碑一座，高约4.4米，上方刻有对舞的双龙，左右边沿刻有青松、仙鹤、祥云等花纹。整个墓庭呈椭圆形，左、右、后三面围着栏杆，栏杆外围为苍翠的山坡地，墓庭园前临水塘，清泉水不断，常年水满，夏天凉爽、冬天不冷。面对平畴沃野，后枕苍翠小丘，古朴幽雅，庄严肃穆。

海口骑楼老街

欧亚风格建筑群

海口市龙华区，旧城区中心

乘坐3、6路公交到钟楼站下

海口骑楼老街地处海口市旧城区中心地带，主要集中于博爱路、中山路、得胜沙路、新华路、长堤路等五条老街，是海口市一处最具特色的街道景观，以其唯一性、独特性被评为“中国历史文化名街”。

老城区的建筑大多是欧亚文化的综合产物，建筑风格也呈现多元化的特点，既有浓厚的中国古代传统建筑风格，又有对西方建筑的模仿，还有南洋文化的建筑及装饰风格，并明显受到印度和阿拉伯建筑文化的影响。

骑楼的建筑风格多姿多彩，骑楼的窗楣、柱子、墙面造型、腰线、阳台、栏杆、雕饰等都体现了一种独特的风韵。同时，被称为“五脚巷”的连续走廊，行人逛街时可躲避风雨烈日，一边悠闲散步，一边从容地购物。

海口老城区骑楼具有很高的历史、艺术和科学价值，这些近现代建筑群虽历史较短，但却完整地记录了海口从一个古老城镇发展为沿海繁华商业城市的重要历史阶段，具有不可替代的历史价值。

玩家 解说

骑楼老街建筑群初步形成于19世纪20~40年代，距今有100多年历史，其中最古老的建筑四牌楼建于南宋，至今有600多年历史。尽管已过去了百余年，仍能欣赏到街边建筑的美。尤其在外墙体上浮雕的花纹上有着精美的百鸟朝凤、双龙戏珠、海棠花、蜡梅花等中国传统雕刻艺术。

玩家 攻略

博爱路的水巷口街，是海口地方饮食店聚集处。海南腌粉、牛腩饭、猪脚饭、鸡饭、煎粽、煎饼和安定粉汤等一应俱全，如果逛累了可以来此尝尝美食。

骑楼老街

骑楼老街

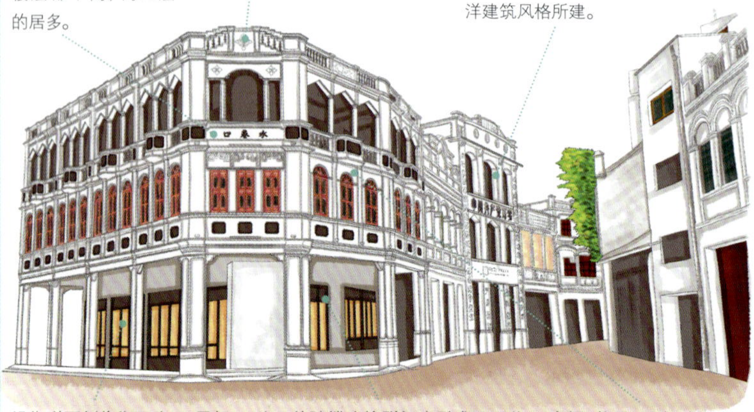

海口钟楼

海口市美兰区长堤路海口儿童公园内

乘3、5、6等路公交可到

1929年，为便于统一时间，爱国商人周成梅发起建造了海口钟楼。大钟楼占地16平方米，大钟设在5楼，每隔30分钟报时一次，时间较为准确。1987年，海口钟楼经过改建成为一座现代化新钟楼，由于采用电子钟记时，报时非常准确。新钟楼占地25平方米，为6层钢盘混凝土结构，外观看起来给人庄严、肃穆之感。海口钟楼作为海口的地标，是历史的见证，蕴含着深厚的文化内涵，适合游览、观光和休闲。

玩家攻略

游客在海南旅游时不宜穿皮鞋、高跟鞋，需穿旅游鞋、运动休闲鞋等；还要带防晒用品，像墨镜、遮阳伞、防晒霜等。此外，海口钟楼附近小摊上的海鲜小吃，游客最好不要吃，想吃海鲜的话，去正宗饭店。海鲜、水果也不可过量食用，游客最好带上一些消化药及消炎药，以备不时之需。

中山路

因孙中山先生曾在该路凉亭歇息而得名，是海口城区保存得最完好的一条老街。中山路以经营五金、家电为主，店铺开在骑楼下，店长幽深，店主悠闲地坐在骑楼下。沿街的广告牌一溜串排过去，恍惚回到二三十年代的上海滩。

五层楼

1931年，得胜沙路上的海口大厦建成，因其共有5层，因此得名“五层楼”，是新中国成立前海口市最高的楼房。“五层楼”在当时是一种高贵身份的象征，它也见证了广大华侨用汗水和智慧在骑楼老街创造出的商业传奇。如今，“五层楼”的一楼已经被改造成一个服装批发市场，继续发挥着自身的商业功能。

海口老海关

位于海口市得胜沙路8号，老海关大楼

内没有钢筋水泥，全靠石灰和砂浆建起，许多细节都透着一股十足的洋味儿。目前，海口海关已被规划为海口历史博物馆，继续延续骑楼文化，它将成为海口近代对外开放史永远的见证。

链接

海口骑楼老街的由来

海口骑楼老街是一本活的海口近代历史教科书，它的兴起、发展、繁荣、萧条，反映着海口发展历史。晚清时期《天津条约》签订，海口成为当时全国十大对外开放的口岸之一。当时的海口海运航线可达曼谷、吉隆坡、新加坡、台湾、广州等地，因而活跃于东南亚与大陆沿海区域的商户和劳工纷纷回家乡投资建设。1849年，最早的骑楼在水巷口、博爱北路一带的四牌楼街区建成，从此整片骑楼街区就是从这里延伸开来，形成规模。

天后宫

天后宫位于中山路上，是目前国内留存规模较大、选材上乘、梁架木雕工艺精湛繁复的妈祖庙。天后宫历史悠久，距今已有700多年历史，建筑和雕饰散发出浓浓古意，尤其是庙宇门扇上的木雕工艺，精致优美让人叹为观止。

天后宫属于潮州建筑风格，雕饰以龙凤为主。在天后宫的东庑，由于屋顶已经被拆除，光线比较充足，游客得以近距离清楚地看到各种精美的雕刻。嬉戏玩闹的灵鸟、飒爽出阵的天将、翻腾怒哮的神龙……虽有受损痕迹，但依然可见当年建筑的恢宏气势，那些草枝形纹饰、神兽和海洋生物雕塑，栩栩如生。

链接

王佐

王佐，海南临高县人，被誉为明代"华南才子"之一，与丘浚、海瑞、张岳崧等被后人并称为"海南四绝"。王佐一生才华横溢，"诗词温厚平和，文气光明正大"。所作诗文收入《鸡肋集》，并有《琼台外纪》《经籍略》《家塾原教》《珠崖录》《金川玉眉集》《原教篇》《庚申录》等，博得了古今名流的赞誉，也使海南历史文化资源多了一份沉甸甸的累积。

王佐还是一位尊师重道之人，王佐是丘浚的弟子。弘治八年（1495年）丘浚病危，临终前曾言"己有三恨，郡牒未修一也"。为解恩师遗恨，王佐不顾年老体衰，抱病自费遍访琼台郡事，广采博览古今文献、乡土风物、民间掌故，编就《琼台外纪》一书，还写了大量的歌咏海南山川、风物、人物、乡情的诗作，地方色彩非常浓郁，感情真挚深厚。

冼太夫人纪念馆

在海南就有几十座冼夫人庙。位于得胜路的冼太夫人纪念馆便是其中之一。冼太夫人纪念馆通过文字史料、图片等方式，展示了冼太夫人传奇的一生，让前来的游客看后都心生敬畏之情。

中共琼崖第一次代表大会旧址

海口市龙华区琼山大道

乘坐2、4、5路公交可到

中共琼崖"一大"旧址坐北朝南，占地1839平方米，是海南共产党组织的诞生地和琼崖革命斗争的策源地。旧址是典型的海南民居结构，原为"邱氏祖宅"，四合院式布局，二进三间，现为全国重点文物保护单位。

1926年，"中共琼崖第一次代表大会"在"邱宅"召开，大会宣布建立中共琼崖地方委员会，标志着琼崖人民革命斗争和海南人民

中共琼崖第一次代表大会旧址

革命斗争进入了一个新的阶段。旧址作为琼崖现代史上具有划时代意义的事件的见证，是游客感悟历史和体验革命教育的胜地。

西天庙

海口市龙华区义兴街75号

西天庙占地面积共有约1193平方米，有正室三进，第一进和第二进之间有天井，第二进和第三进之间是拜亭，拜亭两边为东西厢廊。整个庙宇系砖木结构，丁字斗拱（单式斗拱），头门有石刻“西天庙”凸字横匾，系出自清代琼籍探花、著名书法家张岳崧的手笔。室内画栋雕梁，工艺精致，斗拱之间和墙壁之上，有成套的木刻和故事绘画，故事人物栩栩如生，为海南省保存至今的不可多得的古代建筑物。

万绿园

海口最大的开放性热带海滨生态园林

海口市龙华区滨海大道38号

乘坐3、6、7等路公交可到

免费　全天　68511069

万绿园占地约71公顷，以海南热带观赏植物为主，以国内外热带、亚热带观赏植物为辅，是海口最大的开放性热带海滨生态园林景区。该园分为16个景区，包括大门区、广场区、热带观赏植物区、内湖区、竹林区、草坪区、高尔夫球练习场、儿童游乐区等。里面景点丰富，景观多变，融蓝天、原野、绿水、高楼为一体，以热带风光、海滨、国际性旅游城市为特色，是游人观光、休闲、运动的好去处。

海口人民公园

被誉为海口市“城市绿肺”

海口市龙华区新华路　乘坐1、2、4路公交可到　免费　66710346

海口人民公园坐落于海口市中心的大英山，面积约23公顷，景区按功能可划分为东西湖游览区、热带植物标本区、烈士纪念区、兰圃等。公园正门立有海南解放纪念碑，碑高14.5米，建于1954年，碑名为“革命烈士永垂不朽”8个大字。东、西湖是市中心唯一的大型人工水体景观，被誉为海口市“城市绿肺”。烈士纪念区内有冯白驹将军塑像及纪念亭。海口人民公园作为海口市城市现代化的象征，融历史、人文、自然、休闲、娱乐等多种元素为一体，是游客游览观光和休闲娱乐的理想选择。

玩家攻略

海口人民公园内会不定期举办各种丰富多彩的活动，包括动物展览、表演、园艺等。公园

周围有一条公园路，这里是当地人们逢年过节举办花市、鱼市的地方，十分热闹。此外，公园靠近海府路、机场路、龙华路，交通十分便捷，游客自驾游来此很是方便。

玩家 解说

“一园两湖”是海口人民公园和东湖、西湖的合称。“一园两湖”音乐喷泉长、宽、高分别为108、7.8、80米，主题为海口建市80周年庆典，主题音乐为《请到天涯海角来》《儋州调声》等乐曲，表现元素为“科技、人文、生态”。它采用LED光源节能照明灯，并装有2盏360度全方位旋转七彩射灯、870多个电脑程控喷头。当水面随音乐旋律起伏时，水底喷头会从不同的方位和角度喷射出一条条银色水柱，并变幻出形态各异的水景喷泉，看起来绚丽多彩，十分迷人。

滨海公园

现代化综合性游乐公园

海口市龙华区泰华路口西南

乘3、39路泰华路口站下可达

66798062

滨海公园占地730亩，1991年建园，1995年对外开放，是一处现代化综合性游乐公园。它前临滨海大道，后依大海，故名“滨海公园”。该园为填海之后形成的景区，集园艺、旅游、娱乐为一体，建筑风格为欧陆式。园内绿化率很高，拥有草坪16万平方米，鲜花灌木6000平方米。还设有人工湖、假山、喷泉等景观，以及餐厅、歌舞厅、婚纱摄影、蜜蜂王国、半岛饮品园、划船、溜马场、烧烤园、和平鸽广场等休闲娱乐场所。总之，公园内环境清新，风景秀美，令人心旷神怡；娱乐休闲活动则丰富多彩，有的充满了惊险刺激，有的能带给人无限回味。

玩家 攻略

滨海公园里还有一处景点是城市花园——情人谷，从公园左门即可进入。景区为园林式布局，高低有致，闹中取静，曲径通幽，是一处非常适合谈情说爱的“情人世界”，也是一处适合摄影的绝佳场所。

滨海公园

玩家 解说

梦幻乐园是滨海公园的游乐场，拥有很多娱乐项目（设施），包括恐怖屋、彩蝶轮、忍者龟、小火车、过山车、咖啡杯、滑滑梯、弹弹床、无线碰碰车、反斗穿梭机、飞天潜水艇、双层旋转木马等。其中，适合儿童玩乐的项目有彩蝶轮、忍者龟、小火车、咖啡杯、滑滑梯、弹弹床、双层旋转木马等；适合成年人玩乐的项目有恐怖屋、过山车、反斗穿梭机、飞天潜水艇、无线碰碰车等。

金牛岭公园

九园一湖一场的大型园林景区

海口市龙华区海秀中路102号

乘坐1、2路公交可到

动物园15元

68913605

金牛岭公园地处海口市中心城区，占地面积105公顷，绿化率高达96%，是海口当地的一处大型园林景区。园内有九园一湖一场，“九园”分别为综合性动物园、白鸽园、蝴蝶园、竹园、槟榔园、波罗蜜园、热带亚热带园果园、花卉园、烈士陵园；“一湖”为金牛湖；“一场”为健身广场。这里一年四季树木

金牛岭公园

苍翠，花果飘香，景色极其秀丽，有"海口名胜"之美誉，是游客览景、猎趣的好去处。

玩家 攻略

1.金牛岭公园的健身广场里，设有篮球、排球、桌球、羽毛球、乒乓球等场地及其他健身设备，是人们休闲娱乐和进行各项体育健身运动的好去处。

2.金牛湖景区还提供划船、垂钓等项目。健身广场和金牛湖之间有烧烤园，每到傍晚，人们在这里烧烤各种风味，别有一番情趣。

3.植物园内种有人心果、波罗蜜等名果树，四季有花有果，既可观赏，也可采摘，是这里的一大特色。

4.竹园面积居"九园"之首，园内植有青皮竹、粉单竹等种类。花卉园里有近20万盆花卉，姹紫嫣红，五彩缤纷，是真正的"花卉王国"。

5.综合性动物园目前是海口同类动物园中规模最大、档次最高、品种最多的，它分为多个馆或区，共有500多种计3000多头（只）动物。白鸽园处于公园中心位置，里面饲养有1000多只法国广场鸽，而"草坪逗鸽"是游园一趣。

6.烈士陵园里建有烈士纪念堂、烈士事迹陈列室等，是为1950年在解放海南岛战役中光荣捐躯的人民解放军渡海先锋营官兵而专门建造的陵园。

玩家 解说

"金牛瀑布"是金牛岭公园的象征物，也体现着海口人民勇敢进取、奋发向上的精神风貌。"金牛"位于公园进门处，高大威壮，浑身闪耀着金光，呈昂首东眺状。而旁边陡峭的石山上，一道银光闪闪的清水直泻而下，仿佛一条又大又长的瀑布水帘。这就是著名的"金牛瀑布"景观。此外，"金牛瀑布"下有一块开阔地，是游客拍照留影的理想地。

琼州文化风情街

综合性文化主题风情街

海口市琼山区滨江路

乘坐69、205路可到

琼州文化风情街是融旅游、休闲、餐饮、购物为一体的文化主题风情街。街长约500米，沿街建有多座黎苗风情建筑风格的展馆，街区内分设海南旅游商品展示区、东盟旅游商品展示区和国际风味餐饮休闲区。在这里不仅可以看到海南黄花梨、海南古陶瓷、海南黎锦等当地特产，还能看到来自东盟五国的宝石、玉器、木雕等艺术品。此外，这里还聚集了各地的风味小吃及餐饮。

海甸岛

“城中岛，岛中城”

海口市美兰区新埠街道

乘坐15、215路到万福新村后门下即可

海甸岛是海口的城中岛，岛中城，位于海南的母亲河——南渡江的入海口，是一个典型的三角洲岛屿，海甸岛是海口市最大的岛屿，海南大学和海口市医院在海甸岛之上。海甸岛同紧邻的新埠岛一起，形成南渡江三角洲的中心，而南渡江在这里被分成三大股水道，从这两个岛屿两边和两岛之间分别注入琼州海峡。

海甸岛与一水之隔的海口市中心似连非连，似断非断，一衣带水隔江相望。三座大桥（世纪大桥、人民桥、和平桥）把海甸岛和海口市的滨海大道、长堤路连接在一起，使海甸岛成为一个既与市中心交通来往方便又相对独立的地区。

白沙门公园

有四大旅游主题片区的公园

海口市美兰区海甸岛北部人民大道白沙门

乘坐19、21、36路公交可到

免费　9:00～18:00　66513106

白沙门公园靠近琼州海峡，占地60公顷，2009年起对外开放。公园有四大旅游主题片区，即海口年轮、欢乐海洋、夕畔海岸、城市驿站，包括白沙津、妈祖神庙、白沙门儿童游乐园、白沙门公园网球场等景点。此外，公园内还有“滨海风情”“民俗生活”“解放军渡海登陆纪念”等内容，展现了海南浓郁的海滨休闲气息、历史民俗风情等充满魅力的元素。这里不仅是一处适合游客旅游观光的景区，也是体验休闲娱乐的好去处。

玩家 攻略

1.“海口年轮”以海口历史文化为主题，突出了海口特色和地域魅力，具体景点包括白沙之门、白沙寻痕、星月广场、镜湖明鉴、解放纪念墙等；理想社区、儿童梦想城功能区是帮助青少年儿童挖掘潜能和为老年人提供健身活动的地方。

2.“夕畔海岸”以海滩休闲为主题，以“阳光、沙滩、空气、海水浴”为元素，包括海滨浴场、欢乐海岸、滨湖休闲3个主题区，是为游客提供游乐、购物等的场所。

3.白沙门儿童游乐园里，设有18个娱乐项目。此外，白沙门公园还有湿地景区，极具田园生态特色，是海口其他公园没有的特色，能让游客体验到不一样的田园乐趣。

玩家 解说

“白沙寻痕”是白沙门公园首要主题，指的是海滨上一处洁白的沙滩，即古代的“白沙津”渡口。“白沙津”设于宋代，是海口市城市及历史文化发展链条上最初的环节。所以，在白沙门公园寻找海口市之起源，也就自然而然成了公园的最主要特色。

世纪大桥

电影《非诚勿扰》的取景地

海口市美兰区海甸岛五西路和龙华区龙昆北路北延长线交界处　乘11、20、26路公交可到

免费　全天　68985576

世纪大桥1998年始建，历时5年于2003年建成通车。主桥长636.6米，桥面为双向六车道。主桥下最高水位通航净高24米，可通过3000吨级的大型轮船。该大桥是琼北带状城镇群滨海主干道的重要组成部分，以宏伟的造型著称。作为当地重要的景点和标志性

世纪大桥

白沙门公园

建筑，它也是海口旅游形象的特色体现，极具游览观光。

玩家攻略

海口世纪大桥适合一年四季旅游，以冬天为最佳时节。这里景观壮美，冯小刚执导的电影《非诚勿扰》曾在这里取过景。

琼州大桥

海南最长、最宏伟的公路桥

海口市美兰区

乘坐公交车在琼州大桥站下

琼州大桥横跨南渡江，全长1396.98米，是海南最长、最宏伟的公路桥。桥梁为双向四车道，宽23米，两侧的非机动车道、人行道、绿化带分别宽1.5、1、1米。桥梁主跨采用五孔钢管混凝土拱结构，主跨108米，拱杆矢跨比（1∶4.5）在国内是最大的，技术含量很高。琼州大桥不仅是连接海口市中心和新市区的重要枢纽，而且是体现海南形象的标志性建筑，所以也是一处著名的观光点，很值得游览一番。

海南大学

被誉为“海南岛人民的免费公园”

海口市美兰区人民大道58号

乘坐5、11、15路公交车在海南大学站下

66259926

海南大学简称“海大”，地处海口市海甸岛上，占地约347公顷，是国家“211工程”重点建设大学之一，也是海南唯一拥有国家级重点学科、博士学位授予点、博士后工作站、免试推荐研究生资格的高校。在2014年《中国大学排名》中，海南大学名列第89位，是全省唯一入围“中国百强高校”的大学。海大目前有海甸、城西、儋州3个校区，其中海甸校区为主校区，因环境优美、景色秀丽而被誉为“海南岛人民的免费公园”。

玩家攻略

海大校训为“海纳百川，大道致远”，知名校友有郑小波、陈章良、何朝族、吕飞杰、韩懿莹等。海甸校区附近还有一些著名景点：西门附近是海南的城市地标之一——世纪大桥，再往西是风光旖旎的海口湾；北门附近有白沙门公园、琼州海峡海滩等著名景观。

海南大学

景点推荐 海口郊区景点

雷琼世界地质公园 AAAA

热带海岛城市火山群地质公园

海口市秀英区石山镇

60元

65469666

海口石山火山群国家地质公园，占地面积108平方千米，是中国唯一的热带海岛城市火山群地质公园，也是海南首家世界级旅游景区。这里的海口火山群为第四纪火山群，共有40多座火山锥，30多条熔岩隧道。火山类型多样，熔岩景观丰富，熔岩隧道奇妙，在国内外都十分罕见。火山、火山文化和热带田园景色在这里相互融合，一起构成了它不可替代的独特景观，具有极高的研究和观赏价值，堪称中华火山文化之经典，是游客体验海口之旅的必游目的地。

玩家 解说

马鞍岭火山海拔222.8米，是琼北最高峰，因其像一对眼睛而又称眼睛岭，有“火山圣婴”之美誉。它由4座火山组成，分别为北锥包子岭火口、南锥风炉岭火口及两个寄生的小火山。这里不仅景色秀美，还可将整个景区内的美景尽收眼底，极具游览特色。

玩家 行程

顺着景区的步道往里走，沿路是葱茏的热带植物，还可以看到诸如玄武岩、熔岩流等火山喷发遗留下的景观，还有一个火山石器文化园，展示2000多年前火山地区的村落用火山石堆砌的村门、制造的石磨、石碗、石盆、石桌、制蔗器等，置身其中，仿佛回到石器时代。

马鞍岭火山口

马鞍岭火山口景区是海口石山火山群地质公园的一个标志性景区。马鞍岭由风炉岭、包子岭两座火山构成，状如马鞍而得名，其旁侧有两个寄生火山，称眼睛岭。四座火山集于一区，组成一个火山家族。马鞍岭火山口是其中最高的火山锥，也是琼北地区最高点，是我国地质年代最新、世界上保存最完整的休眠火山口之一。

步道尽头是火山神庙，立有“山岳配天”横碑和刻着“大王神”“土地神”和“应铸神”的石碑。坡地往上有199层台阶，99代表九九重阳，100意味着走完这个火山口能长命百岁。

再往上，就是此行最大的看点，马鞍岭火山口。据说马鞍岭是我国地质年代最新、世界上保存最完整的死火山口之一，中间凹陷，突起的南北两峰分别叫风炉岭和包子岭，远远望去像一个硕大的马鞍，马鞍岭也因此得名。

沿着环山步道有5个观景点，可以观赏火山口的景色。其中，马鞍岭火山口是整个公园中最高的火山锥，也是海口的制高点，海拔222.8米，天气晴好的时候视野很好，很多游客在这里拍照留念。另一个值得一提的观景点是前朱雀（观海口）观景台，从这里可以远望琼州海峡的碧海蓝天，看海口城市高楼林立，如孔雀开屏；往南看是热带雨林覆盖的火山群此起彼伏，风光迷人。

除了环火山口观景，你还可以沿步道进入风炉岭火口底部，这里的形状好像一口大锅，最大的地方据说可以容纳万人。火口里非常凉快，而且植物很多，是一个天然的氧吧，同时，还可以看到火山渣、熔岩饼、火山弹等火山喷发的遗物。

双池岭

双池岭位于马鞍岭西北，是海口火山群中最小的玛珥火山，由两座玛珥火山组成，是罕见的连体玛珥火山。两个玛珥湖目前为干湖。

海南热带野生动植物园 AAAA

国内首家以热带野生动植物博览和科普为主题的公园

海口市秀英区东山镇

乘旅游公交2线可到

¥ 139元　8:00～17:30

68526666

海南热带野生动植物园，地处风光旖旎的东山湖畔，占地面积1500余亩，是中国首家以热带野生动植物博览和科普为主题的公园，也是中国唯一一家全景式展现岛屿热带雨林野生态系统、浓缩海南岛动植物精华的天然博物馆。景区内拥有珍禽异兽200多种达4000多头（只）；珍稀植物达700多种，森林覆盖率更是高达99%。此外，园内风景如画，热带雨林景观纯属天成，莽莽林海，奇花异草，微微湖光，清幽小径……置身于此，游客如同进入一个奇丽、惊险的动植物世界。

玩家 攻略

1.最佳游览路线：游客应按照景区旅游线路游览。先乘车在行车区观赏非洲狮、东北虎、黑熊等猛兽，然后步行在步行区观赏亚洲象、长颈鹿、鳄鱼、河马、巨蜥、长蟒、鸸鹋、矮马等，自行游乐。

2.不得自带食品或其他杂物投喂动物，以防危及动物健康；带儿童的游客要照顾好儿童；不要在水边、陡坡等危险区域玩耍或照相。

3.必看景点：狮虎兽是狮虎交配的后代，当然也是海南热带野生动植物园的“大明星”。因为狮虎交配的受孕率只有十万分之一，而狮虎兽的成活率更加低至约五十万分之一，所以狮虎兽被誉为“超级混血宝贝”。狮虎兽快乐营作为生物的奇迹、狮虎兽的养殖地，是游客在海南热带野生动植物园最值得看的景点之一。

玩家 解说

园区内目前有各种珍禽异兽200多种、4000余只（条），主要观赏景观有：热带植物园、橡胶文化园、海南本土动物展区、亚洲第一大狮园、亚洲第一大猕猴园、亚洲最大的百鸟园。此外，园内建有鸟艺表演场馆、猴艺表演场馆、动物幼稚园、小小动物世界。

与其他城市动物园高墙铁笼的囚兽格局不同的是，海南热带野生动植物园让野生动植物拥有热带丛林自由生活的空间，你可乘车在行车观赏区观看非洲狮、东北虎、黑熊等猛兽在自然状态下的风采，也可在步行区观赏亚洲象、长颈鹿、鳄鱼、河马、鸸鹋、矮马等动物，还可置身于人造猴山与群猴嬉戏。

车行猛兽区

这里为一些大型动物的野生区，主要有长颈鹿园、大象园和猛兽区，猛兽区有非洲狮、黑熊、东北虎等。游客可以坐在车里扔几只鸡到狮群中，一睹它们争斗嘶啸的场面。

步行观赏区

主要有观猴区、狮虎兽区、鳄鱼区和火烈鸟园区。猴山上可见猴子在山上嬉戏、追逐、打闹等。狮虎兽区是全世界狮虎兽种群最大的景区，可发现狮和虎同养。在鳄鱼区只见一条条大鳄正张大着嘴等待着美食的降临。参观火烈鸟园时，可见小桥下流水潺潺，一只只火烈鸟，羽毛的粉红色有深有浅，显得斑斓绚丽。

热带植物园区

遍地蔓草、乔木、灌木，奇花异草和珍稀热带植物约280科，1000多品种。这里空气清新，犹如进入了一个天然的"大氧吧"。游览过程宛如洗了一次美妙的"森林浴"。

橡胶文化园

是中国首家橡胶文化园，在这里可以观赏割胶工人精湛绝伦的技艺、行云流水的刀法，还能了解海南橡胶文化的历史、现状和发展。

美视五月花高尔夫球场

典型的城市滨海林地型球场

海口市秀英区滨海西路88号

68718888

美视五月花高尔夫球场集高尔夫、别墅、酒店、餐饮娱乐及公众沙滩于一体。其球场是海南最为著名的高尔夫球场之一。球场占地120公顷，球道全长10 531码，27洞，总杆数108杆，为国际标准锦标赛球场。场内绿树成荫、碧湖间绕，充分地将滨海地区原有的自然景观、原始地貌、天然植被与独特的沙坑和水障碍完美结合，巧妙地镶嵌了129个风格各异的沙坑及14个水障碍，而9洞的灯光球场更能令球员在清风明月下享受高球之乐。

观澜湖温泉

亚洲最大的火山岩矿温泉主题公园

海口市秀英区观澜湖大道1号

乘坐K2、K3路公交可达

168元　13:00～24:00

68683888

观澜湖海口五大洲主题矿温泉公园占地超88 000平方米、可同时容纳5000人体验，包括蕴含全球六大洲风格的火山岩矿温泉、设计独特的水疗中心和户外火山岩水上乐园三大板块。公园设计以中西经典风格建筑相结合，以中国福建客家围屋为设计灵感，矿温泉迎宾大堂和水疗主楼是园区的重心和亮点。

火山岩矿温泉是主题公园规模最大的区域，共设有150个冷、热泉汤池及99个流水景观，长达500米的全竹结构的"龙脊长廊"连通着各个风格不同、功能各异的主题区。温泉水取自地底深达800米的天然泉水，自然水温在15℃至43℃之间，蕴含多种保健功效的天然矿物成分。

美视五月花高尔夫球场

玩家解说

亚洲区：提议“热带东方”“东方禅意”等主题温泉，人们可以体验具有中国、日本、韩国、印度等各国特色的温泉。

大洋洲区：凸显“原著毛利”和“山林温泉”的意境，让人可快速恢复体力。

美洲区：推出“炙热熔岩”“狂野西部”和“亚马孙河域”，具有滋润肌肤、消除疲劳的功效。

欧洲区：着意渲染“古典罗马”“地中海风情”“法国葡萄园”“希腊海洋”的浪漫。

非洲区：“迷城”把人们的想象引入一个未知世界。

仙人洞

因道士在洞内修炼成仙的传说而得名

海口市秀英区石山镇荣堂村

仙人洞因道士在洞内修炼成仙的传说而得名。仙人洞分上、下两段，下段洞中有洞，天外有天，令人扑朔迷离。洞中大部分路段漆黑一团，叫人不敢举步，只能借助火把、手电照明方能摸索前进。只见岩壁上吊着、贴着各种各样的熔岩石乳，似落非落，令人惊叹。此洞石奇水奇，随时可以听到水滴的清逸声，水滴在不同形质的岩石上引起不同的音调，组成十分美妙的音韵。仙人洞的上段因洞顶多处塌陷而分成数十段熔岩隧洞，因此又名“七十二洞”。这些石洞，有的像互相连接的蜘蛛网状，有的则好比离奇的古堡宫殿。阳光通过隧洞塌陷所形成的天窗照耀洞中，使阴暗的洞中景物一片清明，蔚为壮观神奇。

冼夫人纪念馆

纪念爱国人士冼夫人功绩而建

海口市龙华区新坡镇

乘坐3、7、14路公交可到　免费

冼夫人纪念馆，以冼夫人庙旧址为基础建成，1989年对外开放。纪念馆坐落于海口市新坡镇，占地面积283平方米，是为纪

冼夫人纪念馆

念历史名人——冼夫人维护国家统一、黎汉民族团结的功绩而建的。该馆为重檐式，顶上覆以金黄色琉璃瓦，看起来金碧辉煌；正门上嵌有多块大匾额，像“巾帼英雄”“岭南风流”“千秋懿范”等；大厅正殿里有彩绘冼夫人像，前置香案、香炉、八仙桌、古兵器等物件。整体来看，纪念馆造型大方，气势雄伟，具有一定的建筑艺术价值和游览观光价值，也是游客在海口凭吊冼夫人的理想场所。

比干妈祖文化园

东南亚特色的文化观光园

海口市琼山区府城镇儒传村

乘坐21、46路公交到比干妈祖文化园站下

海南比干妈祖文化园以宋代建筑风格设计，具有浓厚的东南亚特色，是海南特色的文化观光游览园。园区建有比干纪念馆，供奉天下林氏太始祖比干；受世人敬仰的“妈祖庙”；弘扬中华传统文化的“文化长廊”等。其中单体建筑“妈祖庙”中供奉着妈祖圣像，该像由整棵树雕刻而成，是目前亚洲最大的全木雕刻，也是妈祖祖祠有史以来开光的最大的一尊像。祭祀妈祖成为一种独具特色的民俗活动，妈祖信仰已被纳入世界人类非物质文化遗产。

冯白驹故居

冯白驹将军被周总理誉为琼崖革命的一面旗帜

海口市琼山区云龙镇长泰村

乘坐游5路公交可到 10元

8:00~17:30

海南海口市长泰村村庄四周林木苍翠，从平坦的大道进入村庄，在盘根错节浓荫如盖的老榕树旁，便是被周恩来总理誉为“琼岸人民的一面旗帜”的冯白驹将军的故居。

故居在长泰村，背依山丘，面俯绿野。故居屋后古木成林，屋前庭地宽阔，花圃艳丽，草地如绵，是中国人民解放军杰出将领冯白驹的摇篮地。冯白驹故居经多次修缮，但始终保持其原屋居迹及砖瓦桁木结构的海南农家室风格。

这里不仅再现了历史的现状，而且告诉人们，一位功勋卓著的无产阶级革命家，正是出身于这样一个极普通的农民家庭。正屋左侧，顺势建造一列横廊，里面陈列着关于冯白驹将军家世、生活、革命活动等的物件及图片。在这里，参观者可以了解到琼崖革命斗争的史迹和冯白驹将军的生平事迹。

桂林洋海滨旅游区

综合性海滨旅游度假区

海口市美兰区，距府城镇19千米

府城镇乘至桂林洋的中巴可到，海口港、铺前港的轮船可直达桂林洋海滨

桂林洋海滨旅游区建有海滨游泳场、国际体育村、泰国花果园、阳光城度假村、世界漫游公园5个旅游度假区，并有烧烤和海上游乐等服务项目。

海滨游泳场是海岸线长达约5千米的大型天然游泳场。这里沿海木麻黄林带如墙似壁，海沙白、细、松，是理想的畅泳之地和休闲度假场所。

泰国花果园颇具泰国风情农业观光特色，在这里吃住游乐条件具备，既可观奇花，品异果，又可领略泰国情调，尽情享受回归自然的清新。

东寨港红树林保护区

东寨港红树林保护区

国内最大的红树林自然保护区

海口市美兰区东寨港

门票免费，船票需另付 9:00~17:30

65380886

东寨港红树林保护区，即东寨港红树林自然保护区，占地面积4000多公顷，1980年建立，是中国第一个红树林保护区，也是中国最大的红树林自然保护区，还是中国被列入国际重要湿地名录的7个保护区之一。保护区形如漏斗，海岸线曲折多湾，以享有“海上森林公园”之美誉的红树林、世界地质奇观“海底村庄”、世界稀有鸟类及丰富的海产品而著称。区内生长着16科、32种红树林品种（世界上共有红树林23科、81种），其中水椰、红榄李、海南海桑等属于珍贵树种。2005年，在由《中国国家地理》主办的“中国最美的地方”评选活动中，东寨港红树林被评为“中国最美八大海岸”之一。东寨港作为闻名遐迩的红树林景观，确实名不虚传，值得游客一去。

玩家攻略

保护区内还有一处野菠萝岛，岛上环境幽美，野菠萝林连片蔽日，景色十分秀丽。岛上修

有观光小道，游客游览时可乘船登岛。保护区内有很多美食，比如四宝琼山豆腐、椰奶咖喱蚵、瓦罐椰奶鸡、海南黑鱼丸等，它们均独具风味，值得品尝。保护区的特产有番荔枝、山竹、菠萝、槟榔等，其中山竹肉质嫩滑、味道清甜，被誉为“热带果后”；菠萝是四大热带水果之一，具有肉厚汁多、风味独特、营养价值高等优点；槟榔是四大南药之一，具有健齿、降血糖的功效。

海底村庄

地震遗址形成的海底村庄

海口市美兰区演丰镇东北部

这个如谜般沉睡在海底的古村庄叫“仁村”，据记载，是在明朝时期因地震沉陷，从而形成现在的72个“海底村庄”。据当地渔民说，只有等退潮时坐船游览，才能看到一些轮廓和遗迹。每年清明过后海水变清时，在离东寨港不远的海滩上，附近渔民所说的“村石”的地方，会看见有一座以方石块砌成的保存完整的古戏台，石板上密密麻麻地布满了海蚝、贝壳。

玩家 解说

地震部门的人士认为，海底村庄是由大地震导致整个沉陷、体块垂直下降形成，在我国地震史上实属罕见。几百年过去了，震后遗址就成为奇特的水下景观。这个奇观可说是中国唯一的因地震导致陆地陷落成海的古文化遗址。若运气好，透过海水当年“仁村”的庭院、参差的房屋的遗迹依稀可辨，玄武岩的石板棺材、墓碑、石水井和舂米石等有序排列。铺前湾与北创港之间的海底下，还可以清楚地看到一座雕工精细的“贞节牌坊”屹立水下，成群的鱼虾在牌坊旁穿梭往来，似神话里的“海底龙宫”。

玩家 攻略

一般每年5～6月退潮时，是乘船游览海底村庄的最佳时间，如果幸运的话可以透过海水看到几米深处当年陷入海底房屋轮廓、石井、石柱、牌坊、戏台等村庄遗迹。对于是否能看到“海底村庄”，还是要看情况的。

更多本旅游区景点

演丰乡村公园：占地78.6平方千米。骑单车悠游在演丰乡村主题公园，可以看海、看红树林、看到造船；园区内既有迷人的海滨风景，又有丰富多样的游乐设施。海口市美兰区演丰镇

龙华庵古庙：始建于清代乾隆年间，现保存有古钟、古庵堂、泰国佛像、古碑、古代火山民居等文物古迹，西侧还有海南王氏始祖——宋代兵部侍郎、大学士王居正的墓园及祠堂，周边还有约10公顷的莲塘，景致十分优美。海口市琼山区府城镇那央村

海底村庄遗迹展品

攻略资讯

- 交通
- 住宿
- 美食
- 购物
- 娱乐

海口夜景

交通

海南岛四面环海，孤悬海外，自古以来，交通闭塞。解放后，拓建港口，铺设公路、铁路，建造机场，极大地改善了交通条件，使全岛形成了岛内以公路为主，岛外以水运为主，海、陆、空协调发展的综合交通运输网。作为海南特区省会城市，海口是海南岛的海陆空交通枢纽。

飞机

海口美兰国际机场为国内干线机场，共开通有90余条航线，包括国内、国际、地区多条航线，通航城市50余个。机场有快速通道可直达海口市区和三亚市，还有21、41路公交车及机场巴士可前往市区。✉ 海口市美兰区灵山镇 ✆ 65756114

机场高铁：海口美兰国际机场开通有到达海口市区和三亚市的动车组列车，乘客可在美兰火车站乘坐动车。

美兰机场—海口东站：全程约9分钟，票价5.5元。

美兰机场—海口火车站：全程约30分钟，票价10.5元。

美兰机场—三亚火车站：全程约1小时50分钟，票价79.5元。

机场巴士：在美兰机场和海口民航宾馆之间，每天有豪华大巴、中巴接送旅客。

海口民航宾馆—美兰机场：5:30～21:30；每30分钟发一班车；沿途停车点有国宾酒店、昌茂花园、金霖花园、琼山侨中。

汽车西站—美兰机场：6:00～21:00；每60分钟发一班车；沿途停车点有海南职业技术学院、汽车南站、中国城。

机场公交：海口市区和美兰机场之间，有21路、41路公交车可直达，全程票价6元。

火车

海口常用的是海口火车站、海口火车东站两个车站。海口至三亚已经开通了动车，行程约2小时，票价为80至100元。海口到广州，耗时约11小时，前往海口的列车在跨海轮渡上的时间为55分钟，列车上船后，实行人与车不分离。

海口火车站：坐落于市中心西部二十余千米的海滨，现建有四个硬座候车室和一个软座候车室。该站主要有往返三亚的动车，以及到上海南、北京西、成都东等地的空调快速列车。✉ 海口市秀英区粤海大道 🚌 乘坐37路、40路公交可到

海口火车东站：是2010年底投入运营的新建火车站，位于市区南部，将打造成东环高铁（动车）与公交的枢纽站。东站主要运

营往返于三亚的动车。✉ 海口市龙华区龙昆南路（凤翔西路口） 🚌 乘坐11路、21路等公交可到

汽车

海口市内目前主要有4个长途客运站，分别为海口长途汽车站总站、海口汽车东站、海口汽车西站和海口汽车南站。这些汽车站的客车班次众多，可通往省内外大多数城市和地区，乘车很是方便。

海口长途汽车站总站： 有发往省内各市县的班车。✉ 海口市美兰区南宝路14号 ☎ 66772791

海口汽车东站： 主要运营前往海南东线各县的班车。✉ 海口市美兰区海府路148号 ☎ 65340753

海口汽车西站： 主要前往儋州、白沙、昌江、东方、临高等地，出岛的省际长途客运也在此站搭乘，有去云贵、两广、两湖等省的专线。✉ 海口市龙华区海秀路156号 ☎ 68657306

海口汽车南站： 主要有前往定安、屯昌、五指山、三亚等海南东线、中线市县的班车。✉ 海口市龙华区南海大道10号 ☎ 66803900

轮船

海口拥有3个港口码头，分别为秀英港（海口港）、南港（海口南港）、新港（海口新港）。

秀英港： 已开通海口到海安、北海、湛江、深圳、广州等地的滚装轮航班。✉ 秀英区滨海大道 ☎ 68653315

南港： 目前主要开通有到达海安北港粤海铁路的客滚船。✉ 秀英区沿滨海西路 ☎ 31686888

新港： 可通往国内沿海港口，像广州、湛江、海安等。它还有定期班轮可直达香港、新加坡、槟城等国家、城市和地区。每天有8个班次，过海轮渡16个航次。✉ 滨海大道新港天桥往北500米 ☎ 66210596

住宿

海口的酒店、旅馆数量众多，即使在春节、国庆等旅游旺季，在海口仍可以找到满意的住处。海口的酒店档次非常齐全，五星级酒店的佼佼者首推环岛泰得、金海岸，三四星级酒店中魁首当数宝华海景、泰华、海口宾馆。此外，还有许多经济实惠的招待所、青年旅社等，不仅安全卫生而且便宜。

海口渔港

海南文华大酒店

●喜来登温泉度假酒店

海口喜来登温泉度假酒店，地处海口西海岸海滨地区，融旅游、住宿、餐饮、休闲、度假、商务、会议为一体，是一家五星级温泉度假酒店。酒店拥有丰富、优美的热带自然滨海资源，泳池、温泉无不体现着浓郁的热带风情，因而一直备受国内、港澳台及外国游客的青睐。这里共有客房341间，房间装饰精美、典雅，环境宽敞、舒适，设备齐全，包括空调、24小时热水、独立淋浴间、国内国际长途电话等，是一处非常理想的住宿场所。

✉ 海口市秀英区滨海大道136号 ☎ 68708888

●金海岸罗顿大酒店

金海岸罗顿大酒店靠近琼州海峡和市区，位置优越，环境优美。酒店有2栋均高12层的主体楼，建筑风格为仿欧式，外观典雅别致，金碧辉煌。酒店拥有354间（套）客房，包括标准房、高级套房、豪华套房、总统套房等多种房型，房内装饰精美，设备齐全，能为顾客提供温馨、舒适的休息环境。此外，这里还附设各种餐饮、娱乐、健身等设施及服务项目，能满足消费者的多种个性化需求。

✉ 海口市美兰区人民大道68号 ☎ 66259888

●海南森林城市度假酒店

海南森林城市度假酒店是海南第一家本土生态文化主题酒店。酒店选用黎族图腾“旺蛙”作为形象符号，推行24小时退房制，以热带雨林文化、海南本土生态风情为特色，具体体现为地域火山、黎苗风情、竹艺雅舍、海南老照片等元素。在这里，你可以尽情体验亿万年的火山文化、原生态热带雨林大堂、梦幻七彩个性客房、本土独特文化装饰品，也可以参加多姿多彩的艺术文化沙龙，还可以享受用当地农家食材烹制的地道乡村美食。

✉ 海口市美兰区人民大道68号 ☎ 36651111

●海口时光印主题酒店

时光印客栈地处海口老城核心商业区，周围被百年骑楼老街环抱。酒店毗邻繁华

海南新国宾馆

的解放西路，交通十分便捷，餐饮、购物、休闲、娱乐很是方便。房间设计洋溢着复古风，包括个性的实木家具以及一灯一盏，都好像在诉说着骑楼的匆匆流年，那时的人，那时的事，那时的宁静与繁华。此外，酒店设备齐全，环境舒适，服务贴心，能为顾客的旅游时光留下美好的印记。 海口市龙华区解放东路、解放西路交会处 66224466

●更多住宿去处

海口观澜湖度假酒店 /龙华区观澜湖大道1号 /68683888

星海湾豪生大酒店/海口市美兰区新埠岛西苑路21号/66106666

海口漫丽度假公寓/观澜湖新城上东区/18889260120

美食

海口美食主要是海鲜，另外在大街小巷还能品尝到独特、正宗的海南风味，例如东江盐焗鸡、黎家竹筒饭、石山扣羊肉等。滨海大道、海秀路、龙昆南路、板桥海鲜广场是海鲜酒楼集中地，金龙路是风味餐馆最多的地方，夜市有明珠广场夜市、府城夜市和海甸二东路夜市。

博爱路的水巷口街，是海口地方饮食店聚焦处，也是吃早点的理想场所。海南粉、牛腩饭、猪脚饭、煎粽、琼式月饼、山兰酒鱼煲很受欢迎。新埠岛有海鲜大排档，要吃上既便宜又新鲜的生蚝，可去滨海公园。美味小吃可以选择去骑楼小吃街、海大南门小吃一条街等。

美食小吃

●清补凉

清补凉是风靡整个海南岛，是当地的一种特色甜品美食，以口味冰爽闻名遐迩。清补凉最大的优点在于，它是用很多种配料炮

清凉补

制而成的，包括绿豆、薏米、椰肉、椰奶、花生、红枣、凉粉、空心粉、西瓜粒、菠萝粒、鹌鹑蛋等。所以，该风味不仅能达到解渴、冰爽的效果，也是非常有营养价值的饮品。海南岛是热带海岛，天气湿热，所以喝清补凉是非常有效的选择。

推荐店铺：新华南老牌椰子清补凉

龙华区新华南路国美电器门口

●海南粉

到海南旅游请别忘品尝一下既地道又实惠的海南粉。海南粉有两种：一种是粗粉，一种是细粉。细粉比较讲究，叫作“腌粉”。海南粉通常指的就是这类“腌粉”。有点类似北方人的“凉拌”，即在制好的米粉上加上油炸花生米、炒芝麻、豆芽、葱花、肉丝、香油、酸菜、香菜等。经拌匀后其味醇香扑鼻，余味无穷。吃前再加上一勺用海螺煮的海螺清汤，更是鲜香无比。

推荐店铺：三国南门小吃城 美兰区海甸岛三西路海大南门正对面（近海南大学南门）

海南粉

●海南煎粽

海南地方风味小吃，流行于海口地区，这种粽子与普通粽子不同之处在于：一是不用粽叶包裹；二是先蒸熟糯米后再加配料，然后煎制食用，不受节令限制，可随时制作。

推荐店铺：骑楼小吃街 ✉ 龙华区大同路2号大同广场

●和乐蟹

和乐蟹体大肉嫩，滋味鲜美，烹调法多种多样，蒸、煮、炒、烤，均具特色，尤以“清蒸”为佳，既保持原味之鲜，又兼原色形之美，其蟹肉鲜嫩，膏黄色似咸蛋黄。在和乐镇，以港北、乐群村一带的和乐蟹最有名，其膏满肉肥为其他蟹种罕见，特别是脂膏，金黄油亮，如咸鸭蛋黄，富含多种营养成分。

推荐店铺：琼菜坊（琼苑店） ✉ 美兰区白龙南路38号琼苑宾馆1楼 ✆ 65385219

和乐蟹

●东山羊

海南四大名菜之一。其美味据传是因羊食东山岭的稀有草木所致，因此肥而不腻、食无膻味，且滋补养颜防湿热，具有膘肥皮薄肉嫩无膻及皮下脂肪适中、汤味浓稠乳白、气味芳香、味道鲜美、营养滋补和美容之特点。

推荐店铺：龙泉海鲜酒楼 ✉ 龙华区龙昆南路（近泰龙宾馆） ✆ 66987388

●海南椰奶鸡

海南椰奶鸡，海南传统名菜，由海口市名厨覃启杰创始。以文昌鸡、鲜牛奶、椰子汁为原料制成。鸡肉嫩滑，椰香常有，不需用刀斩开，用筷子戳就可以分块食用。

推荐店铺：原味主张椰子鸡（万国店） ✉ 龙华区大同路26号万国大都会6楼 ✆ 66701616

海南椰奶鸡

美食去处

板桥海鲜广场：板桥海鲜广场位于美兰区板桥路，是游客在海口吃海鲜最实惠的地方之一。这里的经营模式是食客自己先在菜市场买菜，然后到后面的大排档加工制作，加工店只收加工费，加工价全场统一。有时候，加工店老板也会带着你去买海鲜，不过食客得自己讲价。这里的海鲜美食味道新鲜、好吃，价格相对便宜，是一处非常不可多得的美食场所，不容错过。

骑楼小吃街：骑楼小吃街是海口最著名的小吃街，这里不仅荟萃了海南当地的特色小吃，如海南粉、清补凉、文昌鸡、烤乳猪、儋州粽、椰子饭、陵水酸粉、椰丝糯米粑等，还云集了全国各地的美食，包括烤鱿鱼、牛

海口骑楼小吃街

肉面、宫保鸡丁、过桥米线、剁椒鲈鱼等。小吃街这里不仅美食种类丰富，风味独特、浓郁，而且还价格便宜，大部分小吃价格是4~15元，真叫一个物美价廉呢。

海大南门小吃一条街：海大南门小吃一条街是海甸岛的知名美食场所，经营风格为大排档形式，不仅美食种类多，而且味道都不错，价钱也便宜。这里汇集了各种海南特色风味美食及全国美食，比如清补凉、炒冰、肠粉、酸粉、寿司、凉面、凉皮、鸭脖子、牛肉丸、鸡蛋饼、肉夹馍、砂锅粥、奥尔良鸡翅、台湾无骨鸡柳等，面对这花样繁多的小吃，真会让人挑到眼花缭乱。

水巷口街：博爱路的水巷口街，是海口地方饮食店聚焦处，也是吃早点的理想场所，海南腌粉、牛腩饭、猪脚饭、鸡饭和鸭饭、煎粽、煎饼、安定粉汤很受欢迎。海南人还会在鸭饭上面浇一种汁，使得鸭皮在脆的同时鸭肉又很滑嫩。

滨海公园：特色是炭烤生蚝。想在海口真正吃上既便宜又新鲜的生蚝，一定要去一趟滨海公园。一盘盘热腾腾的生蚝端上来，蒜香和着蚝香，还有一丝丝炭香味，生蚝粉软的肉质几乎入口即溶，怎一个鲜字了得！

购物

海口主要特产分为海鲜类、热带水果类、饮品类以及旅游纪念品类。纪念品主要有南珠、水晶、玳瑁、牛角雕、椰雕、珊瑚盆景、贝壳系列、蝶翅画、藤器等。土特产有黄灯笼辣椒酱、咖啡、腰果、胡椒、海干产品、鹿产品及特色酒等。

海秀大道是海口最繁华的商业街，海口宾馆附近地段，云集了许多海南旅游纪念品商店。其中，装潢考究的一般都是珠宝店，也有许多土特产商店，它们一般都是厂家直销店，因此，价格不会很高。

海口特产

●珍珠

海南省有许多珍珠养殖地，向来盛产海水珠，而专门出售珍珠特产的店铺也很多。所以，游客在海口购买这种特产时，要注意辨别真伪。一般情况下，一些大的珠宝商行里可以买到正宗的珍珠。如果在小商店购买的话，有一种辨别真伪的最简单的方法就是，拿两颗珍珠相互摩擦，感觉涩的是真的，感觉光滑的是假的。但是，要界定珍珠的质量的话，还得按照它的年限、大小、圆润、颜色、穿孔技术等科学数据来综合分析。

珍珠项链

●海南粉

在海南米粉大家族中，海南粉堪称鼻祖，它源于明末时期福建闽南地区。据《正德琼台志》载，当时海南全岛到处都有海南粉加工作坊和小摊。海南粉俗称海口腌粉，由米粉和10多种佐料腌制而成，色、香、味俱全，营养丰富，且独具浓郁的风味，值得一吃！

海南粉

●黎锦

黎锦是黎族人的一种特色花布，也是中国最早的棉纺织品，它用木棉果实纤维为原料织成，以精细、轻软、洁白、耐用著称。黎锦式样有筒裙、头巾、花带、床单、被子等，色彩一般有红、黄、黑、白几种，图案多姿多彩，极具工艺美和实用性，不容错过！

黎族织锦

●椰雕

椰雕是以椰壳、椰棕和椰木为原料，用手工雕刻成各种工艺品。椰雕工艺品样式新颖，造型古朴，质地轻巧是海南旅游工艺品的重要组成部分。雕刻工艺包括平面浮雕、立体浮雕、通花浮雕，还有带棕立体雕刻和贝壳镶嵌雕刻等多种手法。

●珊瑚盆景

珊瑚盆景产于热带海洋，是无数珊瑚虫的遗骸集结而成的化石。它在海中天然长成，形状千奇百怪；颜色多种多样，白、红、绿、黄一应俱全。这些天然"海底奇花"再经过能工巧匠们的加工，就会成为一盆盆珊瑚盆景，雅俗共赏，美妙绝伦。

●咖啡

海南的咖啡十分著名，海南的地理条件最适宜生产高档的咖啡豆，国际上生产名牌咖啡的厂家，也在海南采购咖啡豆。其中，炒咖啡香味浓烈，椰奶咖啡品味独特，在海南咖啡饮料产品中各显奇能。

海口购物场所

●海秀大道

海秀大道是海口最繁华的一条商业街，聚集着很多特色商品店。在装饰精美的珠宝店里，游客可以买到南珠（被誉为中国海水珍珠的"皇后"）、水晶、玳瑁等珠宝类特产；在各种土特产商店中，游客可买到椰雕、牛角雕、胡椒、椰糖、兴隆咖啡等海南特产。这些店铺一般均为直销店，不仅产品正宗，而且价格便宜，是游客赏玩、购买海南特产和旅游纪念品的好去处。

●博爱路

博爱路位于海口市东北部，古称城内大街、南北所街，距今已有600多年的历史。1924年后，为纪念孙中山倡导的"博爱"精神，更名为"博爱路"。博爱路长1300米，是老海口城南北走向最长的街道，也是当时最繁华、最具特色的一条商贸街。街道边建筑以骑楼为主，店铺里主营文具、灯具、布艺、服装、礼品等商品。此外，东、西门市场贯穿博爱路，东门为海鲜干货市场，西门为古玩一条街。特别是到了晚上后，这里热闹非凡，是游客享受文化休闲购物的绝佳地。

●解放路

解放路位于海口老城区，分为东、西两路，全线长998米，过去是海口唯一的商业中

解放路步行街

心。解放东路最早叫“永乐街”，路边的建筑都是具有南洋风格的骑楼，是海口的娱乐中心和一个时代的见证；解放西路是在新中国以后建成的，拥有百货大楼、邮电大楼、工人文化宫、工人影剧院等建筑，是海口最繁华的文化、商业中心之一。街上商铺林立，各种商品一应俱全，是游客体验休闲购物的理想地。

●上邦百汇城

上邦百汇城位于海口市金融贸易区的核心区域，总建筑面积9.7万平方米，是目前海口规模最大的纯商业复合体之一。作为一处开放性的商业广场，它占据着国贸、海秀两大商圈的商业制高地段，依托着中央商务区（CBD）、中央生活区（CLD）和中央美食区（CTD），周围拥有3座主建筑（国贸大厦、南洋大厦、天邑国际）、1条步行街、750个停车位，以及其他综合配套设施，可以说商业地位得天独厚。此外，这里独有的以2000米骑楼建筑为亮点的BLOCK街区，融海南传统骑楼文化和巴洛克风格为一体，形成了海口最长的风情步行街，并且以最具人文气质的商业姿态引领着海口商业发展的潮流。

娱乐

海口市休闲文化活动丰富多彩，具有悠久历史的经典琼剧、地方独特印记的茶馆、风情的旅游文化展等，都能让游客在此感受到海岛浪漫魅力与海口的城市品位。此外，海口市还具有休闲养生温泉、阳光滨海沙滩、高级高尔夫球场等各类休闲场所。

娱乐休闲去处

●印象海南岛

印象海南岛是由著名导演张艺谋、王潮歌、樊跃“铁三角”导演团队联手打造的一场以大海为主题的实景演出。演出将时尚、休闲、浪漫的元素带给游客，通过新颖的艺术形式和丰富的艺术元素演绎出海南岛上真正的海岛风情。休闲文化和浪漫椰城，将大家带入一种新型的旅游文化体验之旅。

演出时间：每晚20:30开始，时长大约70分钟。

演出地点：海口印象剧场。

●老爸茶馆

顾名思义，便是老爸老妈们相聚喝茶的地方，几块钱一杯加糖的老爸茶，一盘花生瓜子，一坐一天，是海口老街特有的风景。这里是连年轻人也喜欢的一个去处。“老爸”茶店常设于老城区小街巷中，如骑楼老街得胜沙。

印象剧场

●琼剧

琼剧已有300多年的历史，民间又称琼剧为“海南戏”，是海南岛大众百姓和海外华侨十分喜爱的一个具有地方特色的剧种。琼剧历史悠久，和粤剧、潮剧、汉剧同称为岭南四大剧种，属南戏一支。传统剧目可分为文戏、武戏和文明戏（又叫时装旗袍戏）三种，戏票很便宜，10元左右就能看一场。

推荐去处：海南省琼剧院 ✉ 海口市海府路69号 ☎ 65342152

●海口观澜湖高尔夫2号场

海口观澜湖高尔夫2号场按照澳大利亚以气势强悍著称的Sandbelt区域的球场的计灵感来建造，基本特征为大面积沙坑，沙面比较高，沙面起伏比较大，沙坑草边比较厚，高度明显高于球道草和果岭面。球场主要的树种是桉树，代表了澳大利亚的特征。球场原地形是起伏缓和，有时候较平，所以造型的时候覆盖了足够的植草区域，使得打球宽度球道宽度足够大，并且可以有多种打球方案。✉ 海口市观澜湖大道1号 ☎ 68683888

●海口荷塘印象休闲农庄

海口荷塘印象休闲农庄距海口市38千米，距美兰机场仅17千米，占地近百亩，是一家集住宿、餐饮、采摘、垂钓、会议为一体的生态休闲种养殖农庄。✉ 海口市红旗镇大山村委会那尧村

●3D奇幻艺术展

在这里可以是导演又可以是画中的主人公，带上家人或朋友来体育馆看3D奇幻展。只要发挥想象力，摆出各种姿势，就可与奇妙的3D画一起合成一张完整有趣的画作。3D魔幻艺术展将充分释放游客的游戏天性，不论男女老少，来到3D魔幻艺术展定会抛开烦恼，开怀畅笑。✉ 海口市龙华区滨海大道体育馆2楼

●鸿洲马术俱乐部

鸿洲皇家国际马术俱乐部坐落在海口市母亲河南渡江畔，环境秀美，是海南省第一家也是绝无仅有的一家专业马术俱乐部。距海口美兰国际机场仅10分钟车程，交通便利，设施完善。俱乐部的主要经营项目为马术教学、会籍销售、马匹租售代理、商业租赁、品牌马术队、马术夏令营、冬令营、海南少儿马术学校等，提供私家马匹寄养、皇家马匹采购、单位机构马匹临时托管等马匹管理服务，并且具有承担相关区域马术文化节、区域马术场地赛事的功能。✉ 海口市美兰区海榆大道188号鸿洲江山内

节日和重大活动

名称	地点	时间
椰子节	海南岛	农历“三月三”
府城换花节	海口市琼山区的府城	农历正月十五

春节舞狮

发现者旅行指南

三亚

概览

亮点

天涯海角

天涯海角濒临祖国最南端南海，这里椰林婆娑、奇石林立，碧海、青山、白沙浑然一体，著名的“南天一柱”就位于该景区。

亚龙湾

亚龙湾是海南岛最南端的一个半月形海湾，这里气候温和，海水澄澈，天空蔚蓝，沙滩细软，风景如画，因而被誉为“天下第一湾”。

三亚湾

三亚湾是三亚最大的海湾，绵延22千米，湾长沙细，岸上滨海大道紧紧相依，椰树成林，构成了一幅美丽自然风景画。

大小洞天

大小洞天历史悠久，距今已有800多年了。景区以秀丽的海景、山景、石景闻名，被誉为“琼崖第一山水名胜”。

大东海

大东海三面环山，一面环海，一排排翠绿椰林环抱沙滩，蓝天、碧海、青山、绿椰、白沙滩，独特之美博得海内外游客的赞叹。

蜈支洲岛

蜈支洲岛被誉为“中国的马尔代夫”，海水清澈透明，是著名的潜水胜地。岛上的海岛旅游度假酒店，分为欧式建筑、竹木建筑和木制建筑，错落有致，独具特色。

必逛街道

解放路步行街：位于三亚市区解放二路，是三亚的特产和珍珠饰品街。除了品牌商户外，还有很多小商铺和小地摊，销售各种海南特产和工艺品，像珍珠、贝壳、海南岛服饰等。

线路

三亚市区一日游

早餐后赴三亚美丽之冠文化会展中心参观蜡像展区，中午来到第一市场品尝物美价廉的水果和海鲜，午后前往椰梦长廊，感受优美迷人的热带植物园林风光，享受慵懒的度假时光，之后来到大东海景区，欣赏晶莹如镜的海水和海滩夕阳美景。

三亚西线两日游

这是一条经典的三亚西线二日游线路。第一天游览天涯海角和西岛，听美丽的爱情故事，体验好玩刺激的海滩娱乐。第二天主要游览南山文化旅游区，拜南海观音，领略南山的佛教文化。

三亚东线两日游

三亚东线可以游玩两天，晒太阳，吃海鲜，与椰林树影为伴，在碧海蓝天下尽情放松，来此寻找梦想中的度假天堂。第一天游览亚龙湾和蜈支洲岛，享受美丽的海湾景观。第二天游览南湾猴岛和珠江南田温泉度假区，观猕猴，泡温泉。

为何去

三亚别称鹿城，位于海南岛最南端，陆地总面积1919.58平方千米，海域总面积6000平方千米，是全国空气质量最好的城市、全国最长寿的地区，被誉为“东方夏威夷”。三亚是中国最南端的热带滨海旅游城市，位居中国四大一线旅游城市（三亚、威海、杭州、厦门）之首。这里拥有海南岛最美丽的海滨风光，著名景点包括亚龙湾、三亚湾、天涯海角、鹿回头公园、落笔洞游览区、大东海风景区、南山文化旅游区、大小洞天风景区及西岛、蜈支洲岛海上乐园等。

三亚椰林

何时去

三亚是一个“四时绿荫，长夏无冬”的地方，四季皆宜旅行，是避寒、消暑、度假的好地方。每年11月至次年3月为旅游淡季，所以各景区的门票价格以及住宿、餐饮等场所的价格会比较便宜，所以这段时间是游客来此旅游的最佳时节。

蜈支洲岛

每年的12月，三亚市会举办国际婚庆节。而农历九月初九的“中国南山文化节”以及“三月三”这些节庆活动，人们能看到平时不太常见的民族歌舞和表演，并能参与到各种节庆活动中去。

三亚旅游示意图

区域解读

区号：0898
面积：约1919km^2
人口：约76万人

地理 GEOGRAPHY

区划

三亚下辖4个区（吉阳区、天涯区、海棠区、崖州区）。

地形

三亚北靠高山，南临大海，地势自北向南逐渐倾斜，形成一个狭长状的多角形。北有抱坡岭，东有大会岭、虎豹岭和海拔393米的高岭，南有南边岭，形成环抱之势。境内海岸线长258.65千米，有大小港湾19个。面临南海，大东海、小东海、三亚湾等众多海湾各有佳景。

气候

三亚属热带海洋性季风气候，阳光明媚，气候温和适宜，素有“天然温室”之称。这里年平均气温约为25.7° C，年平均降水量约为1347.5毫米。每年9月和10月是雨季，台风多，来三亚前需关注海南天气，避免被台风破坏行程。此外三亚最热的时节是6月，游玩要避开中午12点到下午4点最晒的时段，以免被紫外线灼伤。

历史 HISTORY

历史大事记

●远古时期

约一万年前即有早期祖先三亚人生活在此地，“三亚落笔洞人”的发现把海南人类历史提前了二千至三千年，是目前已知海南岛最早的人类居住地，也是迄今为止我国旧石器文化分布最南的一处遗址。

●秦至清朝

秦始皇时期设置的南方三郡，崖州（今三亚市）就是其中之一的象郡。

唐玄宗天宝八年，鉴真率僧人水手从崇福寺出发，再次东行。在东海上，大船遭到强大北风吹袭，连续漂流14天才看到陆地，16天后方能上岸，发现已经漂流到了振州（今海南三亚），入大云寺安顿。鉴真在海南停留一年，为当地带去了许多中原文化和医药知识，时至今日，三亚仍有“晒经坡”“大小洞天”等。

宋代时成为我国最南端的地级规模的州郡。因其远离帝京、孤悬海外，自古以来三亚一直被称为“天涯海角”。因此三亚自古以来是贬官谪宦流放之地。

宋、元、明时期，三亚的经济已有初步发展，棉纺业居全国领先地位，南宋时古代

远眺亚龙湾

女纺织家黄道婆早年在本地向崖州黎族妇女学习纺织技术。

清光绪三十一年（1905年），崖州升为直隶州，领万安、陵水、昌化、感恩4县。

●当代

1950年4月30日，渡海作战的解放军第四野战军十五兵团第四十军、四十三军所部在琼纵部队的配合下，围歼溃退榆林三亚集结的敌军残部。崖县全境解放。5月1日，崖县在崖城召开群众大会，热烈庆祝海南解放。

1984年，撤销三亚镇。

1987年，三亚升为地级市。

古崖城的“贬官文化”

三亚这个地名的出现，是在明代。翻阅明代《正德琼台志》，其中首次有了“三亚村”“三亚里”的记载。而在漫长的一千多年的历史长河中，历朝历代的官衙，都设立在一个叫“崖城”的小镇。作为州、县府衙门驻地，“崖城”一直是海南岛南部的政治、经济、文化中心。据载，早在秦始皇时期设置南方三郡，崖州是其中之一的象郡。

在历史上，由于崖城远离帝京、孤悬海外、人迹罕至，被视为蛮荒之地、瘴疠之地。从唐代到元明时期，被贬谪、流放到古崖州者，有宰相、内阁大臣以及文人墨客达20余人之多。这里曾接纳过初唐宰相韩瑗，晚唐名相李德裕，宋朝宰相卢多逊、赵鼎，宋朝力主抗金反对秦桧卖国的爱国将领胡铨等人。

到了宋代庆历年间，有着厚重贬官文化背景的崖州，建立起了中国最南端的大学堂——崖州学宫，也就是当地秀才们读书的最高学府。于是，从这个边远小镇走出了几百名贡生举人和进士。明清两代，崖州人才辈出，著名的有被尊称为岭南巨儒的钟芳，编修永乐大典的裴士龙，梁启超的弟子林瓒统等人。他们走出崖州，沿着自己的老师——贬官们来时的路来到了中国政治、文化舞台

崖州古城

的中心，施展自己的才华与抱负，在中国历史的进程中，打上了海南文化人的印记。

文化 CULTURE

“三月三”，黎族苗族文化盛宴

每年“三月三”，三亚便会变得格外热闹，人们举办具有民族风格、地域特色的系列活动庆祝节日，包括展示民族传统服饰、歌舞、婚俗、体育竞技等内容的活动，这些丰富多彩的活动集中展现了黎族苗族的特色文化。

红色、黑色、绿色、青色的搭配是黎族苗族传统服饰的色调，服装主要利用海岛棉、麻、木棉等原料织缝而成，各式颜料多用植物叶子、花卉制成。服装上能看到明显的民族特色图案，大多是平日喜闻乐见的人物纹、动物纹、植物纹以及几何纹等。妇女的头巾、上衣、筒裙往往嵌入了金银箔、云母片、明片或羽毛，也有缀以贝壳、铜钱或流苏等，产生了有声有色的特殊效果，穿起来显得绚丽华美。在“三月三”这样隆重的日子里，黎族苗族同胞要盛装打扮，在节庆活动上，可以看到身着民族服饰的黎族苗族兄弟姐妹尽情地展示传统服饰之美。

黎族三月三

黎族苗族是两个能歌善舞的民族，庆祝节日之时可以观赏到风情浓郁的民族舞、动感活力的广场舞、时而高亢嘹亮时而婉转多情的黎族民歌，以及苗族平安舞、对歌表演等。此外还有黎族苗族的婚俗文化表演：恋爱对歌、求亲、定亲、互赠槟榔及信物、“抢新郎”、大喝“连心酒”等婚俗，独特而美妙。

每年的“三月三”，民族传统体育竞赛是少不了的活动，也是黎族苗族同胞喜爱的“趣味运动会”。有女子巧夹槟榔、男子攀爬槟榔树、男子顶棍、男子背媳妇、男女射弩、“拉乌龟”等。此外，“三月三”系列活动中还有黎族织锦、苗族刺绣竞赛、民族特色美食展示，以及非物质文化遗产展出等精彩活动和环节，在欢乐、和谐的氛围中欢度节日的同时，也能欣赏到黎族苗族同胞的民族特色文化。

龙抬头节传承历史，弘扬现代海洋文化

“二月二、龙抬头，大仓满、小仓流，人和谐，家幸福，国安泰，民安康!”农历二月初二，此时正值惊蛰，大地转暖，民俗认为蛰伏一冬的万物要在这一天开始活动。自2005年开始，每年的农历二月初二，三亚大小洞天旅游区都会举办中国三亚龙抬头节。每届龙抬头节的核心活动是南海龙王暨南海祭祀典礼，典礼以传统的道家仪式祭祀南海与南海龙王，并融入海南本土民俗祭海礼仪。此后不断延伸、扩展，将中国古代的四海之祭、现代海洋文化意识、海洋国土观念融汇灌注于传统祀典之中，着力从理论和形式上提升这一渊源文化传统，锻造成一种新的文化形式。

南海龙王别院

海上吉普赛——疍家渔排巡礼

蔚蓝色的海面上，一架架渔排、一幢幢红顶的房屋，在阳光的照耀下熠熠生辉，一直延伸到远处的天边，构成一幅奇异独特，又极为壮观美丽的画面，这就是位于海南陵水县新村镇的疍（dàn）家渔排。

疍家不是一个民族，属于汉族，但又具有一个独立民族的部分特征，新中国成立初期差点成为中国的第57个民族。疍家的起源已无法考查，一种说法是广府、客家等珠三角汉民系到达珠三角的早期南方汉族人；另一种说法是他们的祖先可能是居住在中国南方秦汉以前的百越族人，是远古越人，古越族或古黎族等南方水上民族受陆上民族排斥，多年来漂泊于海上形成的一种特殊民体，是我国沿海水上居民的一个统称。

疍家，这一称谓有人认为是因为疍家人常年以舟为家，生活在海上，如蛋壳漂泊于海面，所以称为疍家；也有人认为疍家人常年在海上与风浪搏斗，处于险恶的生存环境，和独特的谋生手段，生命无保障，如同蛋壳般脆弱，故称为疍家，也被称为中国的“海上吉普赛人”。

天涯海角国际婚庆节

对于相亲相爱的情侣来说，结婚是一生中最幸福、最难忘的时刻。举行一个既隆重又具纪念意义的婚礼，在一个有纪念意义的地方许下“陪你到天涯海角，爱你到海枯石烂”的爱的誓言是情侣们共同的心愿。

从1996年开始，中国三亚天涯海角国际婚庆节已让国内外的很多对新人走过了铺在天涯海角的那块红地毯。婚庆节，是三亚情爱文化和独特自然旅游资源的完美结晶，已成为集婚庆、旅游和蜜月度假于一体的大型国际性旅游节庆文化活动，也成为具有一定国际影响力的旅游品牌。

景点推荐

三亚城区景点

凤凰岛

海上度假天堂

三亚市三亚湾度假区凤凰岛

市内乘坐9路公交可到 全天开放，岛上的娱乐项目营业时间：9:30～17:00

凤凰岛号称“东方的迪拜”，这里原来是亚龙湾中的一片天然礁盘，凤凰岛便是在此基础上围海吹填而成的人工岛。岛屿依势而建，“水中有岛，岛中有水，水中复有岛，岛中复有水”，是一座独特的岛屿。其占地面积36.5万平方米，三面依托山景，四面临海，仅有一座跨海观光大桥与陆地相连。岛四面都有著名的景点，拥有着得天独厚的山海天旅游风光，是海上娱乐、水上运动和全季候度假旅游的好去处。

凤凰岛上有为纪念奥运圣火内地首传城市三亚而建造的奥林匹克公园，有东南亚最大最活跃的国际游艇会，有媲美纽约曼哈顿长岛的全海景别墅区，有海南第一高楼超星级酒店，还有汇集全球众多奢侈品品牌的海上热带风情商业街等。

玩家解说

凤凰岛呈长形，东北西南走向，长1250米，宽约350米，由一座长394米、宽17米的跨海观光大桥与市区滨海大道光明路相连。南侧临鹿回头公园，东南侧临三亚河入海口，西侧为东、西玳瑁岛，北侧濒临优美的17千米长三亚湾海滩。

凤凰岛

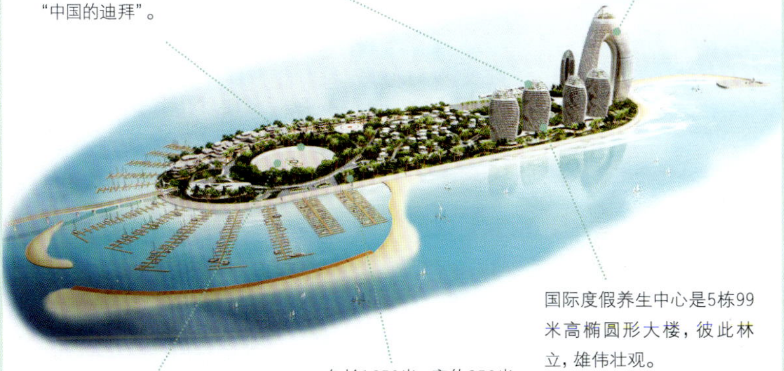

东瑁洲岛

碧海青天的美丽岛屿

三亚市三亚湾南部海域，距陆地5.5千米

坐游艇可到东瑁洲岛外海

东瑁洲岛坐落于美丽的三亚近海海域，与西瑁洲岛交相辉映，由于两个小岛的形状就像两只昂首前行的巨鳌，所以被世世代代生活在三亚的渔民称之为东、西瑁洲岛。

东瑁洲岛的面积并不大，只有0.83平方千米的土地面积。20世纪50年代初以前，美丽的东瑁洲岛一直沉寂在浩瀚的南海中，光秃秃的礁石裸露在炙热的骄阳下。岛上生活艰苦，没有淡水水源，一直以来不具备在岛上生活的基本条件，被过往的渔民称之为“火岛”“风岛”“荒岛”，然而，自从50年代初中国人民解放军在岛上建立驻岛连队以来，这里昔日的“火岛”“风岛”“荒岛”，如今已成了南海上的“钢铁哨所”和“海上花园”。

东瑁洲岛有部队驻岛，因此游人不能登岛，但可以乘游艇游览景色迷人的东岛外海，观两岸旖旎风光，享受远海休闲垂钓，还可以烧烤、潜水等，从多角度听海、看海、玩海，享受一个美好的假期。

三亚河

三亚市区的起源地

三亚市三亚河

三亚河是三亚市区的起源地，由六罗水、半岭水、水蛟溪3条河组成，在三亚港注入大海。三亚河将三亚分成河东和河西区两个部分。这里河面宽阔，河水清澈，再加上河中白鹭翔集，两岸绿树成荫，可以说景色如画、美轮美奂，堪称三亚市最美风光的所在。

玩家 攻略

三亚河步行桥全长250米，连接着河西路和河东路，是专门为观赏三亚河胜景而建的观景步行桥。步行桥周围景色秀美，是观光和休闲的好去处，而到了晚上后，它本身因为镶嵌有美丽的灯光彩带而成为一道迷人的夜景。

玩家 解说

三亚河鸟类自然保护区成立于2000年，主要为保护国家二级野生保护动物白鹭而设。保护区陆地面积约62公顷，其中泥沙面积约48公顷，红树林面积约14公顷，是黄嘴白鹭、海南山鹧鸪等鸟类的绿色家园。每年秋末冬初，白鹭成群结队翱翔于三亚河上，已成为当地一大特色景观。

鹿回头山顶公园 AAAA

情爱文化的主题公园

三亚市吉阳区鹿回头半岛内

在三亚市区乘坐54、55路公交车可达景区门口

¥ 42元　7:30～22:30　88213740

鹿回头山顶公园，因山顶有鹿雕塑而得名，总面积82.88公顷，1989年建成开放。它是著名的“黎族圣山”“生态之山”，也是一处融情爱文化、生态展示为一体的主题公园，主要景点有情爱文化园、山顶花园、鹿回头雕塑、鹿苑、北亭观景台等。这里拥有大小山峰5座，主峰海拔275.1米，植物种类非常丰富，是三亚市区森林植被自然保护区的核心地带。

鹿回头雕塑

公园曲径通幽，顺着山势建有哈雷彗星观测站、白色的听潮亭、红色的观海乾、情人岛，此外还有猴山、鹿舍、黎家寮房、龟鳖天堂、游鱼仙池等景点供观赏。山岬角与海浪辉映，站在山上可俯瞰浩瀚的大海，远眺起伏山峦，三亚市全景尽收眼底，景色极为壮观。山上鲜花四季盛开，姹紫嫣红，异彩纷呈，还可以品尝到海南椰子中的珍品——红椰子。

玩家 攻略

1.鹿回头还是登高望海和观看日出日落的制高点，在山顶可以俯瞰市区和小东海的全貌，晚上站在三亚湾以鹿回头的灯光为背景照相不错。

2.每年天涯海角国际婚庆节期间，情侣们必定会到这里海誓山盟，情定终生。

3.每年的中秋之夜，都要在鹿回头公园举行丰富多彩的庆祝游园活动“鹿山赏月大会”。还有传统的灯谜会、民间舞狮大会、月饼展销大会、品茗会等。

链接

“鹿回头”传说

传说古时候，一位英俊的黎族青年猎手，在发现一只坡鹿后，对它穷追不舍。翻过了99座山，涉过了99条河，坡鹿被追到了南海之滨。眼看到了茫茫大海之畔的山崖，前无去路，后无退路，坡鹿突然停步，在山崖处转身回头。只见坡鹿的目光清澈、凄艳而含情脉脉，使得青年猎手正要张弓搭箭的手不由得放下了。这时忽见火光一闪，一阵烟雾腾空而去，而那头回头的坡鹿却化作了一位美丽的黎族少女，后来，这对黎族青年男女结成了夫妻，并在此定居下来，从此过上了幸福美满的生活。

情爱文化区

情爱文化区里是一个以“爱”为主题而建的景点，有刻着巨大“爱”字摩崖石刻、“永结同心”海誓山盟台及“夫妻树”“仙鹿树”“海枯不烂石”“月老雕像”等几个景点。

鹿回头公园

鹿回头雕塑

“鹿回头”雕塑高15米，长、宽分别为9、4.9米，以海南黎族一个美丽的爱情传说为根据而建造。它是海南全岛的最高雕塑，被视为三亚市的城市雕塑，这就是三亚得名“鹿城”的由来。

山顶花园

在山顶花园，有三角梅、绿草地、亭台楼阁可随机借景，使自然景致与人文景观巧妙组合，相映生辉。还有大群的鸽子追逐戏耍于其间，别有一番情趣。晚间这里有音乐茶座。

情人湾

被誉为“海赐白金堤”

三亚市鹿回头山脚下

乘3路公交车，在国宾馆下车，步行400米可至情人湾

8:00~17:30

情人湾又名鲸息湾，因位于三亚爱情山——鹿回头山脚下而得名，与三亚湾遥遥相对而更向南蜿蜒远离市区，它距三亚海岸线5海里，也属于珊瑚保护区，是一片小而平静的海湾。情人湾有大小十多个月牙状海滩，各具特色，数千米白金沙滩，沙粒细软洁白，被誉为“海赐白金堤”。这里水流平稳，海水清澈温和，海底生长有大的珊瑚，布满石排，鱼类大量聚集繁殖，是坐游艇休闲游钓、潜水的理想海湾。

城市乐园

三亚唯一一处公益性市内公园

三亚市区河西路三亚河畔

乘坐12路、45路到城市乐园下　免费

城市乐园已建成园区面积约4.67公顷，融旅游、休闲、娱乐、餐饮为一体，是三亚唯一一处公益性市内公园。城市乐园布局严谨、独具特色，拥有丰富的热带雨林植物，新颖、独特的园林景观，精彩的娱乐项目，已开放项目包括电玩大世界、露天旱冰场、假山群、餐饮区等。

白鹭公园

白鹭的天堂

三亚市东部临春河畔

乘坐50路公交可到　免费

白鹭公园东与三亚市区最高点凤凰岭相连，西与三亚市中心隔河相望，总规划面积25.7公顷，是一个以热带湖泊湿地、红树林为风景特征的湿地公园，分为绿岛锦簇区、椰林风情区、红树迷园区、镜湖银波区、海天一色区、闲得茗香区等几大片区。公园中心为白鹭湖，面积约9万平方米，湖边、湖心到处都是栖息或翱翔着的白鹭，仿佛一处“白鹭天堂”，是游人休闲和赏鸟的好去处。

美丽之冠

为世界小姐总决赛而建的比赛会场

三亚市新风路299号

在市区乘坐9、10路公交车或旅游专线到市中医院站下　280元　18:00～21:40

88665222

美丽之冠，即美丽之冠文化会展中心，呈椭圆形，是为2003年在三亚举行的第53届世界小姐总决赛而专门兴建的会场。它由会展表演、美丽博物馆两大功能区组成，可容纳4000余名观众，因成功举办了4届世界小姐总决赛而蜚声中外，被誉为世界小姐的诞生地，现已成为三亚著名的门户和地标性建筑。整个剧场大厅金碧辉煌，流光溢彩，美轮美奂，令人目不暇接，非常具有建筑艺术价值和欣赏性。

玩家解说

世界小姐评选活动创办于1951年，与美国“环球小姐”和日本“国际小姐”并称为世界三大选美盛事。评选从形体展示、才智比拼等多方面考查选手的综合素质。

美丽博物馆

其规划的主要功能模块有：静态陈列

美丽之冠

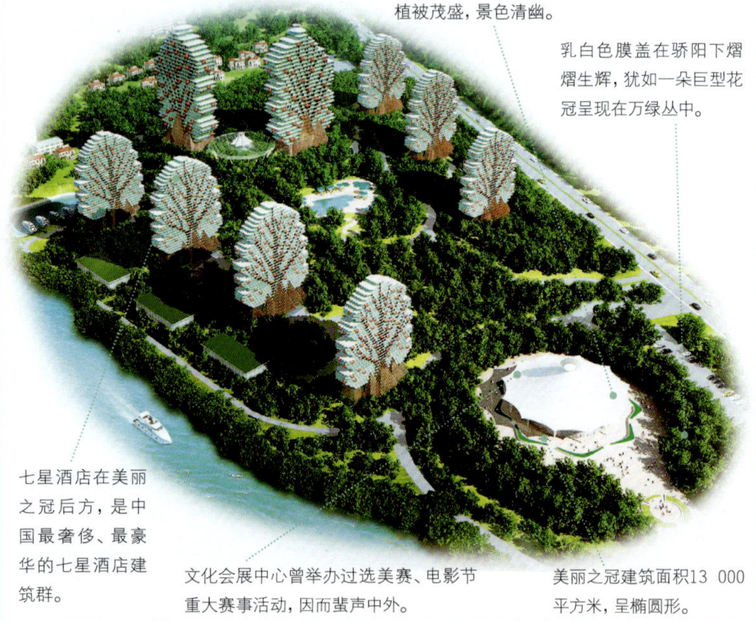

区、视频互动区和蜡像展区。静态陈列区展出内容有：世界小姐机构及赛事简介（文字、图片）；世界小姐117个成员国国旗展、成员国钱币展、国花展及各地风情饰物等；世界小姐总决赛图片；参赛选手的签名及手模印。在视频互动区，可以通过互动多媒体触摸屏来点播美丽之冠简介、世界小姐总决赛宣传片、决赛实况及花絮剪辑、世界小姐机构及赛事简介、参赛选手资料等。蜡像展区中的蜡像是活灵活现展示世界小姐静态美的最好形式。游客可以搂着世界小姐拍照，和世姐“亲密接触”。

演艺中心

采用钢索膜结构，建筑面积13 000平方米，呈类椭圆形，长轴直径106米，短轴直径92米，建筑总高度37. 8米，可容纳观众4000余名。每晚都有演出，时间段为20：20~21：50。内容精彩纷呈，十分吸引人。

凤凰岭海誓山盟景区 AAAA

登高望远，三亚的山、海、城、天一览无余

三亚市凤凰路山水国际路口前行1.5千米（美丽之冠对面）

乘10、25路到图书馆下车，步行可达

106元

8:00~21:00 88666867

凤凰岭是三亚市区最高峰，是市内唯一能够全览三亚湾、城市建筑和城市地貌的地方。登高望远，三亚的山、海、城、天都一览无余。观赏日落也是别有一番风味。

三亚凤凰岭公园是体验凤凰文化的首选:千姿百态、栩栩如生的百鸟朝凤雕塑和凤凰工艺品，让游客充分感受凤凰文化的乐趣。公园也是体验风水文化的佳处:公园采用风水原则进行整体布局，以风水理论确定人健康、事业和财运方向并通过游客的参与来体现的，以此吸引游客融入到整个景区的风水文化里面。景区所有物品都经风水大师开光，给游客带来平安吉祥。

从凤凰岭远眺市区

千古情景区

集主题公园、文化演艺于一体的景区

三亚市迎宾路333号

乘坐7、9路公交车至三亚千古情景区站下车

280元 10:30~21:30

88658333

千古情景区融主题公园、文化演艺、娱乐休闲等为一体，是旅行者的乐园。景区主要分为三亚千古情大剧院区、崖州古城区、科技游乐馆、南海女神广场、黎村和苗寨区等六大主题功能区，以及大象谷、名人山、鬼域惊魂等探险游览区。景区内海南非物质文化遗产手工作坊、海南特色工艺品集市、海南特色小吃等星罗棋布。

玩家 解说

三亚千古情大剧院区，涵盖了泼水广场、崖州历史文化展览馆、三亚千古情大剧院等展现三亚万年文化历史的歌舞表演展示区；黎村苗寨区，不仅可以感受到原汁原味的传统黎村苗寨文化，还有惊险刺激的山上花黎攀爬探险区。此外，景区每年有多个主题活动季，传统民俗活动不断，有黎族三月三、锅庄狂欢节、泼水节等，辅以快闪、抛绣球招婿、阿月出浴、仙女下凡等各类外景互动演出，活动精彩纷呈。

三亚奇幻艺术体验馆

如梦幻般的错觉世界

三亚市河东路62号

乘坐4、12路公交车至港门村站下

88元　9:00~18:30，19:00停止入园

31090113

三亚奇幻艺术体验馆是一个感受独特、超前、奇幻的三维立体油画艺术的地方。它利用人眼的立体视觉差异现象，打破传统艺术欣赏的固有模式，在二维平面上表现出三维立体的艺术效果，给欣赏者带来错觉感受，同时还可和画中的人或物进行互动，并且完全融入到绘画中去，通过拍摄完成新的艺术创作。体验馆分为7个主题分区，分别是名画馆、海洋馆、中国馆、错觉馆、古埃及馆、动物馆、生活馆，有专门讲解员提供全面的解说和服务。体验者可根据自己的想象和创意，创作出新奇有意思的互动情景。

椰梦长廊

环三亚湾修建的海滨风景大道

三亚市环三亚湾海滨风景大道

乘坐8、25、26路可到

全天开放　66662433

椰梦长廊有"亚洲第一大道"之称，与三亚市区连接，交通便利，其沙滩坡度平缓，曲线优美，海水清澈见底。冬可避寒、夏能消暑，这里是以热带海洋风光、中国传统文化、南国民族风情为特点的国际一流避寒和休闲度假胜地。

椰梦长廊长20千米，临海一侧为景观优美迷人的热带植物园林，与银色的沙滩、蓝色的大海相映成趣，组合成一幅色彩斑斓的长卷画图；另一侧是魅力四射的休闲度假区，布局巧妙，风格各异的幢幢别墅、座座宾馆等园林式现代建筑处处林立。椰梦长廊营造了优美的生态环境和最佳的休闲度假环境，傍晚时分游览椰梦长廊是最具情调的事情。

玩家攻略

三亚恐怕是中国最适合开敞篷车的城市了，租部车，到三亚有名的滨海大道椰梦长廊兜风去。沿着大道自南向北行驶，一路上听海浪拍打岸边的声音，呼吸清新的海风，移步换景地欣赏海景，好不惬意。大道一直通到三亚湾，从头到尾大约需要30分钟时间，沿途还有些海鲜排档、度假村，累了可以吃点东西，尽情享受。

玩家解说

这里最大的特色在于东临港口，傍晚可以赶海拉网，更可以观看美丽的海边晚霞。日落时分，红霞满天，还可以听到渔民铿锵有力的喊海节奏声，可见几十人正在奋力地拉着渔网，可以体验真实的渔家生活。岸上绿树带有著名的二十里椰林画廊。放眼望去，东、西玳瑁洲（俗称东岛、西岛）两座小岛浮于海中。相邻而望，东岛驻军戒备森严，西岛渔家出入自由。椰梦长廊西边的海坡度假区，沙滩质地柔软，海水洁净，是游泳的好去处。

椰梦长廊

景点推荐

天涯旅游区

三亚湾 AAAA

湾长沙细，岸上绿树如带

三亚市天涯区凤凰镇

乘坐25、26、57路在华源酒店站下车可到

免费 88669143

三亚湾位于三亚风景群的核心，东起三亚港，西至天涯湾，绵延长达22千米。银色海滩伴着蔚蓝海岸伸展，与三亚城区完美相融。作为风情海湾，这里沙滩平缓，海面开阔，湛蓝天宇映衬着碧波万顷，景象万千。

三亚湾海岸绵延22千米，湾长沙细，岸上绿树如带，构成三亚滨海旅游城市美丽动人的风景线。长长的海湾规划分为三段，紧临市区一段为游乐观光漫游区域，稍远为公共海边泳场和海上活动区域，再远是拥有一批度假村的休闲度假区域，可在这里享受海湾的舒适与乐趣。

日落时分，红霞满天，不远处传来渔民铿锵有力的节奏声，在大东海度假区、亚龙湾度假区拉网已经是不允许的，只有在三亚湾度假区才见得到渔家拉网的生活点滴。

玩家 攻略

三亚湾有很多特色看点，比如在傍晚时分游览椰梦长廊，欣赏晚霞；也可赶海拉网，体验渔家生活；还可在椰树林中间挂一个吊床，躺在上面很是享受。

三亚湾附近有很多饭店和酒店、宾馆等，游客选择餐饮和住宿时很是方便。

这里还有很多销售工艺品、旅游纪念品的商店和地摊，游客可以买到任何一种当地的特产，比如贝壳、水晶、珍珠以及各种热带瓜果、海产干货等。

玩家 解说

三亚湾这里每年农历三月初三会举办黎苗“三月三”大型节庆活动，主要内容包括黎苗艺术展、对歌比赛、万人同跳竹竿舞、篝火狂欢、

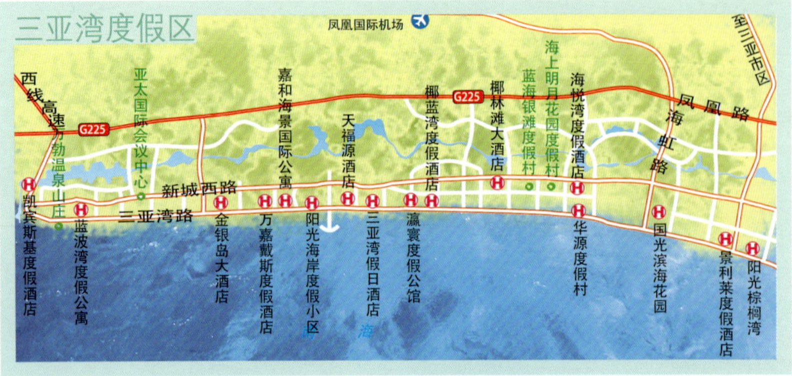

主题晚会等，十分精彩、热闹；每年11月还会举办环岛国际公路自行车赛，很值得自行车爱好者体验。

■ 海月广场

海月广场是三亚湾离海最近的广场，广场上摇曳多姿的柳叶雕塑，以及以大海中的明月为构思的水池，增添了些许诗意。华灯初上时，这个面积为2.6万平方米的海滨广场、亲水平台，已经成为零距离接触、感受三亚平民夜生活的最佳去处。整个广场占地约2.5公顷，为城市中心轴线与海滨景观轴交汇处的节点。“海月”二字取自唐人张九龄诗《望月怀远》中千古名句：“海上生明月，天涯共此时。”广场上创意十足且摇曳多姿的柳叶雕塑，以及以大海中的“明月”为构思的水池，与美丽的三亚湾融为一体。

■ 海坡度假区

海坡度假区是三亚湾的延续，也是三亚政府规划的度假区。这里远离闹市，海滩、海水、海景、小区绿化堪称一流。度假区沙滩质地柔软，海水洁净，是著名的旅游度假胜地。度假区的海滩上建有各种造型的亭台，散放着躺椅，供人们观海和休闲。海边的绿树、草坪、椰林，与酒店茂密的花木融为一体，把蔚蓝的大海、雪白的浪花映衬得更加妩媚。

西岛

海南第二大岛

✉ 三亚市天涯区肖旗港码头

¥ 旺季98元，淡季95元

🕗 8:00~18:00

☎ 88910888

西岛是西玳瑁洲的简称，是三亚近海最大的海岛。这里风景秀丽，空气清新，沙滩柔和，海水清澈见底。这里集聚了多种多样的海上休闲运动，这里是三亚海岛潜水的精华之地。总之，这里是一个充满热带风情、刺激而悠闲的休闲度假天地。

度假区由西岛海上游乐世界和牛王岭游览区两大版块组成。前者是一个汇聚了海上运动、潜水观光、天然浴场、沙滩娱乐的动静皆宜的立体海岛景区；后者是一座与西岛几近相连的袖珍小岛，拥有最原始的海岛风光，可以欣赏到壮阔的海天一色、鬼斧神工的礁石景观和雄浑的日出日落。

玩家 攻略

1.潜水：乘坐飞机前后一段时间内不适宜潜水，体验潜水的话建议避开行程的第一天和最后一天；潜水培训课请自备太阳镜、泳衣、防晒霜、浴巾；潜水后勿泡热水澡、饮酒；为了保护海底环境，请不要触碰珊瑚礁（珊瑚的成长十分缓慢，一小片珊瑚的成长需要花费数十年），不要信手捕捉鱼类。

2.餐饮：岛上有几家餐厅，提供各类海鲜、海南特色美食等，但价格较外面稍贵，主要餐厅有：位于西岛游客中心东侧，面向鹦鹉螺广场和冬季码头的琴岛休闲餐吧，提供中西式套餐和果汁、烧烤、粥、粉汤等；位于海滨浴场与拖伞俱乐部之间的老船长酒吧，酒吧提供冷饮、果汁、椰子、炒饭、烧烤等美食；面向海滨浴场的西岛自助餐厅，餐费58元/人；可以为团队提供不同标准的各色围桌餐的海鲜餐厅。

3.住宿：西岛酒店群由位于西岛游乐世界景区内的海景酒店和帐篷营地、西岛渔村内的西岛民宿、原驻岛部队营区内的营房酒店4家小型特色酒店组成，可以在岛上住上一两天，观看一下海上日出日落。

4.购物：旅游纪念品是岛上主要的加工业，渔家小院会堆放一些珊瑚石和彩贝，村民用它们做出各式的手链耳环等饰品，如喜欢可以买一些。

玩家 解说

西岛位于西太平洋地壳构造不同发展阶段的大陆边缘区，它的底层构成与三亚市的底层构造上是一致的。峰峦变岛屿，平地卷波涛。与三亚的大陆架原本紧紧相连在一起的西岛，历经沧桑变迁，几经浮沉才变成了今天这么一个“孤悬海外、四无毗连”的海岛。东岛和西岛是一对脉脉相连的峰峦海岛。

链接

潜水运动

休闲潜水是近年来日渐流行的一项水下休闲活动，可分为浮潜和水肺潜水。浮潜是潜水者在能屏息的时间里潜泳；直到无法再憋气时浮出水面的方法。水肺潜水是指潜水者背负氧气筒，借筒内氧气呼吸，是长时间潜水的方法。水肺潜水又分为岸潜、船潜、专业潜水、精品潜水等几个项目。

健康状况良好，6岁以上的人都可参加潜水运动；不会游泳的人也可参加。酒醉后不能从事潜水活动；潜水时千万勿使用耳塞；患有心脏病、哮喘、高血压、中耳炎的人及孕妇不能从事潜水活动。

链接

西玳瑁岛名字的由来

西岛形似玳瑁，盛产玳瑁，和玳瑁有着不解之缘。玳瑁又叫文甲、十三棱龟等，体长60～170厘米，体重约为45千克。玳瑁是海洋中较大而凶猛的肉食性动物，经常出没于珊瑚礁中，主要捕食鱼类、虾、蟹和软体动物，也吃海藻。它的活动能力较强，游泳速度较快，上下颚强而有力，不仅能弄碎蟹壳，还能嚼碎软体动物的坚硬外壳。

西岛海上游乐世界

西岛周边海域属国家级珊瑚礁自然保护区，是世界公认的潜水胜地之一。西岛的西面海域是专设的潜水海域，水深10～20米，海水清澈湛蓝，能见度高。海底生物种类繁多，在这里可以体验潜水，船潜、海底漫步、海底摩托等娱乐项目带来的乐趣。

玩家 解说

拖伞：拖伞从起飞到降落，一切动作均在沙滩边完成。由快艇牵引着，在浩瀚无垠的天空中随意翱翔，把自己融入碧海蓝天之间，像鸟儿一样在天空中翱翔。

摩托艇：摩托艇运动是集

西岛拖伞快艇

竞技、刺激、欣赏于一体的水上运动。乘上摩托艇，在碧波中穿梭，与海风赛跑，体验在海面急速奔驰的乐趣。

玻璃船：船底装有宽阔的透明玻璃，游客可从船内观赏海中绚丽多彩的珊瑚礁和色彩鲜艳的热带鱼。由船中底部的透明玻璃观望窗窥视海底，在珊瑚礁中游来游去的热带鱼就如同在桌面上一样，近在眼前。

香蕉船、飞鱼船：属于气垫船，只有浮力没有动力，是由快艇在前面牵引，奔驰在海面上，颠簸在海面上行驶，时起时落，是非常刺激的海上项目。

海底摩托：这是一种高科技设计的海底摩托车，即使没有游泳经验，也能轻松享受大堡礁水底神奇世界，美丽的珊瑚礁和各种热带鱼触手可及，让游客轻松自如地探索海底。

海钓：西岛平台上有上百套轻便好使的钓具供游客使用，在垂钓平台周围海域，放置有几万个人工鱼窝，在此垂钓，可以满载而归，豪华快艇为游客提供逍遥浪漫的游艇垂钓，让游客能荡舟远海，放长线钓大鱼。

牛王岛—双帆石

牛王岛位于西岛西南方，与西岛几近相连的袖珍小岛。牛王岛拥有最原始的海岛风光，可以欣赏到壮阔的海天一色、鬼斧神工的礁石景观、雄浑的日出日落景象。岛上共有古树亭、金牛望海、极目海天、海誓山盟亭、迟浩田题词、灵龟、一线天等多处景点。在这里可以欣赏到壮阔的海天一色、鬼斧神工的奇石景观、气势如虹的牛王造像。岛上海浪剥蚀的花岗岩礁石形态怪异奇特，呈青蛙、牛鼻、乌龟、狮子头等形态。双帆石位于西岛2海里处，水深8~26米，从牛王岭望去，极像两杆船帆。

玩家 攻略

1.牛王岛距西岛海上游乐世界约2.3千米，乘电瓶车或骑自行车经环岛西路和一条长长的海上栈道便可抵达。

2.岛上有一个古老的防空洞，穿山而建，洞洞相连，洞中套洞，里边还建有指挥所和营房，洞内凉风习习，很是惬意，可以走一走。

西瑁渔村

西岛有人类居住的历史已经有四百多年，现在岛上分东村、西村和新村三个小村庄，村民世代以打鱼为生。西岛人的祖先是福建省甘蔗园村人士，明朝的时候村民为了谋生，他们一个族群或一个村落地迁往海南岛，因海上遇到了台风袭击，一部分漂泊到三亚的港门村，另一部分漂泊到西玳瑁洲就是今天西岛上的原住民，还有一部分是崖州即三亚的人。慢慢地他们一边捕鱼，一边发展生产逐渐地形成了村庄，这就是西岛的“土著”居民。岛上的一些年代久远的房子就是用珊瑚石修葺而成的，具有很高的艺术价值。旅游纪念品是岛上主要的加工业，渔家小院会堆放一些珊瑚石和彩贝，村民用它们做出各式的手链耳环等饰品。

天涯热带海洋动物园

海南省唯一开发海洋生物资源的大型综合景点

三亚市天涯区，天涯海角景区西侧300米

乘坐16路公交可到

68元　8:00~17:00

88910006

天涯热带海洋动物园位于“天涯海角”奇石西侧300米处，占地50余亩，有一条林中石板路与之相连。动物园倚靠青山，遥望东西瑁洲岛，西指南山文化旅游区，东接天涯，居于椰林、玉沙、碧波之间，风景如画。

海豚表演

天涯热带海洋动物园已建成海豚海狮表演、鳄鱼表演、鸟类表演、海龟寿星伴照、热带水族馆、海鸟园、鳄鱼湖等8个表演、观赏、参与性项目。热带海洋水族馆展示豹纹鲨、白鳍鲨、燕鱼和活体珊瑚等热带海洋生物400多种，海鸟表演馆和鳄鱼表演馆每天进行鳄鱼和海鸟表演。

玩家 攻略

1.海豚表演：海豚馆占地50余亩，已建成8个表演、观赏及参与性项目，是海南省目前开发的海洋生物资源的大型综合景点。表演节目有简单算术、高空顶球、踢球等几十个。表演时间为每天10:00、11:30、15:15、17:00。

2.海狮表演：为游人演出的是产于美国加州及北太平洋地区的加州海狮。海狮是天生的表演家，多才多艺，唱歌跳舞，样样都行，逗趣可爱。

3.鳄鱼表演：有驯兽师鳄口取物、与鳄共舞等节目，令人叹为观止。

4.鸟类表演：有推车、打球、独轮走钢丝、啄取行人手中人民币等节目。

5.景区还提供与海龟照相、喂食海鸟等亲近动物的项目。

玩家 解说

参与表演的是瓶鼻海豚，原产于澳大利亚水域及中国南海等地。成年海豚体长可超过2米，体重达200公斤以上。海豚生性驯良，感情细腻，是高智商且通人性的海洋哺乳类动物。为游人演出的是产于美国加州及北太平洋地区的加州海狮。它们也是海洋哺乳类动物，体长、体重近似于瓶鼻海豚。

天涯海角 AAAA

爱情栖息地

三亚市天涯区马岭山下（距三亚市区约23千米）

乘坐14、16、25路等公交到天涯海角下即到

旺季81元，淡季68元

8:00~18:00

天涯海角即天涯海角风景区，陆地、海域面积宽广，以迷人的热带海滨风光，悠久的历史文化和浓郁的民族风情名扬中外，堪称海南省第一旅游品牌。这里背山面海，椰

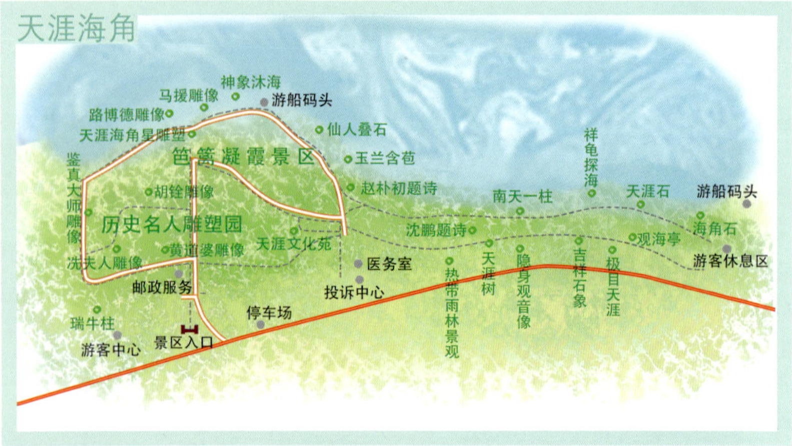

林婆娑，奇石林立，烟波浩瀚，水天一色，无论自然风光还是人文壮景，都是美不胜收、无与伦比的。“天涯海角”一词从最早表达异乡情结，在地理意义上的归宿落在了天涯海角风景区。天涯海角除了有闻名遐迩、让人抚今怀古的摩崖石刻群外，还包括黎族风情园、历史名人雕塑园、海天自然景区和“天涯路”等几大区域。

玩家解说

古时候海南交通闭塞，天涯海角是封建王朝流放“逆臣”之地。来到这里的人，来去无路，望海兴叹，故谓之“天涯海角”。这里记载着历史上贬官逆臣的悲剧人生，经历代文人墨客的题咏描绘，成为我国富有神奇色彩的著名游览胜地。

天涯海角碧水蓝天一色，烟波浩翰，帆影点点，椰林婆娑，奇石林立，那刻有：“天涯”“海角”“南天一柱”“海南南天”等巨石雄峙海滨，使整个景区如诗如画，美不胜收，据记载，“天涯”题刻，是清代雍正年间崖州知府程哲所书。

链接

“天涯海角”的由来

韩愈是唐朝伟大的文学家、哲学家、思想家、政治家，一生著述甚丰，堪称“著作等身”。在韩愈所写的祭文里，有一篇最著名的叫《祭十二郎文》，其中有“一在天之涯，一在地之角”的句子。后来，人们将该句中的“天涯地角”引申成了“天涯海角”，借此来比喻非常遥远的地方。这就是“天涯海角”的由来。

历史名人雕塑园

走进雕塑园，迎面而来的是一组三根并排而立的石柱——“瑞牛柱”。“瑞牛柱”高近10米，中柱居高，柱顶为牛角与立木的艺术造型。牛在黎族是吉祥、富足与兴旺的象征。柱身雕刻的图案取材于黎族的各种传统题材，栩栩如生。反映了黎族的风情习俗，仿佛图腾柱的含义。再往前走就是一些历史名人雕像，分别是路博德、马援、鉴真、黄道婆、冼夫人、李德裕、胡铨等。雕像形象逼真，这些人为海南的发展做出了重要贡献。

爱情广场

广场中间矗立着一块石刻碑，正面镌刻“爱情广场”，另一面镌刻“永结同心”，象征着永恒的爱情。广场中的天涯海角星由三个圆弧构成，分别代表“子午环”“赤纬环”“赤经环”，中心的水晶制星体反映它包含于浩渺无边的宇宙之中。海中矗立着两块心形石碑，分别是铭刻着“爱”字和“情定天涯海角，相爱白头到老”的浪漫誓言碑，两块石碑形似一对甜蜜的情侣。

爱情石

爱情石是两块雄踞于海中的石头，像“日”“月”一样相互重叠，像情侣一样朝暮相随。爱情石集日月精华、天地灵气，象征着天涯海角、海枯石烂的浪漫爱情，因而成为很多情侣和夫妻必看和合影留照的景观。

南天一柱石

南天一柱石又叫“财富石”，呈圆锥形状，像一支神笔直指苍穹，高约7米，正面看像一颗哲人的头颅，侧面看像一艘古船上升起的“双桅帆”。第四版2元人民币背面的图案就是这里的“南天一柱”。

天涯石

天涯石又称平安石。“天涯”二字是清代雍正年间崖州知府程哲所书。它经历着风雨和海浪的考验，依然坚如磐石，笑傲于蓝天白云之下。相传它是南海上亿年“石祖”，被派镇守南海，祈求南海风平浪静，保佑众生四季平安。

海角石

海角石又名幸运石，从空中遥望，宛若一簇盛开的莲花。1938年11月，琼崖守备司令王毅在天涯海角的这块临崖绝壁上题写了“海角”二字，意欲与日本侵略者背水一战、绝处逢生。经过艰苦的七年抗战，终于抗战成功。

三亚爱心大世界

以人与动物互动为主的大型游乐园

三亚市天涯区凤凰镇，天涯海角以东

乘坐16、25路等可直达

¥65元 88299999

三亚爱心大世界是个大型游乐园，园内湖光山色、绿树成荫、鲜花满园、溪流淙淙、瀑布飘洒。景区现有动物区、植物生态区和表演区三个部分，通过展示动物与动物、动物与人同处共乐的情景，增进人们对野生动植物的了解和提高人们对野生动植物的保护意识。

亚运会南端点火台

与天涯海角景区遥海相望

三亚市天涯区，凤凰国际机场附近，距三亚市区约8千米

从市内乘坐16路中巴至天涯海角景区路口下，然后步行约1千米可到

点火台距三亚市区仅数千米，所坐落的山头与三亚凤凰国际机场跑道遥相对望。1990年8月23日，第十一届亚运会火炬南端点火仪式在这里隆重举行。该台建筑面积为1500平方米，高14.3米。站在南端点火台，三亚市区历历在目；海边不远的天涯海角风景区尽收眼底。极目远眺，只见海天一色，南海浩瀚无边，渔帆点点，使人心中豁然开阔。

天涯海角

海南最浪漫的 10 个地方

海南是一个充满浓郁热带风情的地方，常年温暖的海水，常年和煦的海风，常年绽放的鲜花，常年郁郁葱葱的绿树，让这片土地充满了热情和浪漫。自从你踏上海南的那一刻，你就会感受到海风轻抚和海涛阵阵所带来的浪漫遐想。

● 天涯海角（三亚）

毋庸置疑，这是所有处在浪漫中的人或是寻找浪漫的人来到海南必去的地方。站在“天涯石”和“海角石”旁边，看着脚下的海水纯洁天然，望着远方苍茫的天空。此时，你和你的爱人除了相守一生的承诺，还有什么别的话语可以代表吗？

● 南山文化旅游区（三亚）

这里虽然是佛教圣地，但同时也是你和爱人祈福百年好合的地方。跪拜在佛像面前，虔诚地祈求佛祖的保佑。这也是一种特别的浪漫。将写满美好祝愿的牌子挂在景区超过百年的酸豆树上，随着从寺院里传来的隐隐约约的梵音，直入让人无限遐想的空间。

● 蜈支洲岛（三亚）

这里从来就是情侣们最热衷的地方，海天一色的美景、清新的空气、柔软的沙滩、各种各样的海上娱乐活动、浪漫有趣的海底漫步……当你和爱人行将步入婚姻殿堂的时候，不如来这里举办一个盛大的海滨婚礼吧。这肯定是她一生都难以忘记的美好回忆。

● 亚龙湾（三亚）

这里是三亚旅游的天堂，这里的椰风海韵、蓝天碧海处处氤氲着深情，住在豪华的酒店里，在第一缕阳光透过乳白的窗帘射进来的时候，看着她在你的身边醒来。

● 鹿回头公园（三亚）

这是一个以“情爱文化”为主题的公园，看着山顶上的黎族少女和黎族美男化身而成的雕塑，你和心爱的人应该也会更加坚定你们的未来了吧。

● 香水湾（陵水）

这是一个属于两个人的海湾，这里没有喧哗与吵闹，显得特别安静。金黄色的沙滩，一直伸向无穷远处，夕阳西下时，你们可以幸福地独享这一片辽阔的海域。

● 铺前老街（文昌）

浪漫是深沉的情感，铺前镇上那些残留的经历了岁月风云洗礼的南洋骑楼，是一个个扎根在这里的无数青春梦想和荣耀成就的过往。或许它属于有过行走经历的两颗痴爱着的心。

● 东郊椰林（文昌）

它是沿着海岸线绵延的最为壮观的椰林，是诠释和演绎椰风海韵的绝佳所在，建在林中的木屋如同一幢幢童话世界里的城堡，你和你的爱人就是王子和公主。

● 大洲岛（万宁）

它是清澈的美丽世界，天空很清澈，蓝得几近纯粹；空气也很清澈，弥漫着海的味道。凝视着爱人清澈的眼神，在帐篷里相拥而眠，面朝大海，春暖花开。

● 五指山（五指山市）

海南第一高山，手拉着手穿梭在茂密的热带雨林，肩并着肩一起在站在山顶观日出日落，一起在漂流中体会着刺激和温暖。原来，浪漫很简单。

三亚天涯海角

槟榔河

原生态的黎族村庄

三亚市天涯区槟榔村

乘坐49路公交车至槟榔河景区站下

160元 8:00~17:00 38883000

槟榔河位于三亚西河支流六罗河中游，河段全长约3千米，河水清澈见底，横穿槟榔村。槟榔河乡村旅游区地处水源池水库的下游，槟榔河两岸，生态旅游资源丰富。这里槟榔成林、绿植遍野、植物多样，槟榔河畔风光旖旎，景区内的小桥、流水、青山、鲜花和槟榔树以及各类粗犷的原始植被，勾勒出一幅幽静、自然的完美画卷。

玩家 攻略

景区内的黎族传统文化博览区，目前是中国最大、内容最翔实的黎族传统文化展览馆，馆内不仅有图片、实物静态文物展览，还有织锦、打柴舞、钻木取火等动态文化展示。博览区主要由黎族文化图腾柱广场、黎族文化图片展览长廊、展览馆组成。黎族文化图片展览长廊集中展现了黎族人民几千年来刀耕火种的原始农业生产生活方式，展现了黎族文明的发展史；展览馆集中展现了黎族人民古时的劳动生产工具及器皿，尤其是用盘泥铸陶烧制而成的陶器及树皮衣、八音乐器堪称一绝。

玩家 解说

槟榔是我国四大南药之一。其花果中含有多种人体所需的营养元素和有益物质，如脂肪、槟榔油、生物碱、儿茶素、胆碱等成分，具有独特的御瘴功能。医学家李时珍在《本草纲目》中记载，槟榔花有“下水肿、通关节、健脾调中、治心痛积聚”等诸多病症，《中药志》：为芳香健胃、清凉止渴药，《广东中药》：与猪肉煲汤，治疗咳嗽。而槟榔花在黎族地区更是以清热消暑、活血健胃、杀虫化瘀、降气行气的功效而成为黎族人制作菜肴的上好原料，槟榔花猪肚排骨汤、槟榔花鸡等是黎族人人皆吃的美味健胃菜。黎族地区鲜见肥胖之人，人人四肢矫健，身体匀称，则得益于常饮槟榔花汤。

槟榔河

京润珍珠博物馆

中国首家珍珠博物馆

三亚市天涯区，凤凰机场路口西侧

乘坐16路公交车至凤凰京润珍珠馆站下

免费 8:00~17:30 88341805

京润珍珠博物馆是中国首家珍珠博物馆，也是三亚市著名的文化景点之一。全馆分为珍珠历史与文化，珍珠的形成、养殖与加工，珍珠首饰工艺，珍珠的识别与鉴赏，珍珠时尚与饰品演变，珍珠药用、养生与保健等六大部分，通过文字说明、图画展示、实物或标本陈列、场景缩微模拟、仿真蜡人展示等进行说明和展示，并辅以声、光、电等现代科技手段，让参观者有闻其声、触其形的身临其境之感。在这里可以看到中国最大的海水珍珠王、中国最大的天然珠、世界最古老的珍珠、世界十大名珠及产自世界各地的珍珠。

链接

珍珠

珍珠是一种古老的有机宝石，由软体动物（主要是牡蛎）生产的硬的、圆滑的产物。由于内分泌作用而生成的含碳酸钙的矿物（文石）珠粒，是由大量微小的文石晶体集合而成的。具有瑰丽色彩和高雅气质的珍珠，象征着健康、纯洁、富有和幸福，自古以来为人们所喜爱。根据地质学和考古学的研究证明，在两亿年前，地球上就已经有了珍珠。珍珠具有安神定惊、明目去翳、解毒生肌等功效，现代研究还表明珍珠在提高人体免疫力、延缓衰老、祛斑美白、补充钙质等方面都具有独特的作用。

景点推荐 崖州旅游区

崖州古城

众多名人的流放地

三亚市崖州区　在市区乘坐去往崖城镇方向的中巴即到　免费

崖城镇历史悠久，距今已有1100多年，是古崖州文化的发祥地，被誉为“海南第一文化古村”。崖州古城池原为土城，始建于南宋庆元四年（1198年），后经历代修葺和扩建，现基本布局保存完整。自南北朝建制崖州起，以及宋朝以来，这里历代都是州、郡、县治所在地。该镇是我国最南端的古镇，面积383.25平方千米，是目前三亚唯一的历史文化名镇。

这里名胜古迹众多，如孔庙、关帝庙、迎旺塔、文峰塔、大云寺、玉井温泉、穆斯林古墓群等，其中尤以清代建筑保存最完好、研究价值最高。崖城镇作为历史文化名镇和旅游强镇，民族民间文化艺术绚丽多姿，同时也是海南革命老区，兼具游览观光和文化休闲价值。

玩家 攻略

崖州古城的黎寨餐厅非常具有特色，餐厅装饰多以茅草盖顶，木质墙裙，服务风格引入黎族待客风俗，清秀的黎家少女身着民族服装侍立两旁，态度热情。晚饭更有民族歌舞可以欣赏，椰盅、西瓜盅、竹筒饭、五色饭，色香味美，更是洋溢着阵阵民风雅气。

玩家 解说

几百年传唱不衰的“崖州民歌”和起源于崖城郎典村的黎族“打柴舞”，被列入首批国家非物质文化遗产名录。民间传承的黎族民歌、

崖州古城文明门

苗族民歌、迈歌、军歌、苗族龙舞、纺织技术、竹编、藤编、金银首饰工艺、铁具打铸技艺、剪纸、木刻、石雕、布艺、烹饪小吃以及妆军（迎神赛会）、迎神张灯等，都是崖城镇传统文化的奇葩。

崖州学宫

又称崖州孔庙，为古崖州最高学府，是我国最南端祭祀孔子最著名的纪念性建筑。学宫宫墙前是一座“少司徒”牌坊，石质，为新建。上面所刻显示了明嘉靖年间少司徒（官职）授命为钦差到崖州的历史。走过横在牌坊和学宫间的街道，就到了学宫门口。门口的石碑上书“文武官员至此下马”，是现代复制的石碑。

南洋骑楼街区

建于民国初年的骑楼老区，原规模宏大，有“民国第一街”美誉。现仅存一条街道，长220米，宽7.5米。街道建筑为中国南方骑楼，具有南洋建筑风格，为商住综合楼房，下为商铺，上为居室，间有一些公共建筑如会馆等，大部分保存基本完整。

迎旺塔

迎旺塔与崖州古城墙、孔庙相望而立，是崖州古文化的印记。建于清咸丰元年（1851年），为崖州知州徐泳韶同州人捐建。为砖物建筑，塔高七层，高约20米，七级六角形，塔中为空心，七级塔身向上逐层而建，呈“尖”字形。

广济桥

始建于明景泰年间，原为木桥，后清康熙年间僧人募修为砖石拱桥，崖州知州张擢之等为之刻碑作记。桥虽历经岁月，雄风依存。广济桥又称为“状元桥”，古时，村里凡赶考之人必须穿过此桥，久而久之，村民称其为“状元桥”。

崖城学宫

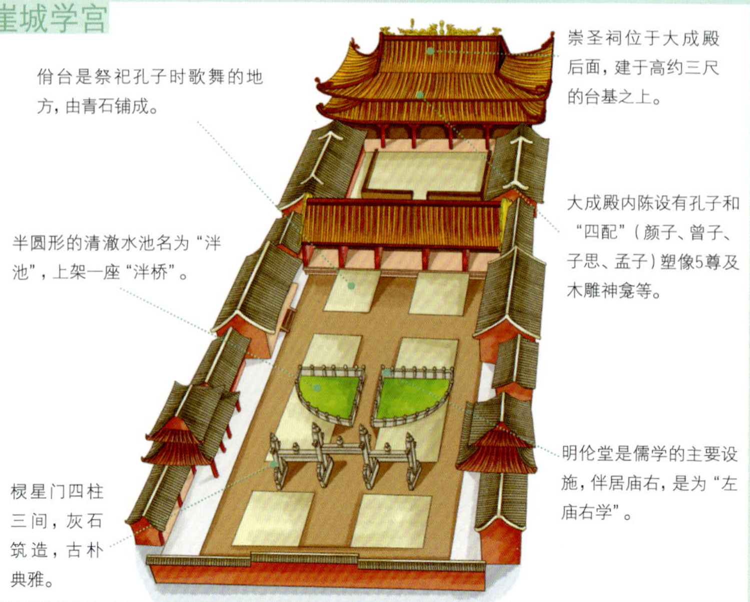

大小洞天 AAAAA

琼崖第一山水名胜、中国最南端的道家文化发祥地

- 三亚市崖州区，市区以西40千米处
- 市区乘坐25、57路公交车可到
- 旺季130元，淡季108元
- 7:30~18:30　88830188

大小洞天，即大小洞天风景区，古称鳌山大小洞天，总面积22.5平方千米，有“琼崖第一山水名胜”之美称。该景区以海景、山景和石景名扬天下，早在宋代就因“南海仙岛”“神仙洞府”而被辟为风景名胜，距今已有800多年的历史。现在的大小洞天旅游区以道教文化为主题。这里融热带风光、保健旅游、康复养生、休闲度假为一体。区内尚留有“小洞天”“钓台”“海山奇观”“仙梯”“仙人足”“试剑峰”等摩崖石刻，是海南重要的历史文化遗迹。

玩家 攻略

去大小洞天景区旅游，主要有以下8种主题。

（1）洞天福地养生长寿游。景区内植被覆盖率高，负氧离子含量居全国首位，空气非常清新。这里的餐厅按照中医传统药膳理论，结合海南热带水果，专门提供道家养生宴，很值得游客体验。

（2）洞天福地登高休闲游。洞天登高的习俗，相传始于汉代伏波将军登南山“试剑”一说。自从南宋崖州郡守毛奎开发大小洞天后，这里真正开始成为游人登高抒怀的胜地。历史上每年重阳节，文人墨客或当地百姓等会来此登山，有些还写下过赞美的诗文。

（3）洞天福地科普教育游。大小洞天生态资源丰富，并且至今都保存完好，比如热带海岸常绿季雨林生态群落，“不老松”，海岸礁石，等等。此外，这里还有中国最南端唯一的自然博物馆，馆内主要展示恐龙化石。

（4）洞天福地风光摄影游。大小洞天风景秀丽，自宋代开始就已被列为“崖州八景”之一。对于摄影爱好者而言，来这里采风确实是来对了地方。此外，这里每年都会举办各种摄影大赛。

（5）洞天福地龙王民俗游。大小洞天附近建有南海龙王别院，院内供奉着一尊高1.9米的南海龙王原身像。每年农历二月初二“龙抬头”节，旅游区会举行盛大的民俗活动，届时会以道家习俗祭祀龙王和南海，场面十分壮观、热闹。

（6）洞天福地道迹仙踪游。大小洞天是海

南道教的发祥地。相传道教“南宗”五祖白玉蟾曾于此隐居过。

（7）洞天福地鉴真寻踪游。公元748年，唐代高僧鉴真为弘扬佛法第五次东渡日本时遇飓风，漂流到大小洞天登岸，在此修造大云寺，传播佛教文化。为纪念这一段千古史话，大小洞天景区内立有鉴真登岸群雕，展现唐代著名高僧鉴真及弟子东渡日本历尽艰辛，不畏失败，斗志昂扬的精神面貌。同时，景区内还有鉴真沐海、鉴真试海等景点。

（8）洞天福地金榜题名游。在中国传统文化中，人们通常称金榜题名的状元为“独占鳌头”。南山古称鳌山，山巅有一块摩崖石壁，上刻“魁星点斗，独占鳌头”8字。壁前供奉有“中华第一神鳌”，一些即将大考的学子们会来此烧“鳌头香”许愿，以期金榜题名。

玩家 解说

历史上，曾有很多名人到访过此胜迹，如唐代高僧鉴真，宋代著名道士、“南宗”五祖白玉蟾，宋末元初女纺织家黄道婆等。如今景区内仍保留有多处历史遗迹及诗文摩崖石刻，像古迹“仙坛”“仙人足”“试剑峰”等。大小洞天所在的南山，是名副其实的中国最南端的山，被视为南海的“洞天福地”。山上集中分布有龙血树，最高树龄已达数千年，被喻为“南山不老松”。1962年，郭沫若游览此景区后，对这里的山光海色赞不绝口，并写了《游崖县鳌山》一诗将其誉为“南溟奇甸”。

链接

小洞天鲨鱼救人的传说

传说明代崖州有一个叫王邦相的书生，搭乘商船从崖州湾港门港前往海口参加科考应试，不料船驶到大海，发现有鲨鱼群翻波作浪，大有船沉人危之势。按当地习俗，得有一人下去喂鲨鱼才能化解危难。人们只好各自往鲨鱼群扔下自己的手巾、衣物，其中有一条鲨鱼叼了王邦相的手巾，于是王邦相真的跳下海去，这鲨鱼立即闯来把他背起，一直背到鳌山头的麓下这个小洞天的沙滩上。后来，浪大船沉，船上无一幸存者，救邦相的鲨鱼离水而死，邦相得救。为感念这鲨鱼的恩义，邦相守祀备好棺材，把它埋在鳌山脚下的小洞天旁边，筑石成坟墓，立碑以示永远纪念。

鉴真雕像

鉴真雕像是在1994年的时候落成的，为的就是弘扬鉴真大师东渡时百折不挠的精神。雕像以鉴真为主体，旁边站着一群他的弟子。目光都透着一种坚毅和果敢。

不老松

大小洞天一带集中分布有能成活数千年的长寿树——不老松，被称为是植物界中

的活化石，自古以来被视为是健康长寿的代表，所以在民间有一句谚语“福如东海长流水，寿比南山不老松”。

太极广场

走入景区便是太极广场，广场地面是一幅巨大的太极图。一块长满鲜花的巨石上，镌刻着“道可道，非常道”，象征着道家文化的博大精深。

小月湾

小月湾是中国最后一块“处女海湾”。这里自然植被保存完好，依山傍海建有沙滩吧、木屋别墅与帐篷营地，可承接度假住宿、婚庆蜜月、婚纱摄影与露营拓展等，是中国最南端的滨海原生态度假区。

百岁阶

百岁阶以长生命名，有六个寿段，起步为五十岁，每登上一段，代表十年。六十曰耆阶，七十曰老阶，八十曰米寿阶，九十曰耄阶，百年期颐阶，到达“占鳌头”。每个寿段都立石刻有调养身心之法，激励人们登高望远，修炼养生，延年益寿。

大小洞天

三亚自然博物馆

三亚自然博物馆是主要从事古生物和现代生物，特别是辽宁西部中生代古生物和海南地区动植物等标本的征集、收藏、研究和展览的博物馆。

馆藏品主要包括：被美国前总统克林顿称为“20世纪最惊人的发现”——辽西热河古生物化石，海南当地独有的动、植物珍贵标本以及被誉为“东方神木”、价值连城的海南阴沉木，石中精品——五指山黄蜡石等，共2000余件。其中国宝级精品达800余件，更有部分馆藏品（翼龙等）在国际上称得上是孤品。

南海龙王别院

为了从道家文化体系发掘南海龙王信仰的文化蕴含，表现南海龙王广利天下、福泽黎民的主旨，大小洞天旅游区内修建有南海龙王别院，别院位于鳌山腹地，正对南海。

院内供奉1.9米的南海龙王原身像，“头顶王冠生龙角，赤发长髯，浓眉睿目，双耳垂肩，虎鼻朱唇，龙须横出，慈祥威严，身穿龙鳞金甲，肩披龙纹披风，手扶镇海宝剑，足践双蛇，迎风伟坐于海心浪涛之颠”，以护卫国土，威镇海疆，燮理阴阳，润济万物，兴云布雨广利天下。

南山文化旅游区 AAAAA

中国南部最大的佛教文化主题旅游区之一

三亚市崖州区，市区西南40千米处

乘坐16、25、29等路公交车都可直达南山景区

129元　8:00~18:00　88837888

南山，即南山文化旅游区。南山文化旅游区是融热带海洋风光、中国佛教文化、福寿文化、历史古迹为一体的大型主题园区。这里气候宜人，空气、海水质量居全国首位，环境优美，景色壮丽。此处景点众多，由“三园一寺一谷一湾”组成，包括南山寺、南

南山海上观音

山海上观音、天竹圣迹、十方塔林、归根园、长寿谷、许愿树、天下第一龙砚等，此外还有佛教文化交流中心、素斋购物一条街等旅游配套设施。作为著名的文化休闲旅游景区，南山荟萃了中国传统文化的精髓，目前已成为当地最受游客青睐的景区之一。

玩家 攻略

1.南山拒烧高香和带大香入园，园区内各个佛教道场均免费赠香礼佛，不要在外面买香以免浪费钱财。

2.南山文化旅游区内的自助餐厅，提供一二十种“寺院素斋”自助菜肴，都以豆制品和蔬菜为原料，很有特色。

3.由于景区面积大，为节约体力和时间，可选择乘坐电瓶车游览，游览需2~3小时。

4.长寿谷景区是登高望远的，往返约3个小时，如果时间充裕，可以选择攀登。

玩家 解说

南山是中国最南端的山。南山文化旅游区是中国南部最大的佛教文化主题旅游区之一。南山历来被称为吉祥福泽之地，与佛教有着不解之缘。据佛教经典记载，观音菩萨为了普度芸芸众生，发了十二大愿，其中第二愿即是“常居南海愿”。唐代鉴真法师为弘扬佛法五次东渡日本未果，第五次漂流到南山，在此居住一年半之久并建造佛寺，传法布道，随后第六次东渡日本终获成功。旅游区正是依托南山独特的山海天然形胜和丰富的历史文化渊源建成。

不二法门

走近南山文化旅游区，首先进入眼帘的是气势宏大、清静庄严的大门景观，属于南北朝的建筑风格，门楣上大书“不二”两字，为南山景区的标志性景观。所谓“不二”，就是“诸法空相”“四大皆空”的意思，折射了佛教文化的精髓。

金玉观世音

举世闻名的“金玉观音”供奉在金碧辉煌的“得在自在观音阁”里。这尊观世音雕像内镶释迦牟尼舍利子，通身像高3.8米，由观音金身、佛光、千叶宝莲、紫檀木雕须弥底座四部分组成，耗用黄金100多公斤、120多克拉南非钻石、数千粒红蓝宝石、祖母绿、珊瑚、松石、珍珠及100多公斤翠玉等奇珍异宝，采用中国传统“宫廷金细工”手工艺制造。金玉观世音像是一尊具民族风格和时代精神的造像珍品，是当代工艺美术史和佛教造像艺术史上的稀世瑰宝。

海上观音

“南山海上观音”铜像巍然屹立于南海，高108米，是世界上第一尊耸立于海上的观音像，也是世界上最高大的海上雕像建筑物。南海观音还充分运用高科技手法，组合

南山

声、光、电技术进行大型灯光夜景演示，充分展示了“佛光普照”“踏海而来”等观音文化艺术效果。

南山寺

南山寺占地约27公顷，依山就势而建，建筑风格为仿唐式，主要建筑包括仁王殿、大雄宝殿、禅堂、钟鼓楼等。其中，金玉观世音菩萨塑像是南山寺最著名的景观，它高3.8米，艺术魅力奇绝，并且是世界第一尊金玉观世音菩萨塑像。南山寺作为一座大型佛教寺院，环境清静、幽雅，建筑错落有致，整体上给人庄严、肃穆之感。

长寿谷

长寿谷，也叫鳌山寿谷，其主要景观包括无量寿佛、流水尊者，著名书法家启功先生所书“寿比南山”的巨大石刻等，无一不体现中国传统文化中增福添寿的美好祈福，是老年游客必游览驻足的景点。传扬千古的名句“福如东海，寿比南山”，更是道出了南山与福寿文化的悠久渊源。

南山树屋

南山佛教文化苑内有世界罕见的海岸沙坝，根植在这七千米长沙坝上的呈原始状态的酸豆林，亦是不可多得的世界奇观。美国夏威夷树屋公司在此投资兴建了数栋树屋，状若鸟巢，奇特别致，浑然天成，可观可住，生态环保，浪漫实惠。置身其中，听虫唱鸟鸣，闻涛声钟音，品海风林韵，实天籁也。

慈航普渡园

慈航普渡园是以展示观音文化为内容的景点，它围绕观音菩萨以其慈悲胸怀，将众生从生死苦海中普度到极乐世界为主线，讲述了观音菩萨普度众生的故事。

“慈航普渡园”中主要景点有观音阁、承露亭、滴水净瓶、耳根圆通石雕、东去西来百米长廊、真趣茶社、嘉言壁、照见壁、三谛桥、紫竹林、放生池等。供奉在观音阁中的“金玉观世音”是海南省的镇岛之宝。慈航普渡园融北方皇家园林的大气和南方园林的精致为一体，巧妙地叠山理水，将观音菩萨循声救苦、普度众生的美丽传说，托付于这片青山绿水中，使人们感受佛教文化与中国传统文化的博大精深。

南天生态大观园

集旅游和度假为一体的农林科技观光园

三亚市崖州区塔岭

乘坐16、25、57路可到

138元 7:30～17:30 88827181

南天生态大观园是融游览观光、休闲健身、科普环保、学术研究等功能为一体的高科技生态旅游圣地。东有天涯海角，西有南山寺，地理位置优越、环境优美。三亚南天生态大观园以山峦碧海、原始森林为景观骨架，热带雨林、奇石溪瀑、名贵兰花景观为主体，先进的生态科技为支撑，天人合一的生态文脉为特色。园区内奇花异草，绿树掩映，堪称“现代世外桃源”。特色景点有：兰花大世界、奇瓜异果园、无土栽培园、热带百果园、海洋馆、民俗风情苑等。在游览观光之余，还可以近距离认识热带植物和海洋生物，学习现代科技和传统工艺，感受民族风情文化。

兰花世界主题公园

兰花的海洋，美丽的天堂

三亚市崖州区红塘高速路口

乘55路公交可到

128元 8:00～18:00

38888688

全球最大的热带兰花主题公园——三亚兰花世界，是以兰花文化、兰花丛林和趣味兰艺为主题，融自然古朴、生态教育、兰花观赏、兰花饰品、休闲娱乐、特色美食等为一体的生态型旅游休闲游览主题公园。景区运用中国古典园林造园思想、借鉴东南亚景观造园的一些手法，结合造园材料的应用，通过上千种源自欧洲、非洲、南美洲以及东南亚一带的各国名贵热带兰花品种，进行艺术点缀组合，充分展现热带兰花的树生、岩生和地生等自然生长习性，令游人感悟到“芝兰生于深林”“绿玉丛中紫玉条”的兰花生态古典意境。

三亚热带雨林

兰花世界主题公园

景点推荐 吉阳旅游区

亚龙湾 AAAA

有“天下第一湾”和“东方夏威夷”之称

三亚市吉阳区，市区东南28千米处田独镇六盘路附近

乘坐15、24路等多趟公交可直达亚龙湾

亚龙湾中心广场（含贝壳馆）56元；玫瑰谷108元；亚龙湾热带天堂森林公园旺季170元，淡季150元；亚龙湾海底世界水上项目179元起；套票243元；联票299元起

7:30～18:30 65358451

亚龙湾全长约7.5千米，浅海区宽达50～60米，沙滩平缓、宽阔，海岸线上椰影婆娑，还生长着众多原始的热带奇花异草。亚龙湾被称为“天下第一湾”，是滨海浴场，潜水胜地，珊瑚礁重点保护区。有锦母角、亚龙角、中心广场、贝壳馆、蝴蝶谷、海底世界等景，还有奇石和怪滩。亚龙湾享有“东方夏威夷”的美誉，其海滩全长约是美国夏威夷的3倍。

亚龙湾内共有5个岛屿，海面上以野猪岛为中心，南有东洲岛、西洲岛，西有东排岛、西排岛。亚龙湾不仅有连绵的青山，平静的海湾，洁白的沙滩，清澈的海水，蔚蓝的天空，明媚的阳光，清新的空气，还有千姿百态的岩石，原始幽静的红树林及五彩缤纷的海底景观等，更有一年四季都可以开展的游泳和各类海上运动项目。

玩家攻略

1.游客在亚龙湾旅游时，一定要注意安全问题，不可擅自进入深海区潜水。此外，也不要随便捕捉蝴蝶和打捞海洋动物，要养成爱护生态的好习惯。

2.在亚龙湾，游客可以吃到丰富的海南美味，其中以亚龙湾商业街和百花谷为美食荟萃地，而周边村镇的“农家乐”餐厅也很受游客欢迎。

3.亚龙湾各大酒店及旁边小路都可免费进入海滩。

4.公众沙滩上，有本地居民出租躺椅和阳

伞。一套（阳伞加躺椅）费用从20元到100元不等，可以进行还价。

玩家 解说

亚龙湾国家旅游度假区，东南距三亚市25千米，面积18.6平方千米，是我国唯一具有热带风情的国家级旅游度假区。它融滨海公园、海底观光世界、海上运动中心、度假村、高尔夫球场、游艇俱乐部、会议中心、高级宾馆、豪华别墅等项目和设施为一体，融海洋、沙滩、阳光、绿色、新鲜空气现代旅游五大要素于一身，可以和世界上任何一处热带滨海旅游度假胜地相媲美。

链接

世界著名昆虫旅游景点

英国西南部的布克法斯特雷的“蝴蝶乐园”、泰国巴提雅东芭乐园的“蝴蝶园”、新加坡的“昆虫博物馆”、中国台湾的“蝴蝶谷”、云南昆明的“斯美蝴蝶博物馆”、陕西杨凌的“昆虫博物馆”、海南三亚的“蝴蝶谷”、华盛顿特区的活昆虫动物园等。

◘ 贝壳馆

位于亚龙湾中心广场，是目前国内首家以贝壳为主题，融科普、展览和销售为一体的综合性展馆。在展览厅里，分五大海域展出世界各地具有典型代表性的贝壳300多种。

◘ 海底世界

亚龙湾海底世界包括海底世界游览、美人礁岛屿水肺潜水、海底漫步、深海潜水摩托、香蕉船、拖电伞、徒手潜水、玻璃观光船、快艇观光、摩托艇、冲浪飞车、沙滩摩托车、冲浪、沙滩浴场等娱乐项目，还有与之配套的海底世界沙滩酒店，游人可以从中领略到海洋旅游的无限乐趣。

◘ 蝴蝶谷

蝴蝶谷位于亚龙湾小龙潭湖后部，离亚龙湾中心广场不远，两面环山，中间谷底贯穿一条溪流，占地面积1.5公顷。谷内拥有一个大型生态蝴蝶园和一个藏有2000多只珍贵蝴蝶、昆虫标本的博物馆。标本展览馆馆内陈列着各类精美蝴蝶及昆虫标本500多种，其中有珍贵的金斑喙凤蝶、三尾凤蝶、三尾福凤蝶、多尾凤蝶等世界代表性名蝶。

亚龙湾热带天堂森林公园

滨海山地生态观光兼生态度假型森林公园

✉ 三亚市吉阳区，市区东南25千米处，即亚龙湾度假区西侧山体

🚌 乘坐15、24路等公交到亚龙湾站下

¥ 旺季170元，淡季150元　🕘 8:30～17:30

☎ 38238888

亚龙湾热带天堂森林公园是电影《非诚勿扰2》在海南的主要取景地，整个环境

亚龙湾热带天堂森林公园

呈现热带风格，总面积1506公顷，分东园和西园，犹如伸展的双臂环抱着“天下第一湾”。园内有“树中之王”高山榕，还有另类的藤竹等，都是山中不可错过的景观，还能时不时地看到蝴蝶在你身边扑扇而来，置身海天之间，听虫唱鸟鸣，极尽野趣。

玩家 行程

1.雨林登山探险游览线：东区的西大门为起点，沿途经过飞来石、长舌妇、仙人洞、荔枝园、望山石等，最后到达主峰红霞岭山顶园区。全长包括支线约8千米，以石阶、木栈道为主构成，有一定体力强度。

2.山海林天景观游览车行线：以西大门为起点，乘坐观光车，沿围凤岭、竹络岭、飞龙岭山腰、山脊盘旋而上直至红霞岭主峰。中途游览车停靠竹络岭驿站观赏览胜台、空山阁、飞天探海大索桥，在猴子山观赏九天池、流云亭，在飞龙岭观赏山海亭、林天阁，在红霞岭半腰处观赏开天阁、天外天观光台，最终同样到达主峰红霞岭顶峰园区。该游览线暂开放8千米，各景观景点都是居高临下，处处能看到海阔天空，能感受凭海临风的意境。

3.滨海山地森林度假游览线：是连接各度假区域的游览线，适合于入住各度假村的客人以游步道、观光车道将各度假区域、度假村与公园各景区联系起来。

天下第一海景

在亚龙湾热带森林公园的不同高度、不同角度来欣赏亚龙湾，一是有更富层次感的景色，近有碧树红花，远有山峦起伏；二是有更宽广辽阔的视野，上有天高云淡，下有球场绿茵，极目之处更有大海与长天一色，真正的海阔天空，真正的“天高任鸟飞，海阔凭鱼跃”，让您由衷惊叹这正是“天下第一海景”。

鸟巢度假村

一座座的度假小屋坐落在葱郁的山林间，就如鸟巢点缀在茂盛的树上。《非诚勿扰2》里面葛优买的那套山间小屋就是这里。除非在这里入住否则不允许近看。

天然巨佛

红霞岭端的天然巨佛既是镇山之神，也是镇海之神。其形象酷似合掌打坐的弥勒佛，也有人称它“老人头石”“龙头石”，当地百姓敬它为山神。其形象逼真生动，其体量巨大世间罕有，同时民间对它又有许多文化沉淀。游客不妨心存各种精神寄托，在敬赏天然巨佛的同时，祈求幸福安康。

过江龙索道

过江龙索道吊桥飞跨两山之间，长达168米，悬空数十米，为海南第一铁索吊桥。两头有林间石径，东面石径之后是有“爱巢”之称的鸟巢度假村（西区），因而又有情人桥之称。《非诚勿扰2》里葛优背舒淇的那一段就发生在这里。走过此桥，体验惊险刺激，感悟自然神奇，品味爱情人生。

亚龙湾国际玫瑰谷

亚洲规模最大的玫瑰谷

三亚市吉阳区亚龙湾　108元

8:30~18:00　88662988

三亚亚龙湾国际玫瑰谷位于三亚市亚龙湾国际旅游度假区内，总占地约185公顷，是以“玫瑰之约，浪漫三亚”为主题，以农田、水库、山林的原生态为主体，以五彩缤纷的玫瑰花为载体，融玫瑰种植、玫瑰文化展示、旅游休闲度假为一体的亚洲规模最大的玫瑰谷。玫瑰谷是新型产业示范基地、高效农业示范基地，充分展示了现代都市农业特征，是三亚国际旅游岛建设中一个新亮点。

锦母角

真正意义上的“天涯海角”

三亚市吉阳区六道镇

锦母角是中国版图上大陆架的最南端，是真正意义上的“天涯海角”，它比天涯海角风景区纬度更靠南。锦母角人为开发的痕迹很少，是一块自然景观保持完美的处女地。近年来三亚逐步兴起了以锦母角为主题的一日游项目，锦母角也开始有了游人的踪迹，自然天成的海天一色景观，被评为户外徒步年度最佳线路。这里的标志性建筑锦母角灯塔，放眼望去，水天一色、烟波浩渺，有很多美丽的风光不为人知。

灯塔

位于锦母角的角头，塔身为白色，塔帽为红色。它是中国大陆最南端的灯塔，是中国主要的地理坐标之一。站在那里远眺南海，看天苍苍，海荡荡，横无际涯，感觉到海的博大和神圣。

虎头湾

位于三亚锦母角右侧，海岸线约有1千米长。那里有着清澈的海水、洁白的沙滩，沙滩的三面都是悬崖。湾内珊瑚保存完好，栖息着各种热带鱼类，目前由三亚欣航户外运动俱乐部开辟作为户外基地。

大东海旅游区 AAAA

不是夏威夷胜似夏威夷

三亚市吉阳区，市区南约3千米处

在三亚市区乘坐2、4、8路公交车可前往

免费　88565888

大东海旅游区是个长约2千米的月牙形海湾。它背靠青山，东南平行走向的两条小小的山脉，恰似两道巨岩筑成的屏障环抱着海湾。它是三亚最早被开发和最具规模的热带海滨度假区，素有“福如东海”的美誉；是进行潜海观光、海水浴和阳光浴的理想之地。

大东海的海水晶莹如镜，叠印着蓝天、白云、岱山的倒影，恰似一幅清雅、明快、平静中显出壮阔的水墨山海图。大东海的沙滩平坦细软，缓缓延伸，长达千米。岸边的木麻黄翠绿成荫，五颜六色的海滩贝壳散布在海滩上，信手可得。在礁石奇异、浪花飞溅

的海边，坐落着一座小山。混凝土小道盘绕直上小山山顶。山顶上修有石桌、石凳、平台、凉亭，站在亭里放眼南海，新鲜的空气使人心旷神怡。

玩家 攻略

1.在大东海饱尝海鲜十分方便，可打车到三亚市区各海鲜市场，也可选择酒店里的各式自助烧烤和望海酒吧，沿海滩边还有各式风情餐吧。

2.大东海旅游区免费参观，可自由随意出入，为了保证安全，游泳应在景区规定范围内。

3.大东海潜水基地水深4~16米，一般游客潜水在5米左右的深度。只要身体健康，没有传染病、慢性病的人均可以学习潜水。潜水的最佳时间是中午太阳直射的时候，水底的透明度在此时最高。

4.大东海除了海滨浴场外，还有高尔夫球会、大东海潜水、摩托艇、香蕉船、健康理疗中心等娱乐休闲项目。

5.大东海的度假酒店集中在海滩边一小片区域内，推荐老牌五星级的湘投银泰或者经济适用型的爱丽丝海景酒店。

玩家 解说

顺着大东海的海滩东行三四百米，有一座滨海小公园，山顶上有观海亭，可俯视大海胜景。周边景点还有白鹭公园和鹿回头公园。白鹭公园是白鹭的天堂，湖边、湖心到处是白鹭，鹿回头公园可俯瞰市区和小东海的全貌，都是公交或者旅游专线几站内可达的，可以一并游览。

链接

大东海的传说

传说大东海是三亚笔峰落笔洞黑龙戏水的地方，相传黑龙看中了大东海的晴空丽日、碧波万顷、风平浪静，央求南海龙王将大东海借给它戏水解闷，南海龙王同意了。谁知黑龙一来便带来台风，弄得大东海浪高流急，影响人们打鱼和生活，于是，南海龙王只准黑龙偶尔来活动活动筋骨。

扬帆海上钓鱼俱乐部

拥有多艘豪华钓鱼游艇的钓鱼俱乐部

三亚市吉阳区大东海景区

在市区乘坐2、15路公交在大东海广场站下车即到

扬帆海上钓鱼俱乐部拥有多艘豪华钓鱼游艇。艇上置有空调、卫生间、垂钓平台等，钓鱼设备俱全。每年接待了众多的国内外游客和钓鱼爱好者。

俱乐部推出岛屿垂钓、矶钓、远海垂钓、深海精品潜水等海上娱乐项目，海钓地点主要有东岛双扉石、六道湾等。俱乐部现

大东海

有经验丰富的船长和钓鱼辅导员对游客专门指导。

小东海旅游区

具有优质海水和沙滩的潜水胜地

三亚市吉阳区鹿回头开发区

在三亚市区乘坐26路公交车可前往

免费　88675122

小东海旅游区是三亚国家级自然保护区之一，拥有优质的海水和沙滩，巨石嶙峋的海岬，丰富的海洋生物（600多种），再加上古朴的木建筑，使这里充满了自然、宁静、浓郁的休闲气息。旅游区内设有各类海洋娱乐活动，像观光船、半潜艇、沙滩休闲、海底漫步、水下摄像等，堪称三亚潜水观光的最佳地点。尤其到了夜晚，夜潜游客在此可欣赏到白天看不到的海底世界：缤纷多彩的珊瑚，从身边穿过的热带鱼，沉睡的螃蟹。此外，游客还可搭乘夜间观光船观看海底景致，那种神秘与瑰丽足以令人浮想联翩。

玩家 解说

与大东海相比，小东海更像一个安静的农家姑娘。那片黑黑的布满珊瑚礁的滩涂，巨石嶙峋的海岬，姿态翩然的白鹭，都在小东海享受着自然的宁静。优质的海水和沙滩，宽广的珊瑚礁平台，使小东海成为了三亚潜水观光的最佳地点。如果说三亚海域是世界上公认的潜海胜地，那么小东海就是胜地之中的胜地。

落笔洞旅游区

海南岛最早的人类居住遗址

三亚市吉阳区田独镇印岭

乘6、7、37路公交可到

8:00～18:00　88751258

落笔洞，又名落笔峰，即落笔洞旅游风景区，因洞中有两根形如巨笔的钟乳垂吊而得名，被列入“三亚八景”之一。该洞为天然石灰岩溶洞，摩崖石刻众多，还有千姿百态的动物（如马、犬、猴、龟等）石景。其中，摩崖石刻中以“落笔洞洞洞笔落”“尖峰岭岭岭峰尖”两句最为有趣，因为无论顺念、倒念都是一样的。洞的周围也分布着不少各具特色的熔岩洞，以“仙女洞”“仙朗洞”（仙姑洞房）最为知名。1992年，考古学家在此发现了一处三亚遗址，是目前为止发现的中国最南的一处旧石器文化遗址。景区内充满了秀美、神奇的色彩，是一处很不错的旅游观光景点。

玩家 解说

落笔洞洞口高约12米，深18米。传说古时笔尖水滴不断，人若以手接此水，便会文思敏捷，下笔成章。洞底地上数块形如砚台的大石块，传说是神仙用的笔砚，两根“巨笔”在文化大革命期间遭到破坏，现洞则仅存半截残迹。

落笔洞原住民

景点推荐

海棠旅游区

后海湾

三亚最新的度假天堂

三亚市海棠区后海村

66600090

后海湾是一个令人惊美的海岸线，这里有着梦中的蓝天白云、奇石异草叠拥的热带雨林、蜿蜒的银色沙滩、清澈透亮的海水及绚丽多彩的海底世界。在这个极其宁静的海湾里，不仅可以享受潜水、钓鱼、橡皮艇、皮划艇及高速快艇带来的海上探奇乐趣，还可以跟着疍家渔民赶海捕捉海鲜。

后海湾位于三亚市东面，是中央电视台2000年拍摄千禧年第一缕阳光的最佳日出海湾。到了这里，才知道竟然有比亚龙湾更好的海湾，绵延近两千米的精致银色海湾里，映入你眼中的只有青山、碧水、蓝天、白云、怪石、奇葩及漂过的片片轻舟……伴着沙沙的游沙声及哗啦啦的海浪声，你仿佛就处身于一幅绝美的海滨画卷中，在这里，你会把水泥钢筋的城市忘得一干二净，并且体会到什么叫作世外桃源。

后海湾位于蜈支洲岛与亚龙湾中间，是外海洋流的必经之路，不但水质清澈透亮，而且海底资源更是难得一见的保护完整及品种丰富，在这里可以看到三亚最好的软珊瑚部落及体积最大、寿命最长的千年妖姬——近10米高的滨珊瑚。

链接

海棠湾

海棠湾其实只是“半湾”，因为行政区划的原因，本来一个完整的海湾被一分为二，属于三亚境内的一半取名海棠湾，属于陵水那一半名为土福湾。海棠湾与亚龙湾、大东海湾、三亚湾、崖州湾并列为三亚旅游区的五大名湾。它依山傍水，由于远离城市，大部分区域没有开发，一种原生态的美使其独具魅力。19千米长的岸线风光旖旎，河道如网，绿洲棋布，芳草萋萎。后海湾是海棠湾的主要组成部分。

海棠湾的海滩沙子没有亚龙湾细腻，水质也较亚龙湾的差些，并且由于远离市区，吃东西不是很方便，大部分客人都选择在酒店用餐，价格就要贵得多了。优点在于较新建立的豪华酒店宁静，这里有超多奢华的酒店，国际连锁的高端品牌不计其数，包括康莱德、洲际、万达希尔顿逸林、万丽、喜来登、凯宾斯基等，比起亚龙湾的酒店来说，它们的设备都要新得多，沙滩是贯通的，因此可以逐家酒店参观。想要清静的度假休息的话比亚龙湾更为合适，特别适合就想待在酒店度个假的人群，站在这里的沙滩远眺，还能看到蜈支洲岛。

蜈支洲岛 AAAAA

被誉为“中国的马尔代夫”

三亚市海棠区蜈支洲岛

在三亚市内乘坐28路公交车可直达蜈支洲岛码头　140元　8:30~17:30

88751258

蜈支洲岛地处三亚北部海棠湾内，呈不规则蝴蝶状，岛上有2000多种植物，郁郁葱葱，自然风光十分秀丽。这里全年温和，四季怡人，滩平浪静，沙细水清，是世界上为数不多的唯一没有礁石或者鹅卵石混杂的海岛。海水能见度达6~27米，水下世界绚丽多彩，有“中国第一潜水基地”的美誉。蜈支洲岛上有观日岩、妈祖庙（海上涵三观）、情人岛、观海长廊、情人桥、百鸟园、观鱼平台等景点。此外南部海域还盛产夜光螺、海参、龙虾等各种海鲜。

玩家 攻略

1.去蜈支洲岛前可以先查看最近几天的天气和游客预测（官网有查询），挑选合适的游玩日期。

2.由于阳光强烈，太阳镜、帽子为必带物品，女性记得携带防晒霜；另外最好准备一些防蚊虫药水和晕车、晕船药。

3.冬季岛上温差较大，白天可视天气情况着单衣。在岛上过夜的话需要准备外套，以免着凉感冒。

4.岛上不允许搭建帐篷，如需住岛，可以选择岛上酒店。

5.为保护海岛生态环境，请勿携带钓具上岛，岛上提供快艇出海钓鱼服务。

6.岛上设有公用电话亭，房间的电话在总台交押金后就可开通外线，度假村及附近的海滩、山上的观日岩都有手机信号。

7.如果进行专业摄影，那么UV镜、偏光镜是必备的，注意随时用镜头纸清洁相机，以免海水和沙粉损害相机。

玩家 解说

蜈支洲岛东、南、西三面漫山叠翠，85科2700多种原生植物郁郁葱葱，不但有高大挺拔的乔木，也有繁茂葳蕤的灌木，其中不但有从恐龙时代流传下来的桫椤这样的奇异花木，还生长着迄今为止地球上留存下来最古老的植物，号称“地球植物老寿星”的龙血树，寄生、绞杀等热带植物景观随处可见。

情人桥

它原是座铁索桥，是当年守岛部队的海上瞭望点。走在摇摇晃晃的铁索桥上，需要几分胆量和机灵。有些情侣既想过桥体会一下这种刺激，又怕掉进海水里，过桥时紧紧抓住对方的手不放，因此这桥又被戏称为“情人桥”。现已改为木板桥。

妈祖庙

从景区大门进入，前行可见一座庙宇，古朴典雅，这便是妈祖庙。它是海南最古老的庙宇之一。渔人虔诚供奉航海保护神妈祖，妈祖冥冥中世代护佑着渔人的平安。

观日岩

观日岩位于蜈支洲岛的东南悬崖处，像一尊天然大石佛，面向大海，日夜修炼。又像一只巨龟缓缓爬向大海，期望回到自己的故乡，故又称“金龟探海”。清晨的第一缕曙光从这里升起，绯红的太阳从海面上徐徐上升，形成一绝佳的海上观日点。每逢风起，激浪拍石，浪峰过后，海面上一片雪白的浪花，仿佛卷起了千堆雪。

情人岛

情人岛是经历了千百年潮起潮落洗礼，却依然矗立、静静相望的两座大石。传说是古时人们为了纪念一对恋人因相恋，而被恼怒的龙王变成石头而起名的。现在这里成了蜈支洲岛的一大景点，是青年男女耳语、听涛的好地方。

珠江南田温泉度假区

都市人的梦幻之地

三亚市海棠区南田农场内　三亚珠江花园酒店及亚龙湾有直达巴士

198元　8:30~23:00　88819888

珠江南田温泉度假区，总规划面积约1500亩，融观光农业、休闲度假、民族风情、体育运动为一体，并且充满了环保、生态、自然的特色。景区内拥有30多个温泉池，大小不一，风格迥异，包括椰林池、槟榔林池、高低温池、儿童动感池、大型景观泳池等；还有20座特色花园木屋别墅，风格浪漫别致，环境舒适、宁静；此外还有一些特色餐馆，能为游客提供各种风味美食。对游客来说，这里是旅游、观光、度假、休闲的理想之处。

南田温泉

玩家 攻略

1.建议避开节假日，尤其是春节，春节期间人非常多，有时毛巾会不够用。

2.南田温泉只在入口提供一条大浴巾，需要注意温泉内是没有替换浴巾的。

3.建议秋冬季不能下海的时候去，温泉温度较高，夏天容易中暑。

4.建议自带点干粮，因为景区餐饮较贵。

玩家 解说

景区内共有十多个大小各一、温泉不同的温泉池，掩映在绿树丛中，一池一景，构成了其自身独有的温泉景观。小鱼温泉分布在天然椰林中，环境非常得好；在飞瀑池会有水柱敲打脊背，有按摩的感觉；中药池泡浸了十二种中草药，草药味道浓郁，是放松心情的绝妙选择；情侣池，是用绿篱相隔，可以尽享二人世界。除此之外还有大型的温泉泳池，让游人全方位感受海南低温温泉的独特之处。

凤凰花海

中国唯一的冬季大地花海休闲体验区

三亚市海棠区林旺

乘坐海棠湾2路公交到林旺北安置区　免费

凤凰花海园内种植有萱草、格桑花、薰衣草、洛神葵、芳香植物等，在花卉盛开时期，不仅可以看到粉红色波斯菊、紫色浪漫的薰衣草、象征丰收的金色萱草等，更有源自地中海和热带岛屿的芳香植物带来的芳香体验。在赏花的同时，还可以在花田间品尝美味的花草茶，亲自体验动手制作精油手工皂的乐趣，拍摄浪漫的婚纱照片，欣赏独特的凤凰园艺花雕等。

景点推荐

西沙旅游区

西沙群岛，又名宝石岛，位于海南岛东南约180海里处大陆架边缘，古称“七洲洋”，是我国南海诸岛四大群岛之一，与东沙、中沙、南沙群岛构成中国最南端的疆土。

西沙群岛主要由永乐群岛和宣德群岛组成，这片大大小小的珊瑚岛屿群漂浮在50多万平方千米的海域上，美丽而纯净。群岛的第一大岛永兴岛，如一座热带植物园，热带植物丛生，四季繁茂；东岛素称“鸟的乐园”，岛上约有6万多只海鸟，常见的有鲣鸟、乌燕鸥、黑枕燕鸥、大凤头燕鸥等40多种鸟类；由于远离大陆人迹罕至，沙滩绵白，海水洁净，最高能见度达到40米，七连屿就是最优良的潜水地。西沙群岛还有着连绵数千米的奇形珊瑚礁，附近的海域还生长着各种各样的海洋植物和鱼类。

离海南岛330多千米的东南海面上

68550358

玩家攻略

1.永兴岛上大部分食品都靠船只海运供给。每月补给船到达永兴岛，全岛居民都会放假二天，去码头卸鸡、鸭、猪、土豆、黄瓜、邮件等。

2.岛上的生活用水是经过处理的雨水，分为饮用水和洗涤用水。西沙群岛只有永兴岛上有几家餐馆，因为这里的居民基本上都吃单位的食堂，餐馆比较冷清，供应品种也少。永兴岛的西沙工委招待所供应一日三餐，必须遵守开饭时间。

3.西沙群岛属台风多发地区，去西沙应避免在台风季节去。西沙群岛5月开始有台风，8到10月最厉害。

4.在西沙群岛手机没有信号，如果想和外界联系，只能到永兴岛上唯一的一个邮局打公用电

三沙市鸟瞰

话，或者IC卡电话。岛上也没有网吧。一定要带足现金，西沙的工商银行没有与内地联网，在那儿取不出款。

5.西沙的紫外线格外的强，最好备上SPF40以上的防晒霜。蚊香、风油精，治感冒、肠胃炎、晕船药等得随身携带。上岛船行驶在大海上有时会非常颠簸，晕船药是必不可少的。

6.守岛官兵每过两年换一批，工作人员则是半年就换一批。岛上的战士平时只能收看电视和电台，书和VCD是送给他们的最好礼物。永兴岛上军事设施很多，不能拍摄军事设施。

玩家 解说

去西沙的方式基本上有三种。

第一种是在正规授权的旅行社报名，在海南几家旅行社，乘坐官方授权的"椰香公主"邮轮，前往西沙群岛。价格在五千至一万元，由于三等仓位的制约，五千左右的仓位比较难订到。

第二种是乘坐补给船前往。但出行时间并不固定，乘船地点是在文昌清澜港，通常是每月的28日出发，从文昌清澜港出发的时间是第一天17点，第二天上午8点左右到达，返回时间是第三天17点出发，第四天上午9点左右到达清澜港，从全国各地去清澜港也不是很方便。船费约近两千元，还有三亚的补给舰，但均需审查办证，前往西沙旅游的游客要求18周岁以上60周岁以下，需要填写一份"中华人民共和国西沙旅游申请表"，这份申请表需要送西沙当地驻军政审，也不是很大众化的出行方式。

第三种是一帮人合租渔船以出海钓鱼为名，前往西沙群岛，包船费用不详。早期没有开放西沙群岛旅行时，很多旅行者是私自租渔船前往，不过晕船厉害，也非常危险，而且也不合法，常常会被抓住遣送回海南岛。

永兴岛

西沙群岛中最大的岛屿

永兴岛是三沙市政府所在地。岛上有护沙堤、日军炮楼、将军林、西沙海洋博物馆（驻岛官兵自己动手创办）等景观。北京路是岛上最繁华的地方，建有银行、医院、粮站、百货商店、水产公司等，还建有我国最南端的邮局。日军炮楼共有三层，现在已斑驳陆离，它是日本侵略中国的铁证。将军林是历年登岛视察的领导同志亲手种植的数百棵椰子树，枝繁叶茂，郁郁葱葱。

西沙海洋博物馆

西沙群岛上有一座驻岛官兵自己动手创办的海洋博物馆。它既是我国最南端的海洋博物馆，也是我国唯一一个由军人们创办的海洋博物馆——西沙海洋博物馆，驻岛官兵们将部分爬上海滩的海龟和采集到的贝类制成标本，集中陈列。

西沙海洋博物馆位于永兴岛，始创建20世纪80年代。2001年元旦，海洋博物馆新馆正式开馆，扩建后的博物馆展厅面积约800平方米，分为图文厅、海石花厅、海龟龙虾厅、海鱼标本厅等8个厅，共收藏各类海洋标本、图片资料约400多种、3000多件（幅）。

博物馆中陈列了许多海洋生物的标本。如身上布满了孔雀斑点的“孔雀颈鳍鱼”，底部如马蹄、形如金字塔的“马蹄螺”，花开如梅的海参“梅花参”，以及各种鱼类标本，形态各异的珊瑚花和石花，使整个陈列馆琳琅满目，趣味无穷。

石岛

石岛位于永兴岛的东面，紧挨着永兴岛，一条长1130米造型别致的跨海水泥桥将两岛连在一起。石岛是南海诸岛中地势最高的岛，岛上怪石嶙峋，岩洞遍布，岸边矗立着许多奇岩巨石，像一道道天造地设的屏障。

永乐群岛

南海中的美丽岛群

永乐群岛是中国西沙群岛西部岛群，位于永兴岛西南约40海里处，又称西侧群岛、西八岛。主要由甘泉岛、珊瑚岛、森屏滩、晋卿岛、琛航岛、广金岛、金银岛、中建岛、华光礁、盘石屿、北礁等岛组成。前六者均在同一个巨大的弧形礁盘上，名为永乐环礁。永乐环礁上有大小岛屿13个，在永乐环礁之外还有2个岛屿：中建岛是永乐群岛中陆地面积最大的岛屿，独立于西沙的最西端；盘石屿环礁上的岛屿即盘石屿。

各岛四周都有沙堤包绕，中间低平，有淡水井，有的甘甜可饮，有的能用不能饮；有麻风桐、羊角树、椰子树等。永乐群岛各岛礁间通大海的门有很多，如老粗门、全富门、银屿门、石屿门、晋卿门、甘泉门等。礁则有羚羊礁等多座。因此，永乐群岛是南海诸岛中的岛屿最多的环礁，也是西沙群岛的主要群岛。

七连屿

极佳的潜水地

七连屿指西沙群岛中七座相邻不远的岛屿。岛上有灯塔、日落美景，另外，这里的海水晶莹透明，沙滩绵白细洁，是最佳的潜水地。在小岛上观看日落非常好，红彤彤的晚霞映满天空，大海一片苍茫。来之前一定得注意天气情况，七连屿是无人居住岛，如果滞留岛上会很麻烦。

七连屿潜水区

攻略资讯

- 交通
- 住宿
- 美食
- 购物
- 娱乐

交通

三亚作为中外闻名的旅游城市，其交通完善便利。航空、火车、公路、轮船、市内交通等方式一应俱全。因为三亚位于隔海相望的海南岛，因此航空、船舶是三亚和大陆及其他国家相互连通的主要方式，铁路、公路在岛内的作用较明显。

飞机

三亚凤凰国际机场，位于市区西北部14千米处的凤凰镇，1994年建成并正式通航，是国内大型运输机场和干线机场之一，航班正常率居全国民航之首。凤凰机场目前已开通航线约168条，其中包括国内航线130条，国际航线35条，地区航线3条；通航城市约有106个，其中包括国内城市59个，国际城市44个，地区城市3个。

三亚凤凰国际机场

机场巴士：

1.大东海广场—凤凰机场线：大东海广场—宝宏龙都酒店—泓洲埃德瑞酒店—国光豪生酒店—美丽春天酒店—机场；发车时间为8:45～20:30。

2.凤凰机场—大东海线：凤凰机场—滨海路—三亚度假村—金鸡岭路—解放路—汽车总站—下洋田—大东海；发车时间为最早发车时间以航班到来时间为准，末班车一般为0:30。

公交车：已开通市区至机场的公交专线8路。到达市区后，可乘坐公交102到达亚龙湾，乘坐2路、4路可到大东海。

出租车：机场到市区需时大概25分钟，车费约50元，机场到大东海约60元，机场至亚龙湾约100元。

火车

三亚拥有西环、东环两条铁路。西环铁路即现在的粤海铁路，目前已开通三亚到北京、上海以及海口到长沙、西安、成都等地的旅客列车。东环铁路为“三亚—海口东”对开路线，途经美兰国际机场、文昌、琼海、

三亚度假村

博鳌、万宁、陵水等站，全程运营时间约2小时；平日对开20多趟往返车次。

三亚火车站是东环铁路地面建筑面积最大的火车站，由三亚始发至海口，经由海口琼州海峡轮渡，与中国内陆各省已实现铁路全线贯通。目前，已开通三亚至北京、广州、长沙等地的直达班次。三亚市育秀路10号 31887222

汽车

三亚市目前有汽车总站、汽车东站、客运西站等几处长途汽车站。

三亚市汽车总站：位于三亚市解放二路16号。开通的班次可到达省内各城市和地区，还有发往广东、广西、湖南、江西等省份的长途客车。

三亚市汽车东站：位于三亚市榆亚路。电话：88198765。

三亚市客运西站：位于三亚市金鸡岭街。电话：88296026。

轮船

三亚拥有多个天然良港，包括三亚港、榆林港、鸿港、南山港、铁炉港、六道湾港等，其中主要客运港口有三亚港、三亚凤凰岛国际邮轮港。目前，一些著名国际邮轮和国内邮轮已在三亚港、三亚凤凰岛国际邮轮港这两个客运港开通了多班航次，为游客乘坐邮轮出行提供了极大的便利。

住宿

三亚一年四季都适合旅游度假，出行前最好是提前预订好住宿。一般情况下，大多数游客都会选择住在亚龙湾、大东海或三亚湾。此外，蜈支洲岛上的度假村也是宁静的“世外桃源”，很适宜度假。

● 金茂三亚丽思卡尔顿酒店

金茂三亚丽思卡尔顿酒店，地处风光秀美的亚龙湾，位置优越，交通便利。这里

三亚住宿

设施完备，拥有450间豪华客房，8家餐厅和酒廊，以及宴会厅、会议厅、结婚小礼堂、网球场、游泳池、水疗中心、丽思卡尔顿儿童俱乐部等配套设施。客房装修精美，环境优雅、宽敞、舒适，包括33座私家别墅，17间观景套房，334间景致客房，66间特色客房和套房。此外，这里还拥有独一无二的红树林景观及海滩美景，是在亚龙湾观光的好选择。

✉ 三亚市亚龙湾国家旅游度假区

☎ 88988888

●万豪度假酒店

万豪度假酒店位于亚龙湾国家旅游度假区，地理位置得天独厚，环境优美，景色秀丽，空气清新。酒店拥有一个长450米的私人海滩，456间（套）设备完善的豪华客房，并且房型多种多样，包括园景房、豪华房、豪华园景房、豪华山景房、豪华海景房、豪华海景套房、顶级山景房、顶级海景房、顶级豪华海景套房等。此外，这里的每间客房都设有特大观景露台，能让顾客在享受住宿时欣赏到亚龙湾最美的景致。✉ 三亚市亚龙湾国家旅游度假区 ☎ 88568888

●半山半岛洲际度假酒店

半山半岛洲际度假酒店，坐落于风光宜人的小东海景区，地理环境优越，自然景色秀美。酒店设施齐全，拥有各类客房343间（套），其中独立海滨别墅有24栋，并且在每一间客房内都能欣赏到最美的海景；还有1个大宴会厅及7间会议室，5个泳池，9间餐厅及酒吧，以及泊车位、商务中心、私家沙滩、外币兑换、租车服务、洗衣服务、叫醒服务、礼宾司服务等。酒店周围风景如画，别具风情，是游客体验住宿的好去处。✉ 三亚市洲际路1号 ☎ 88618888

●红树林度假酒店

红树林度假酒店，地处亚龙湾国家旅游度假区，建筑风格融中国天人合一的建筑理念和浓郁的东南亚海岛风情为一体，是一处独具巴厘岛热带风情的纯度假酒店。酒店拥有500余间（套）各类豪华客房，其中70%的客房可饱览壮丽的海景；还有亚龙湾最大

亚龙湾红树林度假酒店

的户外宴会场地，会议厅及多功能厅，不同功能的户外泳池，中西合璧的水疗设施，以及餐厅、沙滩别墅等其他配套设施。这里环境优美，景色秀丽，是游客远离尘嚣、回归自然、返璞归真的理想之地。✉ 三亚市亚龙湾国家旅游度假区 ☎ 88558888

●更多住宿去处

福朋喜来登酒店/三亚市三亚湾路78号/88888588

亚龙湾人间天堂—鸟巢度假村/三亚市亚龙湾国家旅游度假区/38219999

金棕榈酒店/三亚市亚龙湾国际旅游度假区中心广场旁/88569988

椰林滩大酒店/三亚市海龙路/88331888

美食

去三亚一定要去尝海鲜，鲍鱼、海参、海胆是海鲜中极品，也是“三亚三珍”。海鲜坊极多，大东海正门附近有著名的海鲜一条街。椰汁板兰糕、黎家竹筒饭、苗家三色饭、南山素斋、椰盅、西瓜盅等是极具民族特色的美食。

美食小吃

●海鲜

三亚的海鲜相当有名，来到三亚不试试这里的生猛海鲜那你的旅途将会是不完整的。在三亚若想吃上经济实惠的海鲜，自然是去声名远播的海鲜加工广场，比如第一市场、春园海鲜加工广场等。在这里你可以自己选购海鲜，然后找店加工就可以了。海鲜通常烹调方式有火锅、蒸、炒，只是收取相应的加工费。

推荐店铺：春园海鲜广场 ✉ 河西区河西路（近吉祥街）

扇贝

●抱罗粉

抱罗粉分干拌和汤捞两种，底料有猪肉、牛肉、猪肚等，加入店家自制的辣椒酱，味道鲜美，辣而不腻。吃抱罗粉最正宗的地方就是在路边摊。

推荐店铺：小正抱罗粉 ✉ 河西区河西路33–34号（近第一市场三亚河畔） ☎ 13307595298

抱罗粉

●清补凉

清补凉是一种夏天清热祛湿的食品，且甘甜爽口，是夏季必备的饮品。在海南的冬天也可以吃到热的清补凉。原料少则十几种，多则二十几种，其中新鲜椰肉和菠萝是海南特色水果，葡萄干是北方特色食品，通心粉是西式食品，原料千变万化。最受欢迎的是椰子水清补凉和椰奶清补凉。椰子水的清

清补凉

甜伴着绿豆、西瓜、薏米的味道，又是别样滋味。

推荐店铺：巴洛克（大东海店） 三亚大东海旅游区榆亚路9号 13976196840

●椰子饭

海南特色美食之一，是海南传统农家小吃，又名椰子船，是由海南优质糯米、天然椰肉和椰汁一同蒸熟而成，现在多把它作为主食的一种。你能在很多饭馆，或者第一市场等综合市场里找到椰子饭的身影，到时候别忘了来一份尝尝，在这个椰影婆娑的城市，品尝地道的椰子饭，别有一番风味。

推荐店铺：海南官府菜 三亚旅游区亚龙湾国家旅游度假区五号度假别墅酒店（近百花谷） 15708968605

椰子饭

●水果炒冰

炒冰是海口夏夜消暑颇受欢迎的一种爽口甜品。用鲜果榨汁，混合炼乳，在冷凝盘上迅速翻炒，成冰，再加入各种当季水果制成各种风味的炒冰。关键在于水果，清香甜润，皆为天成。炒出来的冰，质地细滑，入口即化。第一市场等热闹的综合市场都有炒冰的摊位，去这些市场逛街的同时别忘了来一碗水果炒冰，香浓的滋味一定让你回味无穷。

推荐店铺：第一市场炒冰摊 河西区新建街155号第一市场前

●南山素斋

南山素斋颇有盛名，招牌菜有香油鳝丝、干烧鲈鱼、清炒冬虫草等。南山素斋源于上海龙华寺素斋，在原有的基础上，融合寺院素斋、宫廷素食、民间素菜的精华，兼纳南北地方风味，并大力开发本地原料，特别是热带瓜果、花卉、海产、时蔬，展现三亚热带海洋特色。

推荐店铺：南山缘起楼素斋 海南省三亚市崖城镇三亚南山文化旅游区内

南山素斋

●黄流老鸭

黄流老鸭是海南名菜中的后起之秀，源于20世纪80年代中期乐东黄流镇。黄流老鸭最大特点体现在“老”字上。所选的鸭子，必须是下过蛋的一年以上的老鸭子。一般有两种吃法，即白斩和干煸。

推荐店铺：光明黄流老鸭店 三亚市天涯区胜利路410号

黄流老鸭

●陵水酸粉

陵水酸粉是海南省的一种特色小吃，跟海南粉类似，不过其中添加了特制的酱汤，酸辣甜香，佐料丰富，味道极其鲜美，令人回味。第一市场里就有贩卖陵水酸粉的摊位，其他的街边小吃店面也能找到。

推荐店铺：君瑞陵水酸粉 ✉ 海南省三亚市天涯区新风路26号

陵水酸粉

●海鲜烧烤

烧烤可能是人类最原始的烹调方式，海南盛产海鲜，这里产的海鲜肉质鲜嫩，烤够火候时刷上蒜蓉辣酱，那味道尝过就会上瘾。在海南的各大美食街、路边烧烤摊都能看到海鲜烧烤。

推荐店铺：望海烧烤吧 ✉ 三亚市天涯区河西区街道堆头

三亚美食去处

●第一市场

游客若到了三亚，不得不品尝的美食就是海鲜了，而第一市场是在三亚吃海鲜的首选之地。这里不仅拥有丰富、鲜活的海鲜，比如鲍鱼、花蟹、花螺、花蛤、扇贝、基围虾等，而且价格低廉，现买现做，非常有意思。也就是说，食客可先在市场里亲自买好海鲜和蔬菜，然后拿到自己看好的一家海鲜加工店进行现场加工制作，这样不消多时，一顿美味大餐便摆在眼前了。真是怎一个"鲜"字了得！摊主收加工费时是按照制作形式的不同收取的，比如炒或蒸的话按5元/斤算，火锅以10元为锅底计算。此外，在这里你还能吃到很多当地其他的风味小吃，比如炒冰、鲜椰汁、抱罗粉等。到了晚上，这里还有各种小商品夜市，逛一逛十分有趣。

●春园海鲜广场

春园海鲜广场是三亚名副其实的老字号海鲜加工市场，经营方式与第一市场相似，也是先由顾客购买海鲜然后在海鲜大排档里进行加工。这里海鲜品种丰富，基本上也很新鲜，味道挺好，但价格比第一市场稍贵。海鲜烹调方式多种多样，包括清蒸、快炒、白灼等，顾客可自行挑选。这里的特色风味有生蚝、带子、扇贝、白螺、三点蟹、和乐蟹、象拔蚌、濑尿虾、四角豆、鸡腿螺、杧果螺、海胆蒸蛋、清蒸石斑鱼等，均值得品味一番。

●海亚餐厅

海亚餐厅是三亚的一家老字号餐饮名店，以经营正宗、地道的海南菜而著称，像文昌鸡、东山羊、鸡油饭、椰子饭、芋头饭、海南鸡饭、蒜蓉芥蓝、虾酱地瓜叶、冬瓜海螺汤、萝卜干肉腩煲、豆酱猪仔鱼煲等，顾客在这里都能品尝到。海亚餐厅的海南菜独具地方特色，口味香醇、鲜美，很受食客青睐，值得一去！

海亚餐厅

●小正抱罗粉

小正抱罗粉在三亚远近闻名，是当地人都会去光顾的一家抱罗粉老字号店。这里的抱罗粉正宗可口，味道不错，而且种类繁多，像抱罗粉、炒抱罗粉、十全抱罗粉等。这里的酱爆虾饼、椰奶清补凉等，口味也很好，其中椰奶清补凉还是夏季消暑圣品。该店每天都有很多人慕名而来，这里提供露天位，供应早餐，价格实惠，适合家庭聚会、朋友聚餐、休闲小憩、随便吃吃等。

●拾味馆

拾味馆主营海南菜，菜品味美、可口，就餐环境优雅，服务比较热情，很受当地人和外地游客的欢迎。文昌鸡、榴梿酥、双皮奶、椰子饭、拾味骨汤、拾味鱼扒、菠萝炒饭、五指山野菜、猫眼螺四角豆等，都是这里的特色美味，很值得一吃。但总体来说，饭菜价格相对较高。

拾味馆

●老海南阿椰伯椰奶清补凉

这家椰奶清补凉店虽然店面小、桌数少，但在三亚鼎鼎有名，因为该店的清补凉不仅品种丰富，而且口味很好，非常滋润、清凉、爽口。椰奶清补凉作为海南著名风味小吃，里面加入了红枣、薏米、绿豆、芋头、汤圆、西瓜、葡萄干等，所以吃起来凉凉的，甜而不腻，并且洋溢着浓浓的椰子味，是消暑佳品。此外，这里还经营抱罗粉等当地风味名吃。

购物

三亚购物场所主要集中在大东海、天涯海角等景区周围及市内解放路一带。较著名的有京润珍珠、羊栏水晶工艺品厂、田独南海玳瑁店、国宾商场及天涯海角购物一条街。

在三亚能买到海南的各种特色产品。主要有椰子糖果、椰丝、椰子糕、椰子酱等椰子食品和椰壳雕刻手工艺品；贝壳、海螺等制成的工艺品；蝴蝶标本、牛角雕、水晶和珍珠饰品；以及水产、热带水果、特色茶和酒。

三亚特产

●椰子食品

三亚的特产中，以椰子食品最为知名，比如椰丝、椰子糕、椰子粉、椰子酱、椰子糖果等。其中，椰子粉富含人体所需的多种营养元素，是世界上氨基酸含量最高的天然饮品，可均衡人体营养需求，保持青春活力，改善循环系统等；椰子糖果味道醇正，香甜可口，特别适宜老人和小孩食用。椰子食品在海南的各种超市和食品店均有销售，游客可购买自己吃，也可作为旅游特产赠送亲朋好友。

●热带水果

三亚地理位置优越，气候适宜，发展热带水果产业的条件得天独厚，像杧果、香

蜂蜜炒椰子肉

蕉、槟榔、番石榴、山竹子、毛叶枣、红龙果等。其中，杧果是这里最主要的特色水果，因而三亚有“中国杧果之乡”的称号。三亚不仅是游客品尝热带水果的好地方，也是购买、批发热带水果的重要基地，很值得体验一番。

莲雾

● 红烧梅花参

红烧梅花参以水发梅花参为主料，以油菜、百灵菇等为配料制成。该风味小吃看起来色泽红亮、翠绿，娇艳欲滴，吃起来口感滑嫩，味道醇厚、鲜美，非常不错。此外，它还具有滋阴、补肾，以及增强机体免疫力等药用功效，特别适合体质虚弱的人。

● 甜酸粉

三亚有很多粉类美食，其中凉拌类里面以甜酸粉最为常见。甜酸粉以地瓜粉粉丝、米糕为主料，以花生、萝卜干、腌黄瓜丝为辅料制成，各种颜色相映生辉，各种味道更是融合得恰到好处。而凉拌的甜酸粉香甜、可口，尤其在炎夏喝上一口感觉就像冰水透心一样美妙。

● 海南珊瑚

海南珊瑚以海中奇葩——“海石花”珊瑚虫化石为原料制成，一直是很受游客青睐的海南特色工艺特产之一。这种盆景艺术品看起来色泽艳丽，奇形怪状，可以说美妙绝伦，让人百看不厌。

珊瑚、贝壳饰品

三亚购物场所

● 三亚免税店

三亚免税店地处三亚市中心，占地7000平方米，是在三亚购买世界顶级品牌的“购物天堂”。免税店虽然只有2层楼，但商品琳琅满目，一楼以化妆品、奢侈品为主；二楼以服饰为主，种类包括服饰、珠宝、手表、箱包、皮具、香水、化妆品等。这里的商品价格比国内同类商品低10%~35%，尤其以香水、化妆品最为便宜。免税店每天人气都很旺，顾客络绎不绝，游客若想买东西的话应去早一些，因为那些商品量每天都是固定的。

● 百花谷商业街

百花谷商业街地处亚龙湾度假区核心地段，地理位置优越，交通便利。它融购物、餐饮、休闲、娱乐等为一体，是度假区内唯一具有热带风情的商业街。这里汇聚了各种购物超市，著名品牌商品种类繁多，但价格都很贵，比普通店起码贵好几倍。这里还有许多特色餐厅、酒吧、咖啡馆、KTV等，其中国际餐饮品牌有采蝶轩、必胜客、星巴克、香柠草泰餐厅、Coffee World等，中国各色美食有川菜、粤菜、湘菜、海南菜等。此外，这里的景色也很不错，即使晚上出来在椰树密布的马路上吹一吹海风，也自有别样的韵味。

●解放路步行街

解放路步行街位于三亚市区解放二路，是三亚的特产店和珍珠饰品街。这里以特产店为主，除了品牌商户外，还有很多小商铺和小地摊，它们销售各种海南特产和工艺品，像珍珠、贝壳、海南岛服等，尤以珍珠饰品为主。特产店的商品价格当然也不便宜，但有快递服务，游客购买后可进行打包寄送。这里还有个小吃巷子，游客可吃到很多特色小吃。解放路步行街是游客在三亚购买旅游特产的好地方，值得一去！

●鸿港集贸市场

鸿港市场是三亚的一处农副产品综合批发市场，专门销售和批发各种热带水果、海鲜干货等，是顾客在三亚购买和批发水果的好去处。这里的水果不仅品种丰富，看起来新鲜，味道好，而且价格便宜，比第一市场还实惠。但是，市场环境还是相对差些，因为毕竟是卖水果的地方。

●明珠广场

明珠广场占地26亩，建筑共9层，是一处融购物、餐饮、休闲等为一体的商场，也是三亚最大的、人气最高的百货商场。广场汇集了众多日用百货、家用电器、服饰、化妆品等，其中海南特产花梨木只有在该广场能买到。市场附近还有很多美食场所，顾客可在购物之余品尝到当地的特色美味。此外，明珠电影院也地处明珠广场，是观赏电影的好去处。

娱乐

海上运动是三亚最主要的娱乐项目，可以冲浪、游泳、滑水等。此外还有音乐、舞蹈等剧场演出节目。

娱乐休闲去处

●美丽之冠

美丽之冠是三亚著名的美丽门户和地标性建筑之一，曾成功举办了4届世界小姐总

解放路步行街

决赛，被世人誉为世界小姐的诞生地。这里的“美丽之冠晚宴剧场”，将顶级国宴级晚宴与大型国际性演艺完美结合，不仅可以让味蕾尽情绽放，还能欣赏百名外国佳丽原汁原味的大型拉斯维加斯原创歌舞秀。

●海棠秀

是一部将音乐剧与高科技舞台设备进行大体量结合的全新舞台样式，整部作品共有11首大型音乐作品。该剧将一个流传于三亚海棠湾的古老爱情传说搬上舞台。故事的矛盾来自邪恶的王母娘娘，经过一番争夺与搏斗，海棠姑娘用生命捍卫了拥有神力的鹦鹉螺，凄美的爱情故事深深打动了观众，配以视听的强烈渲染，运用音乐、舞蹈、杂技以及尖端舞台技术，在纵深超过33米的舞台上，营造出绝妙的舞台胜境，让观众们直呼震撼。✉ 三亚市海棠湾海棠路万达海棠湾大剧院（1F） ☎ 88638888

●三亚骏达车技表演

三亚骏达车技表演由欧洲五国顶尖车手联手打造，是一场国际顶级，惊险刺激，挑战极限的超高品位汽车特技（汽车和摩托车）表演。表演的节目主要有极速飘移烧胎、零距离飘移入库、底盘朝天两胎侧行，山地车、沙滩车前轮悬空表演等。演出过程中还有神秘嘉宾推出动感、搞笑的演艺节目，观众互动体验。✉ 三亚市海榆西线凤凰派出所西侧（凤凰镇往天涯海角方向800米处）

●帆船

帆船即利用风力前进的船。帆船运动是依靠自然风力作用于帆上，由人驾驶船只行驶的一项水上运动。它融竞技、娱乐、观赏和探险为一体，备受人们的喜爱。在海南，每年都会举行各种世界级的帆船等水上运动赛事，吸引很多人参与。三亚全年都适合开展帆船运动，三亚半山半岛帆船港是海南岛上第一座世界级的帆船港。

亚龙湾帆船

●百乐国际潜水中心

百乐不仅提供了优质的休闲的水上运动活动及潜水课程培训、一流的环境和一流的教练队伍及高品质的服务，还汇聚了世界各地的美食美味。远海潜水以观赏最原生态的珊瑚为主，珊瑚保存完整，种类繁多，颜色鲜艳，在此区域潜水不但可以欣赏种类更加齐全的硬体及软体珊瑚外，还可以欣赏更多的热带观赏鱼。潜水摩托最新引进美国第三代深海潜水摩托，在海底自行驾驶，自由穿梭。可与珊瑚、鱼群近距离接触，享受海底驾驶乐趣，无须进行任何培训，老少皆宜。✉ 三亚市吉阳区大东海东海龙宫旁 ☎ 88675122

节日和重大活动

名称	地点	时间
南山新春庙会	三亚南山	农历大年三十到正月十五
“二月二”龙抬头节	三亚	农历二月初二
天涯海角国际婚庆节	天涯海角景区	12月
三月三	黎族、苗族村寨	农历三月初三

发现者旅行指南

海南西线

概览

亮点

福山咖啡文化风情镇

福山咖啡文化风情镇展示着福山咖啡的时代风采，在这里可以了解到咖啡的培育和发展历史，还有世界各国丰富多彩的咖啡文化。

临高角

临高角是海南岛突出于琼州海峡的一个岬角，与雷州半岛隔海相望，拥有临高百年灯塔、热血丰碑、观海亭等景点。它是中国唯一的一座已有100多年历史的灯塔。

东坡书院

东坡书院是为纪念北宋大文豪苏东坡而建，有着浓浓的书卷气，苏东坡曾由幼子苏过陪伴，在这里度过了3年的流放生活。

蓝洋温泉

蓝洋温泉是海南较大的温泉之一，有自然泉眼十几个，平均出口水温78.4℃，含有人体所需的微量元素，是理想的保健泉水。

霸王岭

霸王岭是热带野生动植物的宝库，林区内原始林木繁多，像见血封喉、陆筠松、海南黑冠长臂猿等，可尽情地饱览迷人的热带风光。

尖峰岭

尖峰岭是中国现存面积最大、保存最好的热带原始森林区，在尖峰岭的黑岭东边，有一个群山环抱的盆地，由于终日被云雾笼罩，翻卷飘荡，有“天池”之美称。

线路

乐东一日游

这是一条经典的三亚西北郊一日游，适合周末郊游。上午游览毛公山，感受人们对毛主席的敬重和热爱；下午游览尖峰岭，密林中曲径通幽，沟谷里清泉潺潺、滩险石怪、草异花奇、光影迷离。穿越原始森林公园，探寻神秘的原始森林动植物王国。

儋州经典两日游

儋州素有“诗乡歌海”之称。市境内有东坡书院、儋耳城遗址、白马涌泉和伏波将军庙、华南热带植物园、龙门激浪、蓝洋温泉等景点。第1天游览光村银滩和东坡书院以及蓝洋温泉度假区，踏海浪，捡贝壳，品书香，泡温泉。第2天游览云月湖度假区和石花水洞，看青山水上游，泛舟地下河，畅游神宫。

为何去

海南岛西线是海南西部区域，包括澄迈、临高、儋州、白沙、昌江、东方、乐东等市县。

海南尖峰岭

西部的旅游资源来自于大自然鬼斧神工的创造和馈赠的文化，千年古盐田、中和古城、东坡书院等古迹云集。尖峰岭荟萃了国内外各种珍稀的热带植物，莺歌海盐场、海滨风车群是近代和现代工业文明的标识。

黎、苗族同胞以特有的方式生活在这片土地上，至今他们还保留着包括文身在内的各种神秘习俗。在此可体验船形屋、黎族筒裙、竹筒饭、农历三月三等当地特有的民族文化与风情。

何时去

海南西线最好的旅游时间在冬季。西线一带的气候与海南别处的气候不同，这里比较干燥，是海南气温最高的地区，夏天气温可以达到40℃。

海边儿童

冬季由于受海洋寒流的影响较大，因此气温相对较低，较适宜旅游。并且这时的阳光比起夏季要柔和很多，是穿着夏装漫步沙滩、享受海景、海上娱乐的最好时节。

海南西线旅游示意图

景点推荐

澄迈旅游区

福山咖啡文化风情镇
世界咖啡文化聚集地

澄迈县澄迈咖啡文化风情镇中心区

从海口西站搭乘去澄迈的海汽大巴，约30分钟可到达 67609007

福山咖啡文化风情镇是澄迈建设最早的风情小镇，集咖啡文化、陶艺制作、旅游度假、5D电影等设施为一体，由一个中心区（福山咖啡文化风情广场）和九个具有巴西、意大利、牙买加等特色的世界品牌咖啡旅游文化风情村组成。融入世界著名咖啡地及咖啡文化发源地的旅游元素，让游客可以一站式地体验世界级咖啡美食和民俗风情。

玩家 攻略

福山咖啡馆是镇上最有名的一家咖啡馆，馆外种植有不同品种的咖啡树。馆内环境宜人，摆放着各种成品咖啡，以及自行泡制咖啡的工具，其制作的咖啡浓香醇厚。

镇上与福山咖啡馆齐名的是侯臣咖啡文化村，这里不但能够赏植物、品咖啡、尝小吃，诸如：万昌苦丁茶、无核荔枝、福山烤乳猪、瑞溪粽子、椰丝糯米粑等，而且文化村里还开辟了走地鸡果园、咖啡植物展示园等园区，让游客与大自然亲密接触。

玩家 解说

福山镇从1933年就开始种咖啡了，是海南最早种植咖啡的地方之一。以当地独特的火山红土再加上良好的气候条件，产出了高品质的咖啡豆。在镇子中有咖啡博物馆和文化馆，镇子东南面的咖啡种植园有约133公顷，中间围着一座面积约667公顷的福山水库，可以垂钓和泛舟游览。

链接

海南咖啡的来历

在1933年爱国华侨陈显彰来到海南并对海南的13个市、县进行了自然环境的全面考察，最后认定福山为种植咖啡的理想地。一年后陈显彰从印度尼西亚的泗水，几经风险，克服重重困难，终于带回约200公斤罗伯斯塔咖啡种子，在福山镇种植成功，随后建起咖啡农场。

永庆寺

古"澄迈八景"之一

澄迈县老城开发区盈滨半岛　乘坐游6路公交到永庆寺下　50元

永庆寺依海而立，景色怡人，是现今琼北地区规模最大的佛教寺院。寺院是按宋代"伽蓝七堂"的形制布局，包括山门、天王殿、大雄宝殿、观音殿、文殊殿、藏经阁等建筑。大雄宝殿是其主要建筑，殿内及各殿供奉的佛像均采用整块缅甸白玉精雕细琢而成，世间罕见，被上海大世界吉尼斯总部评为"供奉缅甸白玉佛像最多的寺院"。大雄宝殿四周建有观音殿、文殊殿、禅堂等建筑，整个寺院显得肃穆清静。

澄迈美榔姐妹塔

中华古塔中的珍品

澄迈县美亭乡美榔村东南面　67626949

美榔姐妹塔，又名双塔，系元代古塔。该塔整体造型协调美观，互有变化，数十尊石刻浮雕刻工精巧细致，形象栩栩如生，反映了宋末元初的社会世俗生活，堪称琼州石塔的艺术珍品。尤其是双塔的建筑材料系采用琼北火山地区的玄武岩，建筑工艺系采用榫眼凹凸相接，条石干摆不黏合的独特方式。美榔双塔四周长着茂林翠竹，溪涧叮咚，环境清幽怡静，游人身临其境地，犹如步入一方净土，大有回归大自然之感觉。

玩家 解说

据《正德琼台志》载，元代人陈道叙有二女，长女出嫁，次女出家为尼。他为了纪念二女而建此塔。

农垦万嘉果农庄

热带高效农业的典范

澄迈县福山镇红光农场

农垦万嘉果农庄是全国农业旅游示范区，其生产的热带水果系列产品在北京等全国大、中城市，具有较高的知名度。为了加快万嘉果的发展，使之成为带动海南农垦乃至整个海南农业发展的龙头企业，从2005年开始，万嘉果又在东线高速公路旁的南海农场，开办了第3个生产基地。

济公山旅游度假区

有济公天然石像

澄迈县南部的红岗农场境内

15元　67629759

济公石像于1993年8月在离南部1千米处被发现后批准立项开发了"济公山风景区"。风景区25平方千米，目前已发现各类景

美榔姐妹塔

点50多个。景区山石奇特、组合巧妙，植被葱绿、浓淡相间，充满了浓郁的神奇色彩。其中传奇人物济公天然石像，堪称一绝。

济公山下有一小湖，名叫南湖，湖滨蜿蜒曲折，四周布满林带，湖水清澈透明。湖面岛屿众多，岛上树木葱翠，林间鸟语啁啾。离济公山不远处有温泉，水温在50℃上下，泉水含有对人体有保健作用的矿物质，是温泉浴的好去处。

玩家 解说

游览济公山，先是观赏它那天生地造的奇岩怪石。沿小道穿过山脚茂密的树林，从石板小径攀登上山。山上有块约6米高的巨石，观看巨石的模样，那歪歪破破的毡帽，高高的鼻梁，笑眯眯的眼睛，滑稽的嘴巴，颠荡的身态等，完全同游客心中济公形象一模一样。

加笼坪热带季雨林

原始热带雨林区

澄迈县西南端

加笼坪热带季雨林旅游区总面积约2187公顷，该区拥有胭脂、坡垒、青梅、榴果等珍稀树种及水鹿、猴子、藤狸、穿山甲、蟒蛇、原鸡、山鹩鸪、金钱龟等珍稀野生动物。

加笼坪热带季雨林

旅游区林海莽莽，还有山间瀑布，林间小溪，奇峰怪石，山顶天塘，加之鸟鸣兽跃，落英缤纷，构成一幅完美的生态图。这里还是当年琼崖纵队革命根据地——美合的原址。加笼坪热带季雨林旅游区不仅有优越的生态旅游价值和革命史教育意义，还是休闲度假的最佳去处。

澄迈鹭鸟天堂

鹭鸟的栖息繁殖地

澄迈县永发镇昌文村

澄迈鹭鸟天堂位于海域中线永发镇昌文村口，该区草木参天，郁郁葱葱，适合各种鸟类聚居，主要鸟类有白鹭、夜鹭、灰鹭等。每年4~6月为鸟群聚居的高峰期，约有上万只鹭鸟在这里栖息繁殖，鸟儿成群结队在树木上空翱翔，千姿百态，十分壮观，令路人驻足，观者自醉。

红坎岭陶艺园

制作陶艺品的休闲乐园

澄迈县桥头镇红坎岭

红坎岭陶艺园位于澄迈县桥头镇红坎岭，占地面积约33公顷，该园以制作陶艺品为主，特色陶艺建筑与湖光山色为一体，环境优雅，是休闲度假的最佳场所。陶艺文化园邀请国内一流水平的陶艺大师现场创作。近千平方米的茅屋，里面安放着各种规格和造型的未烧制的陶艺品；茅屋外的树荫下，则是各式各样的成品，它们质朴而不失高雅，浑然天成而又充满着大自然的灵气，让人由衷赞叹。

玩家 解说

红坎岭陶艺文化园常有不少人慕名前来，有的是陶艺爱好者，有的来此只想玩玩泥巴，体验一下童年时代的乐趣。游客在园内不仅能感

红坎岭陶艺馆

受福安古窑当年窑工们精心练泥、制坯、晒坯、烧窑等陶器制作和烧制的流程，还可以亲自学着制作各种简单的陶艺。作坊外的蔽日树荫下，游客还可以边喝茶边欣赏着各式各样的陶艺成品，享受世外"陶园"的悠闲和宁静。

澄迈金寺

寺内雕像神色各异

澄迈县城金江镇

金寺坐北朝南，呈"口"字状，占地3.5公顷。澄迈金寺"头枕"地坡山，"脸向"长升莲花池，拾级而上，步步高升。此寺由澄迈县名贤商贾集巨资于1992年初春兴建，1993年仲夏建成，是海南省目前较大的佛教建筑物。澄迈金寺以其风姿绮丽深深吸引着游人，更以神形各异的雕像迷醉着游客。

寺院小径绿草如茵浓荫融融，寺院禅房蓝檐绿瓦、古色古香，寺院鼓楼红柱紫栏、色彩斑斓，寺院亭阁瓷桌华椅、光泽照人。加上伴随微风吹拂而动的樟楠，伴着骄阳艳照而泛绿的海棠，漫步其间，体味寺院的诗情画意、恬静闲逸。

九乐宫温泉度假山庄

温泉休闲度假村

澄迈县西南部西达农场境内

九乐宫温泉度假山庄位于九乐山北侧。该温泉日喷水量5460立方米，水温57.1℃，含氟量高，有良好的医疗保健功效，被当地群众誉为"洁身龙水"。九乐宫温泉度假山庄以温泉热带风光为特点，以旅游度假、康复保健、疗养为核心，由公共服务中心、旅游度假区、综合旅游区、热带果园区、景观保育区五大部分组成，是理想的健身、休闲、旅游度假胜地。

九乐宫温泉

景点推荐

临高旅游区

临高角

琼州海峡的突出石角

临高县临城镇昌拱村

海口到临高县有直达快车，再换乘到昌洪的四轮车，然后包三轮车或沿沙土路步行20分钟可达

10元

临高角是海南岛突出于琼州海峡的一个岬角，与雷州半岛隔海相望，拥有临高百年灯塔、热血丰碑、观海亭等景点。其中临高百年灯塔是船舶进出琼州海峡两口的重要助航标志，被国际航标协会列入“世界一百座历史文物灯塔”之一。灯塔为铸铁圆筒体结构，塔顶设有灯器，周围砌有围墙，是中国唯一的一座已有100多年历史的灯塔。

玩家 攻略

除了海滩和解放军雕像，临高角公园的风景非常漂亮，还可以走一下战壕和迷宫。景区野营度假村已开业接待中外宾客。白日游泳，夜晚游乐，各项设施皆备。椰林中，还有颇具风情的吊脚木屋。

玩家 解说

临高角岸上有千米海滩，海水澄澈，白沙洁柔，椰林洒绿，阳光充足，是海南西海岸的优良天然泳场之一。沙滩东西两侧，西边叫“大鹏湾”，风平浪静；东边波涛滚滚，秋风吹处，涛声不绝，人称“南海秋涛”。这里有百年前建造的古灯塔，是著名的国际航标。1950年4月17日，中国人民解放军为解放海南利用木帆船横渡琼州海峡，首先在这里登陆。

链接

临高角的美丽传说

相传很久以前，临高角下居住着一位美丽的仙女，她与雷州半岛灯楼角下的一位英俊的青年深深相爱。他俩下决心要筑一条堤堰，把灯楼角与临高角连接起来。他俩的诚心感动了海龟和海鸟，它们帮忙垒起礁石堤堰，快要合口了，被巡海的夜叉看见了，竟呼风唤雨，把堤堰冲垮，仙女和那青年殉情大海。男人变成灯楼角，女人变成临高角，岁岁年年长相望。

临高角解放公园

临高角解放公园于2007年4月建成，占地约17公顷，分成解放海南热血丰碑瞻仰区、解放海南陈列馆和纪念馆区、解放海南广场、观海亭、会议中心、休闲度假中心等六大区域。公园建有滨海文化长廊，扩建活动绿地广场，重建陈列馆和纪念馆，配备多媒体影视机，再现当年中国人民解放军千帆竞发渡海作战解放海南的情景，兴建观海亭、多功能会议大楼和休闲度假宾馆，配套海上娱乐设施，开设滨海旅游项目。

临高角滨海游览区

临高角滨海游览区规划开发面积20平方千米，海角三面环海，岬角直伸大海，古有“仙人指路”之说，岬角东侧海底平展，海水碧澄见底，沙滩洁白柔软，是个良好的天然滨海浴场，素有“南海秋涛”之称。

百仞滩

奇石众多、涛声洪大的海滩

临高县城东北约4千米，地处文澜江下游

百仞滩古为临高八景之一，地处文澜江下游，滩中多奇岩乱石，千姿百态，远望像人头聚簇，在明朝，就被赞誉为“百人头滩”。

昔时滔滔的文澜河水，自南往北流经此滩，由于河床弯曲，水流湍急，遇到岩石的阻拦，形成急泻而下的百仞瀑布，其浪花泛白，涛声洪大，远在十里外的临高县城都可以听到轰轰作响的滩声，这是闻名的“百仞滩声”的由来。历代文人墨客常结伴而行来到此地，吟诗作对，留下不少脍炙人口的诗句。

高山岭

岭上有神石、神湖、怪石

临高县临城镇西北4千米处

高山岭古称毗耶山，因山上有毗耶神庙而得名。岩石多姿，林木苍翠，野花烂漫，一年四季生机盎然。岭中有永不干涸的千镜湖、嗡昂湖和斑鸠池，这三处不大的水面，水平如镜，在阳光下闪亮，犹如镶嵌在高山岭上的三块碧玉，使得山岭景观灵动、更加多姿。

岭上有先汉时印度婆罗门教的毗耶大师来此刻立的“毗哪梵文石碑”、汉代清州人王氏迁居此山而出现的“毗耶灵石”和1314年修建的高山神庙等古迹。

高山岭

茉莉轩

植有茉莉花的古代学馆

临高县临城镇西北4千米处，临高师范学校内

茉莉轩原为宋代临高县令谢渥所建的学馆。谢渥在庭院内种了许多茉莉花，谢渥信仰佛教，取名茉莉，既意为崇佛，又体现地方风尚，故名“茉莉轩”。宋绍兴十八年（1148年），宰相胡铨被贬到海南来，他经过临高时，谢渥迎接他到茉莉轩中住了一段时间。胡铨在此写下了一首《题茉莉轩》的诗，从此茉莉轩名声越来越大。

玩家 解说

据临高县志记载，当时临高县博顿村有个叫戴定实的人曾得到胡铨的指点，因而发奋读书，后来考中举人并在吏部任职。历来人们都把茉莉轩看作是中原文化在临高传播的一个中心。现在是临高师范学校校址。

临高文庙

海南省现存规模最大、历史最久的大型古建筑群

临高县文澜江畔

临高文庙原叫儒学，明清时与孔庙合二为一，历称学官，亦称孔庙、圣殿。临高文庙主体建筑由大成殿、大东门、东庑、西庑、名宦祠、乡贤祠等组成。大成门前原有棂星门、泮池、金水桥、东斋、西斋等，是临高县著名的旅游胜地。

玩家 解说

临高文庙由创建到民国时期，一直是发展教育、培养人才、振兴临高文化的最高学府，培养出众多才子贤能。民国中期，新学勃兴，文庙改为临高乡村简易师范，也就是现在临高中学和临高师范之前身。

文庙是临高人民祀祭孔夫子及儒学先贤的公共庙宇。每逢祭孔之日，临高万人空巷，人们争相前往祭拜夫子，体现了临高人崇尚儒学、尊敬先贤的美德。

临高风光

景点推荐

儋州旅游区

东坡书院

缅怀苏东坡先生所建

儋州市中和镇

乘去往中和镇方向的中巴即到

25元　8:30～17:30

东坡书院占地2500平方米，始建于北宋绍圣五年（1098年），明嘉靖二十八年（1549年）更为现名。书院作为海南重要人文古迹之一，主要是为了纪念北宋大文豪苏东坡而建，古为儋州府所在地，现为全国重点文物保护单位。该书院建筑风格古朴、庄严，大门看起来轩昂宏阔，院里林木茂盛、鲜花争妍，建筑古色古香。这里是游客缅怀文化名人苏东坡以及欣赏建筑艺术的好去处。

玩家解说

院内古木参天，亭、堂、池、院俱全。长方形的载酒堂曾是苏东坡讲学、会友的地方，也是书院的主体建筑，堂中两侧有历代名人的诗文碑刻，其中最为珍贵的一块是元代为重建书院所刻的《东坡先生祠记》碑刻。载酒堂后面是大殿，大殿里和两侧房间还陈列着苏东坡的许多书稿墨迹以及他在海南的文物史料。

在东坡书院两侧各有一座小跨院，分别叫作东园、西园。西园为花圃，在花海中矗立着苏东坡铜像。东园里有一口钦帅泉，为明万历年间所挖，井水清凉甘洌。

链接

东坡书院的“狗仔花”

东坡书院里有一种很特别的“狗仔花”，它花蕊的形状就如同五条小狗团团围坐，非常形象。关于此花，民间流传着一个很有意思的故事。相传王安石曾

就狗仔花写过两句诗，“明月当空叫，五犬卧花心”。苏东坡看见了，认为写得不符合现实，便给改成“明月当空照，五犬卧花阴”。王安石知道了此事，就嘲笑苏东坡见闻不广。后来苏东坡被贬到儋州，亲眼看到了狗仔花和明月鸟，才恍然大悟，自己当年原来是错改了王安石的诗。

蓝洋温泉

海南水量最大、水质最好、水温最高的热矿水

儋州市蓝洋农场

乘坐去往蓝洋镇的中巴即到

40元

蓝洋温泉位于蓝洋镇峡谷处，是海南省西部的温泉旅游胜地。该温泉带长6千米，有大小自然泉眼10多个，最高温度达97.3℃。此外，公园内还有一冷一热2个泉眼，它们相隔仅1米，但是冷热分明，堪称“天下奇泉”。

玩家解说

蓝洋温泉经专家验证后，被确定为“氡达到医疗热矿水浓度的氟、硅医疗热矿水”。该热矿水含有很多种对人体健康有益的微量元素，比如锌、锶、溴等，因而医疗价值很高，特别对风湿性、心血管类、神经衰弱类等疾病有辅助疗效。

千年古盐田

堪称最早采用日晒的制盐场

儋州市洋浦半岛盐田村　在儋州市乘坐去往洋浦经济开发区的中巴即到　免费

千年古盐田至今仍传承着原始民间的制盐工序，现为当地的一大旅游景点。这里距离著名的洋浦港很近，目前有各种砚式石盐槽密布海滩1000多个，还有30多户盐工每天都在此从事着古老的劳作方式。这里四周景色很美，仙人掌、野菠萝随处可见，再加上停泊于港口的各国货轮，在村边古榕下纳凉的老人，在池塘中嬉闹的孩童，使得一切看起来都是那么平静、悠闲、从容，像一处美丽的世外桃源。

玩家解说

儋州千年古盐田因其保留了最古老的晒盐工艺，已被列入国家级非物质文化遗产名录。这里的盐工们根据海南岛高温烈日的特点，改变过

去"煮海为盐"的方法，用经过太阳晒干的海滩泥沙浇上海水过滤，制成含高盐分的卤水，再将卤水倒在石槽内，经暴晒制作成盐巴。

盐田村里的人都姓谭，盐田不传外姓人，据说这是祖宗立下的规矩。外姓人可以租，但不能买。并且产的盐只能在本地销售，因为没加碘，外地盐务局不批准上市场销售。此地所产的盐巴白如雪，细如棉，纯净天然，不带杂质，用舌头舔舔，咸味纯正适中。

热作两院植物园

物种资源基因库

儋州市那大镇西郊

在海口汽车东站乘到那大镇的大巴，再在那大镇坐三轮车到达景点　36元　23300195

热作两院植物园占地约40公顷，始建于1957年，隶属农业部中国热带农业科学院。植物园是一座物种资源基因库，以独特而丰富的热带植物名扬天下，拥有多种热带经济作物、林木、园艺植物和野生植物资源、珍稀物种及国内外名贵热带植物。这里依山傍水、风景秀丽，园林景观十分优美，气候条件十分优越，并且融科研、科普、观光、植物资源保护等多种功能为一体，像一颗璀璨的风景明珠，是发展观光农业及生态旅游的胜地。

玩家 解说

热带果树区：有热带"果王"杧果；"果后"榴莲及世界著名的"四大坚果"之一的腰果；还有酷似人心而得名的人心果；果皮长满肉质小刺的红毛丹；肉质的颜色和口感与煮熟的鸡蛋黄十分相似的蛋黄果。

热带珍贵树木区：热作两院植物园不仅有世界各地远道而来的"名木"：红木、桃花心木、柚木、檀香木、紫檀木，还有海南土生土长的国家保护濒危植物青梅、坡垒，甚至还有比重比水还大、坚硬无比的铁力木等。

热带香料植物区：著名的香料植物有"花中之王"依兰香、食品香料之王"香兰草"，"三大膏香"之一的吐鲁香及丁香、肉桂、香茅草。

热带油料区：许多著名的油料植物也来安家落户。如油棕、油山竹、油茶、马府油。药用的植物更是种类繁多。有世界著名的抗癌植物海南粗榧、美登木，也有众所周知的胖大海、印度马钱子、沉香等。

热作两院植物园

石花水洞地质公园

山灵，水秀，石奇，洞幽

儋州市雅星镇英岛山下

乘坐去往雅星镇方向的中巴可前往

55元　8:00～17:30

石花水洞地质公园是一个综合性园林景观，也是目前中国成功开发的纬度最低的天然溶洞景区。它由洞内景区、石林景区、热带果园观光景区组成，三大景区各具特色、相辅相成。石花水洞景区是地质公园的一部分，处于地质公园的核心保护区内，石花水洞是景区的地下部分，有南国奇洞之称。石花水洞有三大镇洞之宝：文石花、卷曲石、方解石。里面有大象戏水、猪八戒背媳妇等水滴成的罕见石块。

玩家 攻略

石花水洞蜿蜒曲折，宽处达10来米，窄处也有二三米，游人可乘船游览水洞。石花水洞总长约5千米，目前仅开放了900米长的游览线路，游览全程大约一个小时。

玩家 解说

洞内景区由旱洞和水洞两部分组成，旱洞洞内有石钟乳、石瀑布、卷曲石、文石花、单晶方解石花等极具观赏和科学价值的地质景观和遗迹，尤以卷曲石最具特色。它位于旱洞中部的顶部，是一种白玉色棒状、卷曲状或豆芽状的方解石结晶体，色泽柔和。洞内石壁上还布满一种奇特的石花，这些石花形似珊瑚，在灯光的照射下熠熠生辉。文石花、单晶方解石花及其组合堪称珍品和世界一绝。

水洞内造型奇特，有一巨大钟乳连接洞顶和洞底，犹如海龙王的“定海神针”，地下河内还惊现极为珍贵的娃娃鱼。水洞可轻舟漫游，宛如遨游龙宫，美不胜收。

白马井古迹

白马刨泉的传说

儋州市白马井镇

乘坐去往白马井镇方向的中巴可到

¥ 12元　8:00~18:00

白马井古迹主要景观有“白马涌泉”、伏波将军庙等，是海南一处旅游胜地。据传说，汉代马伏波将军南征时，他的白马曾用蹄刨沙涌出了一眼清泉，后来被人们称作“白马涌泉”，并建造了伏波将军庙纪念这位英雄。当然，也有人比如苏东坡、郭沫若等人就怀疑伏波将军到底是马伏波还是路伏波，至今也尚无权威论定。此外，白马井古迹附近还有很多景点，像东坡书院、观音洞、桄榔庵、蓝洋温泉、鹭鸶天堂、松涛水库、千年古盐田等。

松涛天湖

全国十大水库之一

儋州市区松涛天湖旅游风景区

乘坐省汽大巴到儋州下车后乘坐巴士前往景区

¥ 141元　23711119

松涛天湖风景区是中国最大的土坝工程之一，享有“宝岛明珠”的美誉。景区旅游生态资源得天独厚，松涛天湖中小岛众多，四周群山环抱，遍布莽莽苍苍的原始森林。湖区平日里烟波浩渺，波光粼粼；激怒时，巨浪翻涌，飞溅岸礁。

这里最受游客欢迎的是乘船览库区风光，辽阔的水域如同大海般，泛舟碧波上，只见群山逶迤，白帆点点，渔歌满江，景色变幻无穷。每当夕阳西下，霞光掩映着殷红的水面，衬托着起伏的山峦和婆娑的椰林，山清水秀，壮美绚丽，如船行画中般。

白鹭天堂

白鹭成群结队在此繁衍

儋州市洛基镇屋基村

在离儋州市城北10千米的屋基村到处是茂林修竹，栖息着上万只白鹭，人们把这里称为“白鹭天堂”。村里有三棵四层楼高的大榕树，树冠宽阔婆娑，是白鹭们宽敞的家园。白鹭栖息于屋基村已有20年的历史。每年临近清明，白鹭成群结队飞来，到12月霜降前后分批离开，在此生活八九个月之久。

玩家 攻略

每当黄昏降临，白鹭们排着人字队形飞回村中，景象十分壮观。为便于观鸟，“白鹭天堂”——屋基村现已修建了高达六层的观鸟楼，形成了特色旅游项目。

链接

鹭鸶鸟

鹭鸶——是鹭科的鸟类，为大、中型涉禽，主要活动于湿地及林地附近，它们是湿地生态系统中的重要指示物种。全世界共有17属62种，中国有9属20种。这是一群很古老的鸟类，大约在5500万年前就已在地球上活动。它们具有长嘴、长颈、长脚的外形，羽色有白色、褐色、灰蓝色等，有些鹭科鸟类羽色有冬羽、夏羽分别，或是繁殖期会在头、胸、背等部位出现丝状饰羽，繁殖期过后逐渐消失。

白鹭天堂

观音洞

殿内供奉观音塑像和十八罗汉

儋州市莲花峰

观音洞是位于莲花峰上的一个石灰石大溶洞，古传是观音菩萨曾经在此而得名。洞深、广各40米，高约100米，为雁荡山第一大洞。观音洞口共有3处，厅内壁岩面沟纹纵横，图案奇特。洞内有处温泉小眼常年滴水，洞顶有幽洞通天，阳光由此射入，洞天相通，奇妙异常。洞中尚有“洗心”“漱玉”“一缕”三泉。从洞门口拾级而上，要走377级石阶，方可到达最高层的大殿。溶洞规模宏大，景区古木葱郁，四季山花灿漫，景色神奇。

中和古镇

“诗对之乡”

儋州市中和镇

中和古镇古时是儋州的州治所在地，苏东坡曾在此谪居3年，因其对本地文化的影响，几百年来这里的人们都喜爱吟诗作对。

镇里主要的看点是参观古迹。除了著名的东坡书院外，还有桄榔庵、东坡井、魁星塔等。另有宋代建筑的古城至今尚保存有西、北两个城门，可见当时的宏伟规模。此外，逛逛中和镇的主要街道（约30分钟可逛个来回），也可感受古朴气息。

桄榔庵

苏轼旧居

儋州市中和镇的南郊

乘当地的中巴至景点

桄榔庵是北宋大文豪苏东坡谪居儋州时同其子苏过住了3年的旧居。茅屋建于桄榔林中，东坡就命名为“桄榔庵”。苏东坡父子抵儋之初，为州官张中所敬重，住官房，吃官粮。第二年，即宋绍圣五年四月，

中和古镇

湖南提举董必赴广西察访，得知东坡居儋州官舍，便派人将东坡父子逐出。东坡父子无室可居，便在城南桄榔林买地建屋，当地群众都前来帮助，仅一个月时间，就把房子建好了。同年，苏东坡帮助乡亲们打了一口水井，泉足水甜，乡亲们将它命名为“东坡井”。数百年来，井水从未枯竭。此后，历代对其多次修葺扩建。现陈列有关苏东坡的历史文物，以再现其父子居儋实状，寄托海南人民对苏东坡永久的缅怀和纪念。

魁星塔

是海南省保存完好的古塔之一

儋州市中和镇的南郊　乘海口至儋州的省直快车，再乘当地的中巴至目的地

魁星塔矗立于古色古香的儋州中和镇内，是清代晚期建造的小型石塔，平面作不等边八角形，外表7层，竖立在方形的石座上，塔身内部空心，每层平出短檐，首层拱门狭小不能进入，窗作金钱形，塔刹作仰蓬承托圆珠，宝顶石榴形。此塔造型别致，手法洗练，保存完好。

云月湖

将“城、湖、山、园”连为一体的度假村

儋州市海榆西线142千米（那大镇往西两千米处）

乘海口至那大的省汽快车，那大有到云月湖的专线中巴

8:00～18:00

云月湖景区湖面水域205平方千米，境内拥有大小湖湾30多个。湖水四周青山环绕、林木叠翠、山川逶迤，青山漂浮于湖面。人游湖中构成了一幅楼在湖中、人在绿中、情在其中的山水画卷。

目前，云月湖兴建了旅游度假别墅新村及各种娱乐设施，远远望去，辽阔的湖面与大片碧绿的草坪连成一体，石桥从水面跨过，白鹭在空中游戏，群山环抱中，牧歌般的情调、田园式的风韵扑面而来，将人们旅途

的疲倦顿时驱散一空；几十座洛可可式的别墅，沿湖而建，将湖光山色点缀得更加迷离，还有一群古雅别致的小木屋，静卧于丛林深处，白石小径把它们串联起来，如同卡通片中描绘的仙境。

另外，度假村培育种植了1000多种植物，开辟了三个小岛作为热带果园观光区和经济作物种植区。

玩家 攻略

度假村四周游玩的方式不少，可在草地上打牌，可在林荫边下棋；在高尔夫球场，可在教练的示范下挥棒上阵；亦可借度假之便前往不远处"两院"里面，那享誉海内外的热带植物园开开眼界；夜幕降临后，度假村的俱乐部成为大家交友、联谊的好去处，畅饮与神侃、嚎叫或狂欢；可以叫上一二个或三五个认识或不认识的朋友，到云月湖岸边去，享受一份宁静中交流的快慰。

龙门激浪

海浪击石，鸣声如鼓

儋州市峨蔓镇海滨龙门山

龙门激浪位于火山海岸区域内的龙门山，龙门山是座屹立于海岸的岩石山，山之东有一瓮门，素称"南天第一门"，中空通风，岩石呈拱形，北风掀浪，撞于石门，鸣声如鼓，回响5000余米，故得名"龙门激浪"。其周边绵亘4千米的海岸，沙滩洁净，色彩斑斓，岸上巨石千姿百态，站在岩石观涛，心旷神怡。

玩家 解说

龙门激浪于明代得名，一向受游人称奇。相传很早以前，这里有一犁头石，长年随波冲击，铲去海坎之石，故龙门有壁立之形。其壁中有一洞上通那细岭，可容数百人行走。据《儋县志》记载，明代黎族首领符南蛇组织黎汉灾民起义失利后，起义军余部曾守于此，"忽山忽海"，神出鬼没，同官兵周旋十多个春秋。

光村银滩

美丽的滨海风光

儋州市光村镇，濒临北部湾

光村银滩度假村沿海沙滩平坦宽广，沙滩长达8千米，最宽处1.7千米，最窄处亦有300米；沙质洁白细腻柔软，海水湛蓝清澈，四周树影婆娑，绵延十几千米。清新的空气、充裕的阳光、幽静的环境和舒展绵延的海岸线，构成了秀丽的滨海风光，加上距洋浦千年古盐场、龙门激浪、松涛水库、蓝洋温泉等旅游景点较近，形成了一个完整的山海湖旅游体系。

海南海上国家森林公园

中国首个海上国家森林公园

儋州市光村镇新盈农场

海南海上国家森林公园占地面积逾526公顷，是以沿海红树林保护、科学研究和开发旅游项目为主的国家森林公园。

云月湖度假村

海上国家森林公园内红树林种类繁多，有林榄、海莲、角果木、白骨壤、秋茄、桐花等15科32种以上，各科树种盘根错节相互依存，依岸生长，延绵几十里，既是科学研究的天然宝库，又能抵御台风和海啸侵袭。

磷枪石岛自然保护区

珊瑚礁自然保护区

儋州市磷枪石岛及其周围海域

海南磷枪石岛珊瑚礁地方级自然保护区位于海南岛西北部，包括磷枪石岛（又名大铲礁）及其周围海域，面积131公顷，主要保护对象为磷枪石岛及周边近海珊瑚礁及其生态环境。

磷枪石岛本身是由珊瑚、贝壳沙砾及各类珊瑚、贝壳、海滩崖、次生珊瑚礁砾组成的珊瑚岛，属珊瑚礁分布区的北缘，是研究北部湾珊瑚礁和南海珊瑚礁区域分布和珊瑚礁发育史及其生物构成与变迁的重要基地。

军屯热带花果园

乡土古朴、风情浓郁

儋州市城区那大镇

园内设观光园、百花园、百鸟园、热带野生动物园、人工湖游览区、商务中心、度假别墅区及乡村风情屋等30处余景点。现儋州市政府计划投资2亿元把军屯花果园、两院热带植物园连成一片，建成儋州热带万亩花果园，一个融奇花异树、鸟语花香、山水花果为一体的大型旅游娱乐项目。

儋州攻略资讯

● 儋州交通

汽车：儋州汽车站，又叫儋州那大汽车总站，位于儋州市那大城区中兴大道上，距离中兴大道与解放路的十字路口非常近，交通便捷。该站有发往海口、三亚及周边市县的班车。

公交：儋州目前开通了近20条公交线路，前往市区的大街小巷，票价1~2元。

出租车：起步价5元2千米，超过起步价里程后每千米1.5元。

● 儋州美食

洛基粽子：用芭蕉叶包成方锥形，里面糯米中有咸蛋黄、叉烧、腊肉、红烧鸡翅、咸鱼肉等，味道鲜美。

光村沙虫：沙虫是一种海洋软体动物，貌似蚯蚓，可清蒸、鲜炒，也可下汤。味道鲜美，肉质爽脆。

王五狗肉：在儋州王五狗肉早已闻名琼岛，许多外地宾客到儋州来必吃上一回狗肉，方为不虚此行。

松涛鳙鱼：鳙鱼头大身小、肉质细嫩，其中“鳙鱼火锅”配上酸菜、酸笋等佐料，更是让您百吃不厌、流连忘返。

长坡米烂：米烂又叫米烂仔，其制作方法复杂而细致，食用时把米烂盛入碗中加上蒜头油菜、牛肉干丝、花生粉、猪腩等调料配制，用筷子拌匀，既香甜可口，还有醒酒的功能。

● 儋州住宿

名称	地址	电话
蓝洋温泉度假村	蓝洋农场	23354078
蓝洋海港度假村	蓝洋农场	23355666
云月湖假日酒店	海榆西线142千米处	23330888
邮电宾馆	那大镇中兴大道	23330638
凯立大酒店	那大镇解放北路69号	23325707
中旅宾馆	那大镇人民中路173号	23325888
荣兴大酒店	那大镇中兴大道	23331026

儋州风光

景点推荐 白沙旅游区

红坎瀑布

飞瀑和石洞引人入胜

白沙黎族自治县元门乡东南部

乘坐前往白沙县城的巴士，然后在县城乘坐当地汽车前往 ¥18元 8：00~18：00

红坎瀑布总落差145米，源于海拔1101米的红坎岭，两岸峰峦矗立，熔岩密布，附近有元门洞，凌空天河倾泻，宛如银色巨龙从天而降。透过青枝藤蔓临近仰望，瀑流顺陡山而生，沿断崖而长，犹如淑女头上轻柔的秀发披散落地，几分潇洒，几分飘逸，瀑布又好似银蛇狂舞，冲击叠岩景象万千。

白沙陨石坑

我国发现的第一个陨石坑

白沙黎族自治县牙叉镇白沙农场内，东郊6千米

白沙陨石坑是一个直径约3.7千米的简单陨击坑，其坑唇墙的形态皆完好。陨石坑周缘环形山脊连续较好，仅在西南缘受两条溪河冲刷而出现豁口。

置身于陨石坑内，举目四望，但见郁郁葱葱，低缓山坡上，茶树密布，排列成行，绿意盎然。难以想象70万年前这里发生过陨石自天而降，冲击大地，造成岩石碎裂熔化、岩浆溅射四周的惊天动地景象。

玩家解说

科学家在坑内找到了陨石碎块，在其中发现只存在于陨石中的标型矿物，陨石类型为无球粒陨石，呈浑圆扁球状，重达3.75公斤，质地坚硬，是国内目前仅有的发现。白沙陨石坑是目前我国能认定的唯一较年轻的陨石坑，也是全世界十几个伴有陨石碎块的陨石坑之一。

南美岭

“宝岛绿洲”的翡翠明珠

白沙黎族自治县牙叉往西南方向约8千米处

从白沙黎族自治县的县城牙叉往西南方向大约8千米，将拐入一扇拱形大门，门

的两墩端庄地写着“绿化南美岭，保护南渡江”两行鲜红的大字。从这扇门一直进去，便是南美岭林区了。再绕过了一个山头后，大约两千米，便到了海拔738米高的一座山顶。

登上了6米高的瞭望台。定了神，瞭望四周，一片片加勒比松随风泛起的绿浪涌现在眼前。从近至远，那碧绿、翠绿、墨绿不同层次地映入眼里，那一片片绿呀，在阳光透过白云的映射下，斑斓夺目。

九架岭风景区

水墨淋漓的山水美景

白沙黎族自治县境内

从县城出发，经牙叉中路，301省道向打安镇方向行驶经过九架村便可到达

九架岭，一条把白沙分割东南两边的分界岭，左右望去，东南边千山万壑的五指山区莽莽峰峦，西北部的平原与碧顷无垠的橡胶，浩浩荡荡，着实有着另样的美丽。

九架岭木棉漫山遍野，尤其是在每年的3月，木棉花绽放，如铺天盖地的红云，真是“漫天锦绣连云开”。在晨梦之时就登上山顶，遍野的如火如荼的木棉花红在云雾之中披上妩媚柔纱，欲放还羞，煞是动人。引得人们纷纷赶早前来欣赏这一绝色美景。

邦溪坡鹿自然保护区

海南坡鹿的原生地

白沙黎族自治县境内邦溪镇

邦溪坡鹿自然保护区建立于1976年10月，面积357.8公顷，海拔127~170米之间。距县城牙叉镇约53千米，距海南西线高速公路约2千米。保护区东起浪那岭经供购岭、斗埋岭，折西经高岭、邦溪农场十队路转向南经望眉岭、什保曼，向北经珠碧江大湾与起点闭合。

邦溪坡鹿自然保护区为省级自然保护区，主要保护对象是海南坡鹿及其生态环境。保护区内主要动物有海南坡鹿、海南兔、蟒、穿山甲、原鸡、海南山鹧鸪等。

江排游览区

诗情画意的“天蓝水绿图”

白沙黎族自治县　由县城出发，沿牙叉东路往松涛水库方向直行，行车3千米途经牙港村后可到牙港渡口，乘船前往江排水域即可

江排水域为松涛水库上游，位于白沙县境内，这里青山屹立，清水环绕，水面透彻，流光溢彩，山体俏秀，林木葱翠。

在渡口询问船家，花很少的价钱便可以乘小船湖中闲游，清新空气扑面而来，倍感心旷神怡。望远处，四周山色如黛，似一幅点墨错落有致的“天蓝水绿图”，两岸青竹沿着十里水路修行，水中鱼儿突跃水面溅起水花，天空中鸟雀展翅翱翔，实有诗情画意之景。

海南坡鹿

景点推荐

昌江旅游区

霸王岭

海南热带雨林的典型代表

🅐 昌江黎族自治县东南白沙、乐东两县交界处

🚌 乘海口—石碌的长途汽车，到石碌再乘三轮车到景点 ¥ 50元

霸王岭国家森林公园位于昌江县东南部，山岳横跨东方、昌江和白沙，是热带野生动植物的宝库，也是中国热带生物资源最丰富的地区之一。公园内山岳连绵，林海浩渺，古木参天，景观奇特，处处充满着神奇的色彩。

玩家 解说

公园内铺设有钱道、霸道、情道3条旅游观光木栈道。透过这3条木栈道，游人可以轻松地、尽情地饱览霸王岭的迷人风光。

钱道穿梭于霸王岭东线的沟谷雨林中，这里是热带低山雨林、沟谷雨林和热带山地雨林垂直分布的典型。可以看到许多珍贵的树种，还可以看到"连体树""金山""银山""千年古榕"等，让人目不暇接。

霸道位于雅加大瀑布之上，依石头河床铺设，似一条长龙蜿蜒盘旋。顺道而上，可以观赏到霸王岭热带雨林的奇特景观，还可观赏到霸王岭特有的、独一无二的波浪形石滩等。登顶四望，连绵群山、苍茫林海尽收眼底。

情道位于霸王岭南线雅加度假中心近旁的峡谷——"情人谷"中。这里是山水林石的巧妙结合之地。在这里可以观赏到雅加大瀑布、石壁兰花、石上绿箩和夫妻石等景观。

链接

霸王岭的动植物资源

霸王岭绵延上百千米，气候温和，雨量充沛，空气负氧离子含量高，有多种珍稀动植物繁衍，是我国

热带生物资源最丰富的地区之一。霸王岭植物种类达2213种，其中列为国家重点保护和严禁采伐的珍稀植物有黄花梨、见血封喉木等27种。动物种类达365种，其中珍稀动物有黑冠长臂猿、云豹、黑熊、水鹿、巨蜥等60多种。霸王岭是世界上唯一以长臂猿为保护对象的保护区，全世界仅存的20只黑冠长臂猿全部在霸王岭，科学价值很高。

昌化古城

中国最南端的古城遗址

昌江县昌化镇昌城村

海口汽车西站乘至昌江的省直快车，再换乘当地的中巴可达

古昌化城是古昌化县的县城，城池始建于明洪武年间。到永乐年间，昌化县受倭寇扰乱，昌化县以石砖砌墙。到明正统十年（1445年），在城池外围近墙处开挖五尺宽的深壕沟，昌化城池至此形成了坚固的城防系统。后来因飓风和台风的袭击，城墙几经破坏又几经修缮。现存城墙呈正方形，周长2千米，墙上有残块城砖，壕沟遗迹清晰可见。

昌化古城依山傍海，风光绚丽，城东南2千米处是闻名遐迩的旅游胜地昌化岭和棋子湾，当地还有赵鼎（宋代名臣）衣冠墓、治平寺碑、南门园墓群、峻灵五庙遗址等古迹。

链接

“义妇玉娇”

古昌化城地区流传着“义妇玉娇”的动人故事。据说在明代末年，昌化城连年受旱，当时的县官却将城内仅有的几口井占为己有，皇帝为了安定民心，将知县削官为民，派了一位清官来接任。新任县官带着妻子玉娇走海路来昌化，途中不幸被海盗鲨猫一伙杀害。鲨猫冒名顶替到任做了昌化知县，将玉娇霸占为妾。玉娇给任湖湘桂总督的胞兄写信告知此事，其兄接信后立刻派兵五千施计除去了鲨猫及全部贼兵。为实现丈夫的遗愿，解除民生疾苦，玉娇组织人们挖了36口水井，造福了一方百姓。

昌化岭风景区

苏东坡曾来此观赏皇帝石

昌江县昌化镇海滨

在县城乘坐前往昌化镇的巴士

昌化岭风景区位于石碌镇西50千米的

海滨，海拔460米，奇峰兀立，雄伟峻峭，连绵延伸至起子湾海滩，与其构成一幅引人入胜的天然山水画。岭高460米，奇峰兀立，山泉长流，岭上有天然形成的皇帝石，一线天等景象。昌化岭古来闻名，历代文人墨客曾在此留诗题句不计其数，大文豪苏东坡观赏皇帝石，称其为“峻灵王”。

棋子湾

有“万亩沙漠落海南”之美称

昌江县昌化镇沙渔村

从海口长途汽车西站乘直达昌江县昌化镇的普通大巴

棋子湾东倚昌化岭，西连大海，东西长约20千米，呈S形，石多沙白浪静，是海南唯一保留着原始、天然景观的旅游度假区。

该湾水清见底，沙细质软，洁白如银。海岸奇峰林立，怪石嶙峋多姿，林木苍翠，山花烂漫，清泉欢畅，阳光明丽，四季如春，是难得的天然浴场，也是光浴和沙浴的理想之地。有细眉角、仙人足迹、八戒背媳妇、情侣石、帆船石等天然景点20多处。

玩家 解说

棋子湾是昌化岭下的一处5千米长的海湾，海底坡度平缓，海水清澈，沙质细白，距岸200米远，海水深度仍不及胸。岸边礁石间有一片面积约几百平方米撒满彩色棋子的卵石滩，白色、宝石绿色、土红色、蛋黄色，像翡翠、似玛瑙，十分精彩绝妙。

皇帝洞

洞内石像似“皇帝登基”

昌江县南部王下乡牙迫村南瑶河畔的五勒岭下，距县城石碌镇60余千米

皇帝洞的东南方，有一处90米长的天然石景，当中有一个宝座，椅上坐着一石人，两侧站有石卫士，这情景酷似皇帝登基，故此洞名为“皇帝洞”。洞口在南瑶河边，从远处眺望，像一头张开嘴的大水牛，洞厅呈拱形，

昌江皇帝洞溶洞

平坦宽敞，可容纳上万人。洞内小径蜿蜒曲折，群燕飞舞，钟乳石多姿多彩，游人行于其间，会觉得意趣盎然。在石景后面有“皇宫”，门口有三片横石，像挂的彩锦；门后有一石柱，柱身上雕龙绘凤。宫顶上有一通天洞口，长2米，宽1.5米，像天窗，光线照射下来，使洞里光彩夺目。攀登着石阶可以从天窗外爬上洞顶，观赏四周的群山、稻田以及黎族村寨。

玩家 解说

神奇的皇帝洞，是个石灰岩大溶洞，主要是侵蚀地下水沿可溶性碳酸裂隙处冲刷流淌，年长日久溶蚀而成。洞内冬暖夏凉，进洞参观游览，清新凉爽，别具一番乐趣。

七星燕窝岭

成群燕子在石壁筑窝

昌江县石碌镇往南20多千米处

乘海口至昌江的省直快车，再乘当地的中巴至景点

燕窝岭主峰海拔487米，岭前有昌化江，岭后有七星温泉，岭上群峰叠翠，山清

水秀，景色迷人。远观燕窝岭，东西南北各具风姿。从岭脚北坡望去，它像一只威镇山林的猛虎；从南坡望去，它像一只蹲在水边的大青蛙；从西坡望去，它又如一只正给小兔哺奶的母兔；从东坡望去，只见绿峰碧水互相衬补，融融泄泄，一派迷人的山水风光。

望佛石

登上燕窝岭往上望去，顶峰上有一块酷似人形的巨石，这就是传说中的“望佛石”。相传古时，岭上来了一个凶神，总是站在顶峰上，一旦有人从岭下经过，他就用右手指人，被指的人立时毙命。四方百姓都惶恐不安。天帝得知后，便派雷公收降凶神，将它变成石头永远站立在这里辅佑乡民。从此，岭下黎民安居乐业。

燕洞

燕窝岭的南端直立云霄，在崖的下方有一个圆形的大洞口，这便是燕洞。成千上万的燕子在石壁的缝隙中筑窝，每天清晨，成群结队的燕子从洞中飞出寻食；夕阳西下，又成群地归窝，它们成群飞翔，造成遮天蔽日的奇观。燕窝岭的西边山脚下，有一个小小的黎族村寨。那里的村民和燕子有很深的感情，村民们历来保护燕子，燕洞从未被骚扰。

七星泉

燕窝岭后面有一处温泉，共有7个泉眼，称为“七星泉”，建有简易浴池，每天可容纳400多人沐浴。七星温泉含有丰富的硫黄矿物质，能治疗多种皮肤病，水温适宜，每年都有不少人来此沐浴。

昌化江之源

景点推荐

东方旅游区

鱼鳞洲

海南的八大风景区之一

东方市八所镇西南海滨

从海口乘坐至八所的省汽快车，再乘当地的中巴到景点

鱼鳞洲三面环海，一面连着陆地，是一座裸露的岩石丘陵。由于岩石长得重重叠叠，阳光折射后，熠熠生辉状似鱼鳞，故得“鱼鳞洲”之名。这里奇峰林立，岩石多姿，绿草灌木铺地，长年山花烂漫，景观秀丽而奇特。海滩上，沙细白如雪，松软如绵；海面碧波万顷，小艇穿梭，白帆点点，海鸥翔空。海浪扑打在石壁上，溅起一堆堆雪白的浪花，沉雷般的涛声轻重有序，节奏均匀。

玩家解说

鱼鳞洲清康熙年间就已是海南风景名胜地。古人有诗云：“鱼鳞洲耸接云天，策杖登临别有天。怪石回环看不厌，奇峰重叠翠相连。泉流一井清如许，浪击千层势欲颠。海上仙山何处觅？分明此景是神仙。”诗句道出鱼鳞洲秀丽的景观。“泉流一井”是指岸边有一永不干涸的甘泉，井西边还有一栖息海岛水禽的洞穴。海边水浅沙白，波浪不兴，是理想的大型浴场。

俄贤岭

堪称海南山岭中的精华

东方市广坝乡境内

俄贤岭又名俄娘九峰山，是一座结合了喀斯特地貌与原始热带雨林的山岭，风光独特，物种多样。它由九座峰组成，呈西北东南走向，如一条巨龙昂首直冲云霄。俄贤岭上景点众多，其中以奇形怪状的溶洞最吸引人，最令人感到神奇而迷惑不解的是俄贤洞。

俄贤洞原名俄娘洞，洞口在主峰东北面的半山腰，深不见底，曲径通幽。内有3个石厅，可容纳上万人。洞壁凸凹不平，各具其形，千姿百态，耐人寻趣。石厅的下面，有流水旋转，浪折洞崖，响声轰轰。这流水源于何处，归于何方，千百年来无人知晓。

玩家 解说

相传在很久以前，这个石洞里有一只乌鸦精时常出来祸害黎民百姓。一天，乌鸦精将美丽的黎族少女俄娘抓到洞里来了。到这年的三月三日，俄娘的心上人阿贵带着尖刀和弓箭上山解救俄娘，结果被乌鸦精害死。万分悲痛的俄娘趁乌鸦精熟睡时杀死了乌鸦精，为阿贵报了仇，为黎民百姓除了大害。后来俄娘终生未嫁，到每年的三月初三，她就到俄贤洞唱她和阿贵曾唱过的情歌。

黎族人民为纪念俄娘，就把这山洞取名为俄娘洞，这座山也因此得名为俄娘九峰山。周围的未婚黎族青年男女也会在这天盛装集会于俄贤岭，唱着情歌寻找自己的意中人，此后就发展成为“三月三”这一传统节日。

白查黎族村寨

黎族最后一个古村落

东方市江边乡

从东方乘车到江边乡至白查村下

白查村是至今海南省保存最好最完美的黎族自然村寨，当地居民至今还居住在黎族先祖们创造并居住的船形屋里。

船形屋是黎族传统文化最为典型的建筑，称之为船形屋，因为它从外形上来看像一艘倒扣着的船。它看似取材简单，但实质却融入许多建筑智慧，是黎族先民世居海南热带岛屿与自然界斗争的智慧结晶。现在整个黎族地区，船形屋的数量已经不多，白查

白查村的船形屋

村是船形屋保存最完整的村落。

玩家 解说

黎族茅草屋主要有两种样式，分别为船形屋和金字形屋。船形屋有高架船形屋与低架（落地式）船形屋之分，其外形像船篷，拱形，用红、白藤扎架，上盖茅草或葵叶。金字形屋以树干作为支架，竹干编墙，再糊稻草泥抹墙，昌江县王下乡洪水村的金字形屋保存最为完整。白查村船形屋以落地式居多，也有零星几间是金字形屋。

天南第一泉

有“感恩第一甘泉”之美称

东方市八所镇十所村

天南第一泉又名“汉马伏波井”，其所在的十所村有近2000年历史，村名追溯于东汉光武帝刘秀建武十九年（43年），伏波将军马援统兵南下平定交趾以后，渡海入琼守卫南疆军队第十所的驻地。临海驻防，兵马苦于无井汲水。马援组织士兵在村旁“飞来庙”处挖掘出泉水，水质甘甜，永不枯竭，有“感恩第一甘泉”之美称。至今十所村民仍

习惯于清晨围井提水饮用，井旁仍镶嵌清代乾隆二十六年（1761年）所立《汉马伏波之井碑》。现代文豪巨匠郭沫若于1961年慕名参观考证后，赋赞美诗一首："水泉清冽异江河，古井犹传马伏波。想见当年师驻日，三军朝汲定如梭。"

雅龙风景区

"三月三"的最初发祥地

东方市天安乡

雅龙民族风情旅游区是黎族传统节日"三月三"的最初发祥地，这里山清水秀，四季常绿，气候宜人，山、水、洞相互交融，自然景色十分迷人，有东方市"小桂林"美称，是游客回归大自然，认识大自然，融会大自然的最佳去处选择。

大广坝风景区

有中国最早的水电站遗址

东方市101乡道附近

东方大广坝旅游风景区大广坝水电站气势磅礴，坝长6千米，高程144米，装机容量24万千瓦，水库湖面100平方千米，是亚洲第一大坝。这里有中国最早的水电站遗址，是日本侵华掠夺我国资源的历史见证，又有风景秀丽的湖面，被誉为东方市的"天然公园"，曾经接待过许多中央和大量的国内外游客，总理在这里为大广坝电厂题词，综合开发旅游条件十分优越。目前，大广坝已成为国内外游客观光旅游的首选之地。

"三月三"图腾

猕猴洞

神秘美丽的岩洞

东方市境内西部大广坝旅游风景区

猕猴洞是海南省东方黎族自治县境内的猕猴岭上的一个神秘而美丽的岩洞，也是东方县大广坝海南旅游风景区的一个奇特的景点。猕猴洞深百余丈，洞内面积2000多平方米，洞口周围的山脊密密地种着油楠、子京、青梅等参天古木。猕猴洞中石钟乳、石幔满目皆是，晶莹剔透，令人眼花缭乱。

红兴温泉

玩家 解说

东方猕猴洞的前洞厅里石笋丛生，石像林立，形态各异，有的如猕猴、雄狮、猛虎，有的似飞马、卧羊，个个栩栩如生，惟妙惟肖。前洞厅右侧，两尊仙女化石亭亭玉立，神采动人。前洞厅里还有两个小洞厅，形似一座寺院。猕猴洞内正中有一座大佛石像，双目紧闭，手持念珠，盘膝而坐。大佛石像前有一组小和尚石像，各个石像貌异神同，一样的正襟危坐，合手念经。“寺院”后面有一根奇特的石柱，犹如一座古钟，用手重击，可发出浑厚的响声，余音袅袅。后洞厅面积较大，可容纳千余人。

红兴温泉

腐蚀性低的热矿泉水

东方市八所镇境内，距东方大道2千米，离西线高速公路1千米

东方红兴温泉区小泉眼星罗棋布，主泉眼三处，日自流水量6000立方米左右，温度约68℃~90℃，每当秋冬季节，温泉区内云蒸霞蔚，恍若仙境，泉水有益元素丰富，是富含硅、锶，低铁、含硫高、腐蚀性低的热矿泉水，对治疗各种皮肤、病降压减肥有特别疗效，可用于旅游、医疗、疗养、沐浴，具有极高的开发价值。

玩家 解说

度假区周边还分布着多处历史景点和自然景点，温泉景区往北不足1千米，有东方蓄水面积较大的高坡岭水库（约667公顷）；往东1.5千米有“绿色海洋”之称的东方万亩示范牧场；相距2千米处则有世界珍稀动物——大田坡鹿保护区；往西8千米有南天第一泉——汉马伏波古井。

景点推荐

乐东旅游区

尖峰岭

我国第一个国家热带雨林公园

乐东县尖峰镇

乘大巴到黄流镇，而后转车至尖峰岭镇

60元 85721668

尖峰岭国家森林公园拥有中国现存面积最大、保护最完好的热带原始雨林，享有“植物的王国”“动物的乐园”“热带北缘生物物种基因库”“天涯第一园”等美誉。公园内峰峦叠嶂，林海连绵，群瀑飞泻。在层层叠叠的山峦中，各种各样的植物竞相生长。

玩家 解说

“空中花园”是热带雨林的一大奇观，几十种花、草、蕨等观赏植物附生在同一千年古树上，群芳荟萃，千姿百态。地面上，根须如网，葛藤如织，厚厚的枯枝落叶铺满林间空地。珍禽异兽嬉闹林间，尽显热带雨林的古朴、神奇。园内有千米以上高峰十几座，登峰远眺，云雾弥漫，气象万千。

玩家 行程

进入尖峰岭，就如同置身于雾海，云雾蒸腾，一片迷茫，深山里、高峰上、森林稠密处，雾气越加浓重，山风吹时，身边的云雾随风翻滚，会出现瀑布云，仿佛大海的波涛，气势磅礴。在尖峰岭的黑岭东边，有一个群山环抱的盆地，由于终日被云雾笼罩，云雾在其中翻卷飘荡，因此有“天池”之美称。登上黑岭，可以看到南边浩瀚的北部湾，由于距离太远，大海变成一条隐约的飘带，仿佛天边的浮云，在阳光映照下变幻着色彩。

尖峰岭

鸣凤谷

原始的热带雨林沟谷

📧 乐东县尖峰岭林区

🚌 从海口出发，沿西线高速公路行驶到佛罗出口下高速，然后向南行驶到佛罗镇后再往西南方向行驶便可到达鸣凤谷

¥ 免票（尖峰岭森林公园需买票进入）

🕐 7:00～17:00

鸣凤谷因众多鸟类群集此地而得名，有“千年古树”“大板根”“绞杀”等热带雨林独特景观，让人大开眼界。进入景区，顺着修葺好的木栅道穿行，一开始还能看到蓝天，越往里走，树木越多也越茂密，天空被完全遮挡，几乎看不见阳光，只有随意生长的树枝交缠在一起，展现了自然生态的粗犷豪放。

玩家解说

绞杀：绞杀植物的幼苗附生于“支柱植物”上，长出气生的网状根系包围树干并向下扩展，直到伸入地下生成正常根系。从土壤中吸收养分后生长加快，网状根膨大并愈合为网状茎，支柱植物则被绞杀致死。绞杀植物的种类很多，如桑科的榕属、五加科的鸭脚木属、漆树科的酸草属等，但它们主要生活在热带雨林里。

毛公山

因山貌酷似毛泽东主席仰卧于苍穹之下而得名

📧 乐东县东部保国农场

🚌 乘海口市至乐东县的省直快车，再乘当地的中巴即可到达

¥ 20元

🕐 7:00～18:00

📞 85661013

毛公山山形酷似中国前领导人毛泽东，形神兼备，雄伟壮观，是一处罕见的自然景观。现景区内建起瞻望台、敬拜堂、园林绿化小区等人文景观，集山体、石景、瀑布、溶洞、野生动植物、湖光山色、登山观海及黎村苗寨等为一体。整条山体结构雄浑，群峰起伏，堆青叠翠，山下的雅亮河与南文河清澈见底，河滩布满斑驳陆离的五彩奇石。

玩家解说

毛公山前有一黎村叫“解放村”。山后有一苗寨叫“东方红”。两村名都是1950年海南解放时命名的。山南、山北分别有两座汉族的村落叫“崇共”“抗美”。如今，形象酷似一代伟人的山貌，加之妙趣天成的村名，使这一奇观又增添了一层神秘的色彩。

莺歌海盐场

中国南方最大的海盐场

乐东县尖峰岭林区　从海口出发，沿西线高速公路行驶到佛罗出口下高速，然后向南行驶到佛罗镇后再往西南方向行驶便可到达莺歌海盐场

130元　7:00～17:00

莺歌海盐场是海南最大的盐场，莺歌海背靠尖峰岭，海滨是一片3000多平方千米的海涂地带，高温、干旱、少雨、大风是这里最主要的气候特征，加之这里的海水含盐度高达3.5‰，造就了得天独厚的海盐生产条件。

莺歌海盐场早已闻名海内外，如今这里又以其近海丰富的油气资源而扬名天下，是我国南海已知的油气资源储存量十分丰富的三个大型沉积盆地之一。此外，这里还有着美丽的海滨风光，新月形的海湾吸引着众多游人。

玩家解说

在莺歌海盐场内可参观富有意趣的制盐工序，涨潮时海水从纳潮口闸流入储水湖，通过扬水站，再流过蒸发池，盐分浓度逐级升高，成了卤水；之后进入结晶区开始结晶成盐。盐场每天下午开始收盐，先将铲起的盐花捣碎，再把盐粒堆成一座座小盐山。这些优质盐会通过场区十多辆小火车源源不断运往各地。

佳西自然保护区

独特热带雨林景观

乐东县北部

保护区山势巍峨壮观，千米以上有名的山峰共10座，最高的猴猕岭海拔1655米；年均温度20℃，高处常年云雾缭绕。由于山高谷深，人迹罕见，森林植被仍保留着热带原始雨林特有的自然景观。自然保护区中的红水河谷，长不过1万米，落差高达1500多米，两岸陡坡峭壁，长有雨林树木，偶见群猴跳闹枝头；河底遍布石头，石面平滑光洁，石间山泉潺流，多有池潭瀑布，景色优美，是森林探险、回归自然生态游的好去处。

西山岭景区

景区奇石众多

乐东县九所新区东北方向

西山岭原名白石岭，因位于海南岛西部，与东山岭、南山岭相对应，故称西山岭。主要由三座石山组成，自然景观奇特，有求寿石屋、仙居洞、大龙门、小洞天、增寿门、一线天等。山中林郁苍茏，藤蔓交织，凉气爽人。登上山顶，极目远眺，沧海桑田尽收眼底，蔚然壮观。附近还有古海遗迹景观和丰富的地下温泉，岭下有木棉树景观和纯黎族村寨民族风情等。

更多本旅游区景点

龙栖湾：港湾全长30.1千米，东边与三亚市相连，距离三亚市中心65千米，邻近西线铁路和西线高速公路，交通非常便利。龙栖湾沙滩平坦洁白，海水蔚蓝，港湾一年四季风平浪静，是一个风景优美的自然港湾，是滨海旅游的绝佳境地。乐东县东南海岸线

乐东腰果场：占地3000余公顷，是我国第一个腰果场种植园，也是海南独有的热带园林风光旅游景点。在腰果场游人可以品尝酸甜适口的红色、橙黄色的果梨，也可以尝一尝甜美的新鲜腰果，领略一份独特的热带园林风光。海南省乐东尖峰岭与莺歌海之间的广阔丘陵地带

乐东海滩

发现者旅行指南

海南中线

概览

亮点

文笔峰

文笔峰盘古文化旅游区以南宋建筑风格为基调，结合中国传统建筑学与风水学原理环文笔峰而建，是一个综合的大型文化主题景区。

黎母山

黎母山山势险峻，林海莽莽，既是海南的名山，又是黎族人民的始祖山，以瀑布多著称。处处飞瀑，声势壮观，极为震撼。

五指山

五指山是海南第一高山，是中国名山之一。远眺五指山，只见林木苍翠，白云缭绕，绿山盘旋而上峰巅，有云从脚下生，人在太空游之感。

海南民族博物馆

海南民族博物馆是海南最大的综合性博物馆，也是海南建馆最早、规模最大、馆藏最丰富的博物馆之一。

海南省民族博物馆

槟榔谷

槟榔是黎族人的文化字符，只有走入槟榔谷，走入黎家文化，进入这一片神秘雨林地，才能感受原汁原味的民族风情。

呀诺达热带雨林

呀诺达热带雨林生态环境堪称一流，雨林深处的栈道、石级、吊桥和铁索依山势巧妙结合，可以感受雨林的宁静神秘，震撼和新奇。

线路

海南中线黎苗风情游

早餐后前往槟榔谷（保亭），感受原汁原味的黎苗风情。午餐后前往海南第一高山——五指山（五指山市），游览茂密的热带雨林，感受峡谷漂流的刺激。晚上住在五指山度假山寨。

海南中线热带观光游

上午前往屯昌游览著名的人工湖木色湖，然后去景区内的枫木鹿场，参观海南特有的坡鹿。午餐后前往海南热带野生动物园，观看各种热带植物和野生猛兽。

五指山市经典一日游

五指山市位于海南岛中南部腹地，是海南省中部少数民族的聚居地。“不到五指山，不算到海南”。五指山市位于海南岛中南部，周围群山环抱，森林茂密，是有名的“翡翠山城”。逛逛番茅黎寨，观看黎胞聚居的自然村，参观海南民族博物馆，了解海南多样的少数民族风情，下午游览五指山，一睹海南第一高山的风采。

为何去

海南中线是以五指山市为中心，包括保亭、琼中、安定、屯昌等县在内的海南中部旅游区。以五指山为中心的中线一带地理特征主要是多山，因而这里是喜欢探险登山的背包族的忠爱。

甘什岭槟榔谷

由于中线一带是黎苗族的世代聚居区，这里至今仍保留着浓郁的少数民族风情，在中线可以体验到原始的黎苗族民俗，观赏活跃的苗族歌舞，还可品尝到纯正的黎苗族美食，因此中线也吸引了不少自驾车一族来此探幽。

何时去

海南中线的最佳旅游时间是每年的11月至次年4月。

波罗蜜

海南中线以原始的热带森林公园为主要景观，吸引不少游客登山穿越，每年11月至次年4月山中暴雨较少，空气清新，绿树密布，云雾环绕。登山时既可观赏到美丽景色，又可避免大量降雨带来的泥泞、路滑和山蚂蟥太多带来的困扰。

海南中线旅游示意图

景点推荐 定安旅游区

文笔峰盘古文化旅游区 AAAA

“龙首龟背”的风水宝地

定安县龙湖镇丁湖路

在海口东站乘坐海口至居丁班车（半小时一班），居丁高速路口下车乘坐三轮车内进3千米。定安车站发往文笔峰景区直达车

81元 8:00~18:00

文笔峰盘古文化旅游区以南宋建筑风格为基调，结合中国传统建筑学与风水学原理环文笔峰而建，是一个综合的大型文化主题景区。文笔峰上奇石磊叠，植被茂盛，山顶常有云雾缭绕，众多仿古建筑阁殿错落有致地分布于山体周围，壮观古朴。天人合一的山水意境，宛若蓬莱仙境。

景区拥有玉蟾宫、药王殿、文昌阁等殿堂十余座，建筑结构完整、风格鲜明，突出了道教主题文化特色，是目前中国最大的仿古建筑群。主殿堂玉蟾宫敬奉南宗五祖白玉蟾，其建筑风格为景区主体建筑的特色代表，映现“三生万物”的道教文化理念及道经所述的天上宫阙“八角垂芒”的景象。

玩家 攻略

周六、周日景区有免费巴士可带游客游览文笔峰，乘坐巴士需提前电话预约。电话：66288075。海口发车时间：9：00——文笔峰返回时间：16：00。候车点：海口生生百货——海口东湖——海口汽车东站——文笔峰（返程即原路返回）。

玩家 解说

文笔峰与南丽湖山水相依、形意相生，自古被视为“龙首龟背”的风水宝地，是海南历史上

丽神话传说、民间故事广为流传。古代这里出了不少的文人才子，被明朝明神宗誉为“三朝硕士，一代伟人”的礼部尚书王弘海就出生在文笔峰脚下雷鸣镇龙梅村。

链接

文笔峰和盘古

文笔峰相传为盘古的鼻梁所化，是盘古开天辟地之后，世间最早出现的一座山峰。盘古是宇宙万物之初始，是世界文化之根源，盘古的鼻子自然是吸纳天地精气的地方，被当地黎民百姓视为祥瑞之地，受世代海南人民的顶礼膜拜。峰峦云海之间是南宗圣境玉蟾宫，其供奉祭祀中国古代先祖数百位，上有沧海桑田盘古蟾，内有神仙修行真洞天，东有北斗七星守苍翠，西有九宫八卦护乾坤。烟云浩瀚，殿阁缥缈，宛若蓬莱仙境落人间。

据司马迁《天官书》记载，文笔峰盘古文化旅游区与天上的南极星相对应，南极仙翁即南极星，因南

唯一被钦定为“皇家园囿”的禁地，堪称海南岛人文景观之大成。文笔峰从山腰至山顶主要由玄武岩和片理岩组成，山上植被茂盛，山顶常有云雾缭绕。千百年来这里沉淀了丰富的文化内涵，诞育了许多闻名遐迩的贤德雅士，众多美

玉蟾宫

养身堂紧依潋滟河水，高三层，灰顶红廊的古朴建筑。

文笔书院建筑结构完整、风格鲜明，系统地展现了道家主题文化特色。

元辰殿内供奉着斗姆元君及六十位本命神(六十甲子)，五方帝君。

殿宇主体为圆形，东南西北四处各延伸出一座小楼，造型奇特，美轮美奂。

书院的建筑灰瓦青墙，古朴典雅，细节处的雕刻均很精美。

极仙翁主寿，是古代神话传说中的老寿星，文笔峰的人杰地灵便源于此。

海南热带飞禽世界
目前中国最大的鸟文化主题公园

安定县塔岭开发区

从海口东站或南站坐省汽快车到定安县，然后再从定安坐中巴到景区

57元 8:00~18:00

海南热带飞禽世界展示有各式热带飞禽，涵盖了海南鸟类的绝大多数。这里有有世界最大的鸟——鸵鸟，有飞得最高的鸟——天鹅，有鸟中潜水冠军——凤头潜鸭等，还有很多是海南独有的鸟类。在这个鸟类王国中，除了能欣赏到各种各样千姿百态的鸟类外，还能看到各类飞禽精彩纷呈的表演。其中有精彩激烈的飞禽王国奥运会、斗鸡、鸵鸟骑士等。

这里不仅是鸟的世界，还是花的海洋，园区内有近千种奇花异木点缀，一年四季，繁花似锦，形成浓郁的热带特色。此外，海南保存最好的一座古塔——见龙塔矗立在园区中央，在见龙古塔上可以欣赏到精彩的孔雀东南飞表演。

棕榈林

母瑞山革命纪念园
琼崖革命二十三年红旗不倒的“摇篮”

定安县南端的中瑞农场内，地处定安、琼海交界处 乘海口至定安的省直快车，再乘当地的中巴至目的地 15元 9:00~17:00

母瑞山被誉为“琼崖革命的摇篮”，于1928年、1932年在敌人的围剿中，成功保留革命队伍，创造了海南革命“23年红旗不倒”的奇迹。景区现存有母瑞山革命纪念园，琼崖特委、琼苏政府旧址，琼崖特委“四大”会议、琼崖苏维埃政府大礼堂旧址，以及红军师部旧址、红军潭，红军军械厂、红军军政学校、红军农场、红军操场、红军医院等革命遗址。

母瑞山革命根据地纪念园是景区的核心部分。纪念园是由一座小山岗上的原红军操场司令台遗址改建而成。园中建有冯白驹将军和琼崖革命奠基人王文明主席两人3.5米高的铜像。还建有陈列馆、接待室、题词亭、湖中亭、假山、两座石狮子等建筑。作为主体建筑的陈列馆，陈列了海南在整个新民主主义革命时期四个阶段的革命斗争史史料及珍贵文物。

玩家解说

冯白驹（1903—1973），他是琼崖革命武装和根据地的创建人，1939年2月日军入侵海南岛，他在琼山县潭口指挥了阻击日军的战斗，打响了琼崖抗战的第一枪。不久部队扩编为广东省琼崖抗日游击队独立总队，其担任总队长。率部开展独立自主的敌后抗日游击战争，挫败了日伪军的多次“扫荡”和蚕食。他领导海南军民坚持革命战争23年红旗不倒，被誉为“琼崖人民的一面旗帜”。

太史坊
纪念国史官王弘诲所立

定安县雷鸣镇龙梅村

海口乘坐至定安的省直快车，然后在客运站乘坐前往雷鸣镇的巴士

太史坊建于万历二年（1574年）孟春，

定安南丽湖

系右副都御史殷正茂，巡抚广东监察御史张守约为国史官王弘诲所立纪念物，故称太史坊。明间太史坊额石面宽80厘米，长3.1米，顶盖及专额石之间竖一石，上刻“恩荣”二字。太史坊额外负担石正面中间阴刻横写正楷字“太史坊”。太史坊建筑设计造型均极古朴而雄伟，牌坊不但敦实坚固，而且美观大方。数百年来，历经台风而屹立不危。

玩家 解说

王弘诲于嘉靖四十年（1561年）参加乡试中举人第一名，时年20，4年后中进士，选翰林院庶吉士，历任翰林院检讨、编修、会试同考官、国子监祭酒、南京吏部右侍郎、南京礼部尚书等职，卒后赠太子少保。王弘诲一生著作甚丰，在文学上颇有成就，卓成一家。著有《尚友堂稿》《吴越游记》《天池草》等。他的主要作品“婉转深切”“阃中肆外”“有为而作”。他的诗文笔调清新，文字精练，感情真挚，主旨确切，格律严谨，用词遣字非常讲究，吟咏起来音节锵然，但是，由于海南历史的局限，他的作品中不免有些应酬肤浅之作，有些含有宣传迷信的糟粕。

南丽湖

海南省较大的淡水湖之一

定安县中部的雷鸣镇

从海口乘汽车到达定安县，然后再从定安坐中巴到景区

8:00～18:00

这里气候宜人，风景优美，为天然大型“水上公园”。游览湖区，但见湖水蓝碧，清澈若镜，湖中悠闲的鱼儿往来穿梭，湖畔成群的白鹭翩跹起舞，四周胶林环抱，绿树翠竹馆纷多。山清水秀，明净瑰丽，环境幽静雅逸，气候温和，终年宜浴、宜钓。更奇特的是，湖中有方、圆、长状的各形状小岛屿13个，半岛5个。湖光山色，辉映成趣，令人陶醉。

仙沟塔

海南保存较为完整的古塔之一

定安县城东南约7千米的龙滚坡上　从海口乘汽车到达定安县，再从定安坐中巴到景区

仙沟塔又名见龙塔，由砖石砌成，共7

层，高25米。依《易经》八卦设计为八面体，墙上分别纹印着“日、月、星、辰、天、地、玄、黄”等字，底层正门刻着“风调雨顺，国泰民安”等字，今仍清晰可辨。

见龙塔共设有28个实门，门的设置很科学。每层有8个实门和假门，其中第1层实开东、西、北3个门，其他5个门都为假门。第2层则与第1层刚好相对，实开5门，虚开3个假门。这样虚虚实实交错而上，预防塔身纵向开裂。楼阁式塔的内部是空心的，塔内壁设有砖梯，通向各层。整个塔并无任何现代建筑材料，没有水泥、没有铁钉、没有支架。一块块塔砖在糯米等原始建筑材料的黏合下垒叠成塔，200多年来，任凭狂风、雷电的肆虐，屹然矗立。

更多本旅游区景点

定安古城：在漫长的历史长河中，一直是定安县的政治、经济、文化、交通中心，历史上有“九省通衢”之称。虽历经沧桑，依然留存着众多的古迹，昭示着汉文化在海南的兴起和繁荣。✉ 定安县定城镇

海南农垦万嘉热带植物园：万嘉热带植物园为国家AAA级旅游景区，是一个集生态、销售、观光、度假、休闲为一体的热带生态农业观光综合景区。✉ 定安县黄竹镇

居丁珍稀动物园：居丁珍稀动物园离南丽湖不远，依居丁河两岸而建，具有驯养、科普、欣赏观光、旅游购物等综合功能。以海南黑熊、四川黑熊、海南水鹿、东北梅花鹿为主，汇集海南各类名鸟和大多数种类蝴蝶。✉ 东线高速公路海南定安居丁分道口旁

张氏宗祠：是一座有正屋和横主席台的院子。张氏宗祠那里陈列的主要是清代探花张岳崧的著作、书画、对联、碑帖匾额、印章等遗物和晚清名人关于记述张岳崧生平事迹的文章著作，对了解和研究张岳崧及晚清海南的历史、文化具有重要价值。✉ 定安县城定城镇东南20多千米处永丰乡高树林村

定安热带雨林区

景点推荐

屯昌旅游区

木色湖风景区

集旅游、度假、狩猎、山地探险为一体的旅游度假区

屯昌县枫木镇

在海口南站乘坐到琼中的中巴，在屯昌枫木镇金山风情度假村下车

木色湖风景区占地36平方千米，景区依山傍水，自然生态景观优美独特，旅游资源丰富。景区以木色湖、雷公滩湖为中心，西部有牛血岭、吊月岭，西北部有晒谷岭、鸡嘴岭、琼凯岭，北部有双乳岭、黄竹岭，峰峦叠翠。两湖南北相距不到2千米，湖面高差却达92米，围绕两湖山岭环抱，群峰叠翠，形成高山平湖独特景观。风景区内有仙人洞、猴子座、铜鼓石、东坡石、热带植物园、枫木鹿场等景点。

枫木鹿场

我国南方规模较大的综合性养鹿场

屯昌县枫木镇木色湖半岛上

在海口南站乘坐到琼中的中巴，在屯昌枫木镇金山风情度假村下车

¥ 4元　8:00～18:00

枫木鹿场三面环水一面靠山，风光旖旎，是目前中国南方较大的综合性养鹿场之一。场内山清水秀，芳草如茵，空气清新，水草丰茂。现有海南坡鹿、水梅花鹿、马鹿、麋鹿等鹿种供游人观赏，并建有观鹿园、鹿趣园、展览馆等区域。美丽的湖水，绿色的原野，设计奇妙的建筑，加上已经驯化、温驯

的鹿群，构成美妙有趣的童话世界。游人可以进入场内与驯化的鹿群嬉戏、合影留念，也可以购一些红薯片喂鹿逗趣，尽情体味人与动物和睦相处的美妙感觉。

玩家 攻略

1.鹿场面积很大，但放养着梅花鹿供游人观赏的地方只是个小山坡。梅花鹿在冬季会换毛，因此身上的梅花斑点并不明显，只有在春天白斑点才会再长出来。

2.采鹿茸的时节是在清明节前后。

卧龙山

景观奇异的石山

屯昌县中部地处海榆中线干道旁，距县城屯昌镇11千米

卧龙山海拔499米，状如卧地长龙，有四座山峰和几个高低不等的小山岭蜿蜒相连。卧龙山四座山峰奇石众多，有龙口石、龙脑盖等“十二绝”景观，山下有一龙湖，湖水清幽，绿树郁葱。卧龙山山势峭拔，怪石嶙峋，山峦叠翠，气势雄伟，山上奇石幽洞，千姿百态，巧夺天工。第四峰龙头峰上悬崖峭壁，高达数十米，是寻幽探险的好去处。

玩家 攻略

1.卧龙山基本上没有开发，去的时候最好找当地居民带路，以确保安全。

2.最好是在山下的大同镇买好所需食物和物品，山上没有东西卖。

3.山底的湖边有蟒蛇，不要轻易下湖，另外，山上蚂蟥等虫子比较多，事先要做好防虫的准备。

玩家 解说

卧龙山传说：相传远古时候，仙龙受天皇之命，降临此地，为人间消除了许多灾难。为了千秋万代安居乐业，乡民们便乞求仙龙永远镇守此地，以保太平。见到乡民一片诚心，仙龙便化为卧龙山，永驻于此。

卧龙山

石峡海瑞祖居

海氏世居遗迹以及海氏家族祖墓群

屯昌县新兴镇石峡村

石峡村作为一代忠臣的诞生地，历史悠久，是屯昌县重要的历史古迹，具有重要的观光、旅游、考古、研究价值。海公墓位于石峡村南面的山坡上，有石碑一块，高约两米，上刻“明始祖海公之墓”。据石峡村的老人说，海瑞家族是个望族，其祖居五座古墓在“文革”前保存得较为完好，当时，墓周围尚存石雕的狗、马、乐手及围墓的石块等。目前，古墓群遗址上仅存石雕的水罐和水瓶，而海氏的墓碑已被分为三段，中间部分已缺失，只剩下上下两截，横卧草丛中。

玩家 解说

海氏家族世代居住在石峡村，向来行善施仁，后来又出了一代忠臣海瑞，所以石峡村的百姓对海氏家族素怀敬意。历年来，每逢清明节，人们都会带着香烛纸钱和鸡鸭鱼肉前往海家祖墓拜祭。海瑞祖居也是在当地人的自发保护下才得以保存至今。

白鹭乐园

人类自觉保护鸟类形成的一处独特生态景观

屯昌县屯城镇北2千米的三发乡洪斗坡村

洪斗坡村野生林木环抱相映，景致幽雅清静。由于环境独特，每年有数千只鹭鸟从遥远的地方迁徙南来，这里成了鸟的天堂。白鹭乐园是一个生趣盎然的“白鹭鸟乐园”。游人一到村边便见一群群活泼可爱的白鹭不时从绿色的田野上空飘逸而过。鸟群落在翠绿的树冠上，像一朵朵洁白的花朵，把绿树点缀得更加秀丽。栖息于林间的白鹭，或嬉戏对鸣，或梳理羽毛，或哺喂雏鸟，或安祥自若，情景美妙动人。

白鹭

玩家 解说

栖息在这里的鹭类有四种：一种是翅膀大、毛雪白，尾短颈长、脚高嘴尖、鸣声洪亮，性情温良，人们叫它白鹭，这种鹭数量居多；一种是体形高大瘦削，羽毛灰白，颈脚皆长，专擅涉水捕食，人们叫它苍鹭；第三种叫蓑衣鹭，其羽毛半麻半白，头、背和胸部都披着疏松的蓑羽，有如全身披一张蓑衣，因而得名；第四种个子较小，羽毛红白相间，人们叫它牛背鹭。每当秋、冬季节，诸鹭迁徙他地，越冬时，牛背鹭就“留守”看家。

深田湖避暑山庄

享有“屯昌明珠”之美誉

屯昌县县城西北约5千米处

深田湖集水面积5.05平方千米，正常水面20万平方米，呈半月形镶嵌在绿山翠野中，湖水如碧玉，青山若翡翠，享尽了热带山水的秀色，分外动人。深田湖里有两个半岛，宛如两把绿色的巨伞，岛上散布着许多石头，有的像桥，有的像桌，可坐人，可歇息。泛舟湖中，令人有“船在画中行”之感，但见青山如黛，满眼翠碧，又有渔舟钓艇、木排竹筏穿梭湖中，静中有动，动中有静，甚为美妙。

羊角岭天池

盛产高纯度天然水晶而闻名

屯昌县城南4千米处的羊角岭顶端

羊角岭海拔200多米，为我国最大型、最富集的水晶矿床所在地，也是当今世界上超大型水晶矿床之一。羊角岭水晶矿也称为七零一矿，以其出产的水晶透明度高，质地纯净而著称。羊角岭水晶矿最早由日本人在“二战”期间开采，日寇对羊角岭矿区进行过掠夺性开采。自1955年起，国家进行综合勘探后正式建矿生产，是我国最早的天然水晶矿。羊角岭巨型水晶矿，以规模大、品位高、质量好闻名于世，据说，毛泽东主席的水晶棺就是取材于海南羊角岭水晶矿。

玩家 解说

水晶是一种透明的石英结晶，呈六角柱状，硬度很高，纯净无瑕、高雅脱俗。水晶有多种用途，水晶性质辛寒无毒，药用可主治惊悸心热，并具有安心明目、去赤眼、慰热肿、咳逆上气、益毛发、提神、补肾等神奇功能。水晶眼镜最利于眼睛保健，透明度高，清凉养目。民间认为水晶是驱邪避凶、能给人带来好运的吉祥物。

更多本旅游区景点

园甸伊伊甸园：是一处公园式农业山庄。园内楼台亭阁树间掩映，跑马场、人工湖、游乐场点缀其中。山庄最具特色之处是有近400个鸟窝悬于树间，每到鸟类繁殖季节，各类鸟儿汇集于此，百鸟鸣歌，景象壮观。置身于此，天人合一，田园风光醉人。

屯昌县海榆东线100千米处

海南南坤民族风情旅游区：位于风景秀丽的屯昌县第一高峰——鸡咀岭北面山脚下。南坤民族风情村风景秀丽，苗族人民的风俗习惯独具特色。斗牛、踩芦笙、游方等都是苗族人过年的主要庆祝活动。屯昌县南坤镇

南吕岭：是境内第二高峰，溪险洞危，神秘莫测。海拔765米，挺拔险峻，山洞深邃弯曲，溪涧水清石秀，怪石嶙峋。一条飞瀑奔泻而下，落差20米，犹如一条白练飘于山间，瀑下有一潭，水花四溅，常有云雾缭绕其间，蔚为壮观。屯昌县东南部

天然水晶矿石

景点推荐

琼中旅游区

黎母山

黎族人民的始祖山

琼中县黎母山镇

乘坐海口至琼中县的班车，到乌石镇下车

8:00~17:00　86308000

黎母山位于琼中县境内，是海南岛绵延最长的一组山地，山势险峻，林海茫茫，是海南的名山，以瀑布多著称。山中风光秀丽，溪、沟、涧不计其数，水随山转，瀑布似银河飞流直下，极为壮观，构成了一幅千姿百态、亮丽迷人的瀑布大观。

山上拥有丰富的热带天然森林，山清水秀，风光旖旎，是一个热带植物王国，也是野生动物的乐园。这里有能预测天气的"知风草"，被誉为"天下第一香"的墨兰等奇花异草，繁衍生息着多种野生物种，其中蝴蝶种类较珍贵的有凤蝶、粉蝶、异蝶等。

玩家攻略

1.可以在森林公园管理处附近的曲岭古林里或槟榔湖逛逛，这两处步行难度都不大，到槟榔湖来回只需1小时左右。

2.登黎母山主峰的小道上岔路也有许多，山形比较复杂，攀登主峰时最好还是请个向导带路。其他景区都有明显的方向指示。

3.在古林的背后是黎母山的鹦歌岭景区，一般人都只能在林子边游览，因为鹦歌岭还没有完全开发，如果想穿越古林，最少也要花上两天的时间。

4.天河景区、吊灯岭景区及黎母石景区是目

前游客所能到达的地方，要把这三个景区全游览一遍至少要两天，其中一天用来登黎母山主峰，另外一天可以安排看吊灯岭瀑布和参观黎母庙。

5.到吊灯岭瀑布及黎母庙都可以开车直接到达，尽量是越野车或其他高底盘的车。没有车可选择徒步，也可以请林业公司安排租辆车，一天的车费是60~80元。

玩家 解说

黎母山主要由黎母石景区、吊灯岭景区、翠园景区、天河景区、鹦哥傲景区、大河瀑布景区等六大景区组成，各景区互为衬托，相映成辉，景区内石山、石景独具一格，堪称一绝。其中黎母石景区位于黎母山东南面。景观以石景为主，以黎母石像及黎母庙为中心。黎母庙里供奉着黎母娘娘的神像，每年"三月三"节期间，海南各处的黎胞便纷纷从各处上黎母山祭拜黎母，这一年一度的深山聚会更使黎母山显得与众不同。

链接

黎母山的由来

相传天上七仙女曾来此山游玩，其中桃花仙女迷恋此山美丽富饶，认为可以传播人类，便化为金南蛇产下一卵，后经雷公划破，跃出一位少女，号称为黎母，从此诞生黎族人。据古代星宿与地学家认为，天上二十八宿之一的女宿对应着黎母山，故古称为"黎婺山"。

百花岭

有"绿色宝库"之称

琼中县根营镇东南7千米处

8:00~18:00

百花岭风景区主峰海拔1100多米，与东面的五指山、西北部的黎母山形成三足鼎立之势，峰峦叠嶂，巍峨蜿蜒。景区由观音庙、海南省落差最大的瀑布——百花岭瀑布等景点组成。此外，景区还有百花溪、观音岭、芭蕉岭、马龙岭自然景观和百花一柱等景观。

玩家 解说

百花岭瀑布是百花岭风景区的特级景观，是游客观赏的主要景点。百花岭瀑布落差高度达300米，巨瀑分三级跌宕泻下，其声喧哗，其色雪白，其势磅礴，蔚为壮观。站在观瀑亭中，昂首仰望，瀑布如哈达从两棵古树之间贴绝崖峭壁飞泻而下。攀树爬藤而上就到达第二级，有"妙药池"，据说这级瀑布的井形池中，随着飞瀑的冲击，不时腾滚出一种红色的花果，是包治百病的灵丹妙药，故而得名。最高的一级称为"金龙吐珠"，因其有一股清泉从山顶飘逸而下，激起的水雾在阳光的反射下，呈现五彩缤纷。两边的两股支流，像银白龙牙从血口伸出，再加上两壁生长的翠竹枯木，似龙爪与龙须，故人们美其名曰"金龙吐珠"。

鹦哥岭

主峰似蹲在岩石上的断嘴鹦鹉

琼中县鹦哥岭风景旅游区

鹦哥岭位于琼中的西南部，是海南三大山脉之一黎母山的重要支脉，最高峰鹦嘴峰海拔1811米，居海南第二高峰，因形似鹦嘴，气势磅礴而得名。登山顶可眺望五指山，尽览美景。景区内山川溪谷纵横交错，天然湖泊星罗棋布。林木葱郁、禽兽出没。山林深处保存完整的热带原始森林，生长与保存多样的植物群落，蕴藏多种自然资源。这里也是海南的革命老区琼崖纵队司令部旧址所在地，曾涌现出许多可歌可泣的历史人物，留下许多具有革命传统教育意义的人文历史景观。

白沙起义纪念园

纪念白沙黎苗族人民武装起义而建

琼中县红毛镇

纪念园是为纪念1943年8月黎族首领王国兴、王玉锦领导的白沙黎苗族人民武装起义而建的。馆内陈列白沙起义的实物资料，红墙青瓦的纪念馆及花岗石的纪念碑相映，立于花木丛中，构成一幅美丽的画面。1990年，海南省人民政府确定此纪念馆为省重点革命纪念建筑物保护单位。

链接

白沙起义

1939年2月，日军侵占海南岛。当时琼崖国民党军队和地主武装抵抗无力，逃入五指山区，对黎、苗族人民进行残酷的政治压迫和经济剥削，从1940年至1943年春，共杀害无辜黎族群众九千多人，苗族群众三千多人，为此黎族人民以领袖王国兴为首发动了"白沙起义"，为琼崖抗日战争至解放战争的胜利立下了不可磨灭的伟大历史功勋。

毛泽东主席对王国兴同志领导的白沙起义给予了高度评价，指出"中国少数民族自发起义，主动寻找共产党，消灭国民党，建立革命根据地，只有王国兴一人"。

仕阶村摩崖石刻群

豪情浓时石做纸，雅趣兴起刀为笔

琼中县上安仕阶村

清代名将冯子材西望巍然耸立的五指山，在上安仕阶村大石旁踌躇满志挥毫而就"手辟南荒"四个遒劲工整的大字。泐石志事，古人所好。"摩崖石刻"即于天然石壁上摩刻字或图以纪事。海南琼中县上安仕阶村的清代汉字摩崖石刻群记载着清朝廷对黎区的开发，是重要史实和美的人文景观。

白沙起义纪念园

景点推荐

五指山旅游区

五指山风景区

海南的第一高山

五指山市水满乡境内三月三大道森林湖旁

从五指山市到五指山脚下（水满乡）的班车最早的一班是早上9:30，在汽车总站坐车，到达水满乡后乘坐三轮车

30元　86550075

五指山风景区峰峦起伏呈锯齿状，形似五指故得名。拥有森林面积860平方千米，是全球保存最完好的三块热带雨林之一（其余两块为南美洲亚马逊河流域热带雨林、印度尼西亚热带雨林）。这里是海南热带山地生态风光旅游资源最丰富的地方，一直以独特的热带自然景观、气候条件和民族风情名扬海内外。作为海岛之“肺”，五指山不仅空气清新，自然风光优美，而且极具神秘色彩，是游客在海岛体验观光游、生态游、摄影游、休闲游等的绝佳去处。

玩家 攻略

1.登山的最佳时间是每年11月至次年4月，最好是避开5~10月的雨季，雨季期间五指山路滑难走，而且山上蚂蟥特别多。

2.登山最好早点出发，山上有时下午4点就开始起雾了，较危险。

3.五指山上下要一整天，有的路段需手足并用。一般要在山下住一夜。

4.山上缺水，登山前一定要准备足够的水。因为登山来回需要时间较长，最好准备一点干粮补充体力。

玩家 解说

五指山中的最高峰为“二指”，海拔1876米，比五岳之首的泰山还要高出300多米。山势非常

险要，攀登更难，有一座由天然巨石架成的“天桥”，传说神童仙女常到桥上云游玩耍。二峰之后是三峰，原是五指山的最高峰，后被雷劈去一截。接着是四峰、五峰。这五座山峰巅虽然分立，但实际上却是山体相连。置身于峰峦，只见云雾从身边徐徐飘过，似置身在仙境中。

链接

五指山之最

我国生态系统多样性、生物种类多样性、生物基因多样性最为丰富的地区；海南省面积最大的自然保护区；我国热带雨林海拔最高和相对高差最大的保护区；我国热带植被类型最多、植被垂直带最完整的自然保护区。

五指山热带雨林

原始森林遍布

✉ 五指山市水满乡境内

五指山热带雨林风景区集中了热带山地雨林和热带沟谷雨林的典型景观。原始黎族的母亲河——水满河流经整个景区，由五指山原始森林中的山泉水汇聚而成的水满河清澈透底，动静结合。景区内古树参天，藤萝密布，奇花异草随处可见。有永远两株相接母子相连的母生树；具有神奇医疗功效的野生茶树。在观山台正面眺望海拔1868米的海南屋脊——五指山，巍峨耸立，五峰并列如撑天五指，在云海中时隐时现，尽收眼底。

五指山大峡谷漂流

有“神州第一漂”的美称

✉ 五指山市水满村

🕘 9:00~16:00（周六、周日开漂）

五指山大峡谷漂流地处热带雨林腹地，冬暖夏凉，因其水流落差急缓有致、险象横生和两岸奇伟峻逸、云雾缭绕的山峰，故有“神州第一漂”的美称。漂流全程长约6千米，最大落差8米，峡谷奇石林立，千姿百态；船行其间忽左忽右，或前或后，高空漂落、惊险至极、回味无穷。

玩家 解说

五指山大峡谷漂流分为“勇士探险漂”和“情侣逍遥漂”两个项目。“勇士探险漂”河段水流湍急、河道复杂，在热带雨林、奇峰、瀑布、绝壁中激进，惊险、刺激，强调彼此的合作精神，全程如激昂而跌宕的命运交响曲。“情侣逍遥漂”河段水流平缓，两岸田园风光秀美，花红草绿，憩静的黎族村落掩映在青山翠竹之间，整个过程如一段舒缓浪漫的小夜曲，比较适合家人或情侣。

五指山蝴蝶牧场

海南的蝴蝶王国

✉ 五指山市五指山风景区

五指山大区域的热带雨林为蝴蝶的栖息、生长和繁殖提供了有利的条件，因而以五指山为中心的热带雨林山区有600多种蝴蝶，占全国蝶种的50%，其中70%为观赏性蝴蝶，具有体大、艳丽、怪异等特点。其中凤蝶、蛱蝶、粉蝶等7种还是稀有珍贵的品种，而最美丽的凤蝶科蝶种达48种，占全国总数的51%，因而蝴蝶是五指山林区景色一大点缀，只要您愿意来五指山一游，相信这些色彩斑斓、轻灵飘逸的小精灵会给你带来不少的乐趣。

海南民族博物馆

以研究海南各族传统文化为主的综合性省级博物馆

五指山市冲山镇海榆北路

8:00~18:00

86622336

海南民族博物馆是海南最大的综合性博物馆，也是海南建馆最早、规模最大、馆藏最丰富的博物馆之一。博物馆建筑巧妙融合了北方四合院和黎族民居的特点，雕梁画栋、飞檐翘角、古朴壮观。

馆内主要设有6个主展厅和2个机动展厅，展品丰富，内容独特。各展厅通过展出各种文物、民族民俗物品、历史图片和资料，反映了各个历史阶段黎、苗族人的文化和风土人情等。馆内收藏有各种黎族纺织品值得一看，纺织品图案多为几何形，织工精巧，图色并茂，图像逼真，具有典型的黎族文化风，极富东方神秘文化的色彩。

玩家解说

博物馆迎宾大厅有一座海南第一龙门，它是由19块花岗石加工而成的大型石雕，非常值得欣赏。展厅中以历史展厅最为丰富，陈列有各类石器工具、贝币、陶器、青铜器、彩陶器、瓷器、五铢钱石币、穆斯林珊瑚石古墓碑，以及历代在海南活动过的名人如李德裕、苏东坡、黄道婆、海瑞等人的实物资料。民俗录像播放厅主要播放黎、苗等民族丰富多彩的民间歌舞。馆内侧建有黎族文化村，生动再现了黎族同胞的生活和劳动情景。在这里可以领略黎族风情民俗，观赏黎族歌舞，观赏热带奇花异草，购买民族工艺品、品尝黎族饮食。

海南省民族博物馆

阿陀岭森林公园

阿陀岭森林公园

有“天然空调”之美誉

五指山市翡翠城北郊

阿陀岭占地面积8066.7公顷，拥有天然林面积7866.7公顷，自然景观丰富多彩，包括原始森林、人工林、群山、溪流、飞瀑、清泉等，山水相依、景色绮丽。阿陀岭风光秀丽，环境优美，空气清新，非常适合开展观光、摄影、登山等旅游主题活动。

玩家 解说

公园内的森林覆盖率达90%左右，主要类型有热带雨林、热带季雨林和常绿阔叶林等，野生植物共有1600多种，此外还有多种花卉与绿化树种等。野生动物资源也十分丰富，拥有兽类30多种，两栖爬行类40种，鸟类120种，其中包括国家级珍稀保护动物巨蜥、蟒蛇、孔雀雉、海南山鹧鸪等6种，国家二级保护动物穿山甲等16种。此外，公园冬暖夏凉，四季如春。

海南琼崖纵队司令部旧址观光园

全国六大革命根据地旅游景点之一

五指山市毛阳镇毛贵管区　在五指山市内乘坐去往毛阳镇方向的中巴可前往

海南琼崖纵队司令部旧址观光园占地面积约40公顷，融观光、度假、休闲为一体，是海南第一个以爱国主义教育为主题的公园。1945年，冯白驹和王国兴会师后，在此建立了琼崖纵队司令部。这里位置优越，交通便捷，山高林密，人稀景丽，附近还有太平山瀑布、中华民族文化村等景点，是寻访革命圣地和户外探险的理想去处。

番茅黎寨

黎胞聚居的自然村

五指山市市区北面约1.5千米处

番茅黎寨周围群山滴翠，田畴连片，一派田园风光，是黎胞聚居的自然村。旅游寨由黎族民办，现建有黎族特色的竹楼等建筑，风情浓郁。寨内陈列着黎族各种劳动工具、生活用具和娱乐器具。还可观看黎族舞蹈表演，买到特色鲜明的民族工艺品。

玩家 解说

据说，黎族祖先原生活在海上，以船为家，后迁入陆地，为怀念先祖的船家，在陆上盖成船形屋。寨里的男人留长发结髻于额前，以红布或黑布缠头，上衣无领对胸开襟。妇女文脸，穿着绣有图案的筒裙，披绣花头巾，上衣无扣，对胸开襟，喜欢戴耳环、项圈、手镯等装饰品。寨里妇女精于纺织和刺绣，凭着灵巧的双手，用简单的工具便可织出精美图案的头巾、上衣、石榴筒裙等黎锦民族工艺品。寨里黎胞能歌善舞，山歌对唱曲调优美，抒情动听；传统的《跳柴舞》《舂米舞》《钱铃双刀舞》等多姿多彩；别具一格的吹奏鼻笛和铜笛，具有独特的民族风格和浓郁的生活气息。

太平山瀑布

“南国夏宫”

五指山市东北6千米处

太平山海拔800多米，山上长满老树古藤，山间岩石叠峰奇秀，山花烂漫，林木荫翳，曲径通幽。整座山分东西耸立两个山峰，两峰之间有一条幽深险陡的山谷，太平山瀑布从山谷百米高处蜿蜒直泻，奇伟壮观，上细中粗。雨季，飞瀑倾泻，落于丈余巨石上，飞溅起如珠似玉的水花，轰声如雷，回荡不息。山下是五指山度假村，琉璃红瓦，环境优雅。

毛岸苗村

保留着浓郁的苗族风情

五指山市冲山镇南郊15千米 ¥30元

毛岸苗村的苗族风情让人依依不舍，陡水河在村旁缓缓流过，自然景观秀美。毛岸苗村保留着浓郁的民族特色，特有的山兰禾架和竹编的小谷包点缀着房前屋后。每当三月三佳节，苗族同胞便跳起欢乐的舞蹈，捧出山兰米饭和野味山菜，欢迎远方的客人，让人倍感亲切。

中华民族文化村

集艺术、游览于一身的民族文化旅游区

五指山市南圣镇

从海口乘省汽大巴到五指山海榆中线217千米处下 ¥20元

中华民族文化村占地约40公顷，是集各民族民居建筑、民俗风情、民间艺术于一身的大型民族文化游览区。

中华民族文化村内竹楼、船形屋、木楼屋、三房一照壁、土掌房、蒙古包、四合院等二十几个民族民居均按原景观大小建造，鼓楼、风雨桥、三塔、太阳历柱、长城等上百个景点依村傍寨巧妙布局、错落有致，与自然山水融为一体。各民居的家具、劳动工具以及周围环境也都按其民族的习俗、风情造物布景，使得游人每观赏一处，都有身临其境的感觉。

玩家 解说

中华民族文化村里不仅有来自全国各地民族歌舞演员推出的打柴舞、霸王鞭、孔雀舞、目脑纵歌、锅庄舞、鄂尔多斯等民族歌舞表演，还有叮咚、芒锣、象脚鼓、芦笙、冬不拉、木鼓、三弦等民族器乐演奏和泼水节、三月三、火把节等热闹的旅游节庆活动。

更多本旅游区景点

“琼崖公学”纪念亭：纪念亭建于1964年，是为纪念琼崖公学而建的。1940年夏，冯白驹将军在澄迈县美合根据地创办了琼崖公学，专门培养革命骨干。到1950年5月海南解放为止，琼崖公学共培养1500余名革命骨干。五指山市番阳镇

五指山百花岭：百花岭风景名胜旅游区方圆几千米，沿水泥山路穿过黎胞聚居的百花村，眼前便出现一座峰峦重叠连绵、古木笔直参天的大山。山侧有座观音庙，飞檐重宇，雕梁画栋，金碧辉煌，庙里的观音菩萨像端庄慈祥。五指山市五指山风景区

五指山市全貌

景点推荐

保亭旅游区

槟榔谷 AAAAA

原住民文化守护天堂、神秘雨林的守望者

保亭县甘什岭自然保护区境内

可从三亚汽车总站乘坐开往保亭、五指山方向的客车，直接在槟榔谷景区下车

旺季96元，淡季80元

8:00～17:20，16:30停止入园

38661116 www.binglanggu.com

槟榔谷由原甘什黎村、百年苗家和原神秘雨林三大板块组成，是一个多民族、多文化的多元型旅游风景区。两边森林茂密，中间是一条连绵数千米的槟榔谷地，故称槟榔谷。景区内青山绿水，鸟语花香，槟榔成林，以南国古老的文明为史脉，黎苗风情为中心，热带生态园林为纽带，展现了黎苗村庄、蚩尤山寨、远古文化、民俗风情、田园风光等特色景观。

玩家 攻略

1.最佳浏览线路：从入口进入，可先至展览馆，出来后进入黎村寨，沿小路走可至蚩尤部落和滑索，再往上走则可至热带雨林公园。

2.最佳游季：11月至次年3月。其中农历春节期间是旅游旺季，建议避开高峰。

3.由于园区面积较大，岔路口较多，建议您请一名讲解员，全程负责讲解服务。

4.这里有品种丰富的热带水果、别有风味的黎家小吃、醇正香甜的山栏南滴、原汁原味的野菜等。

玩家 解说

非遗村文化体验区：在非遗村内感受海南原住民四大主题博物馆，即无纺馆、麻纺馆、棉纺馆、龙被馆。

百年古黎村文化体验区：在百年甘什黎村置身远古的黎族部落，体验做一回真正的黎家人。

谷银苗家文化体验区：到苗寨喝一杯拦门

酒，听一曲苗岭飞歌，看一场惊心动魄的“上刀山、下火海”表演，体验古老的苗染苗绣技艺。

《槟榔·古韵》大型实景演出体验区：美妙的舞姿，动听的歌谣，古老的传说，永恒的历史，都在浓浓的歌舞演出中巧妙融合，令人流连忘返。

黎苗风味美食文化体验区：在波隆人家，啖一口脆甜的槟榔，开启味蕾之旅；在黎家美食一条街，品尝纯正的黎家小吃。源于自然的绿色食材，挑战舌尖上的山间野味，情理之中的念想，意料之外的回想。

兰花小木屋民宿体验区：邻山侧畔，雨梭如帘；聆听田野蛙鸣的交响，编织星光斑斓的黎家梦，关闭电源，筑梦雨林。在高空滑索，乘着风飞的梦想，划过烦恼的牵绊，体验速度与激情的快感。

田野黎家民宿体验区：仰望层峦叠嶂如同墨染一般的山峰，俯视缥缈的船形屋。农耕于山、于田、于涧；农食于蔬、于野、于心。忘却世间纷扰，悠然黎家，隐逸田园。

链接

热带雨林

热带雨林一般是指阴凉、潮湿多雨、高温、结构层次不明显、层外植物丰富的乔木植物群落。这里全年高温多雨，无明显的季节区别，年平均温度25℃~30℃，最冷月的平均温度也在18℃以上，极端最高温多数在36℃以下。年降水量通常超过2000毫米，有时竟达6000毫米，常年湿润，空气相对湿度90%以上。热带雨林许多独特现象是其他森林所没有的。一是大板根现象：大树具有板状的树根，树干基部常会长出多姿多态的板状根，呈放射状向下扩展。二是老茎生花现象：很多新的植物在老茎秆上开花、结果。三是寄生现象：很多小型植物附生在其他植物的枝干上发芽生长。四是绞杀现象：通过绞杀其他植物而让自己蓬勃生长。五是藤本攀生现象：有些藤类植物长达数百米，穿梭悬挂于树木之间，使人难于通行。六是独树成林树现象：这些树生长着许多发达的气根，这些气根从树干上悬垂下来，扎进土中后，还继续增粗，形成了许许多多“树干”，非常壮观。

呀诺达雨林文化旅游区 AAAAA

融汇生肖文化、雨林图腾、民俗风情于一体的雨林景区

保亭县三道镇，海榆中线三亚至保亭方向18千米处 乘坐三亚城际旅游1号线可直达

158元（含门票、车票、电子导览器）

7：30~18：00

83883333 www.yanoda.com

呀诺达雨林文化旅游区，是海南岛五大热带雨林精品的浓缩，也是最具观赏价值的热带雨林资源博览馆。它集山奇、林茂、水秀、谷深于一身，拥有独特的“黎族”风情，可以称得上是海南岛的“香格里拉”。景区以天然形胜和热带雨林景观为主体基础景观，融“热带雨林文化、黎峒文化、南药文化、生肖文化”等文化理念为一体，主要景点有雨林谷、梦幻谷、三道谷等。

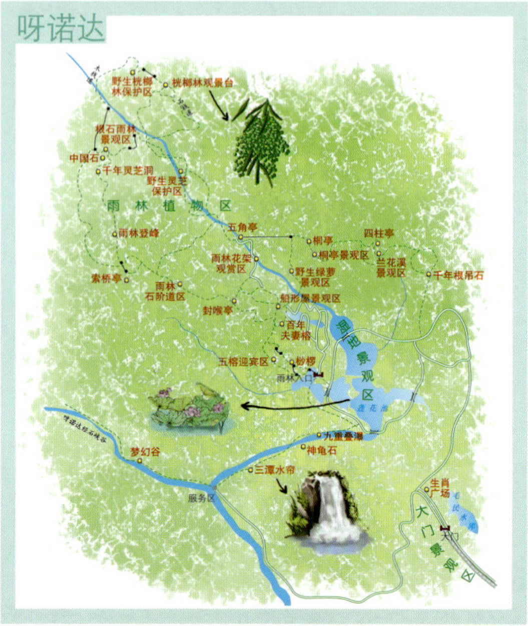

玩家攻略

1.全年皆宜游览，11月至次年3月最佳，夏季要注意防晒防蚊虫。

2.在景区可品尝当地特色美食：三道椰子鸡、槟榔花煲

猪肚、呀诺达雨林药膳等。

玩家解说

呀诺达文化旅游景区集热带雨林、峡谷奇观、流泉叠瀑、黎峒风情、热带瓜果、南药、温泉多种旅游资源于一身。景区内有1400多种乔木、140多种南药、80多种热带观赏花卉和几十种热带瓜果，让呀诺达从头到脚充满着无与伦比的热带风情。这里还有神奇的绞杀现象、空中花篮、老茎生花、藤本攀附、高板根、根包石六大热带雨林奇观。在气候上，它是避暑消寒之谷；在地质上，它是瀑布溪水之谷；在养生上，它是南药温泉之谷；在文化上，它是黎族风情之谷。

链接

呀诺达

呀诺达是形声词，在海南本土方言中，是一、二、三的意思。其意有三，一是："呀诺达"代表海南方言，表示此热带雨林区是海南的，意在弘扬根植在海南海岛厚土中的本土文化。二是："呀"表示创新，"诺"表示承诺，"达"表示实践，希望海南旅游以更加饱满的色彩走向国际舞台。三是："呀诺达"一般解释为欢迎、你好等，表示友好和祝福。

呀诺达热带雨林

雨林谷

雨林谷内生长着大量的原始森林和次森林，遮天蔽日。流泉叠瀑倾泻而下，凉意袭人，是避暑消寒之谷。雨林谷盘根错节、

海南著名婚纱摄影地

● 呀诺达雨林

这里集山奇、林茂、水秀、谷深、黎族风情于一身，在幽深的热带雨林中和你的爱人一边欣赏着这沁人心脾的美，一边以这独有的雨林景观为背景拍摄婚纱照，那种浪漫不言而喻。

● 南山文化旅游区

这里是以佛教文化为主题的旅游区，来到这里举行一场佛教婚礼可谓别开生面。在婚礼进行曲中，沿着红地毯走向神圣的南海观音，接受证婚法师唱香赞，开示，并宣读结婚证书，之后焚香礼佛。这种特殊意义的婚礼定会让你终生难忘。

● 椰梦长廊

椰梦长廊是环三亚湾修建的一条著名的海滨风景大道，临海一侧为景观优美迷人的热带植物园林，与银色的沙滩、蓝色的大海相映成趣，组合成一幅色彩斑斓的长卷画图。湛蓝的海水、细软的沙滩、郁郁葱葱的椰林将是你和爱人拍摄婚纱照的最好背景。

● 亚龙湾

这里的碧水、青山、沙滩、光照实属大自然恩赐，三面青山相拥，一面呈月牙形向大海敞开。沙滩沙粒洁白细软，海水清澈澄透。赶快拿起手中的相机，带上心爱的情人一起奔赴这里，让镜头里的浪花见证这纯净的爱情。

● 天涯海角

是三亚的标志性和代表性景区，青山、碧海、银沙、蓝天、白云、椰树构成了美丽的图画。爱情歌曲中的"希望你能爱我到地老天荒，希望你能陪我到海角天涯"的绝唱，表明了"天涯海角"成为爱情至高境界的象征。每年都会有无数情人前来拍摄婚纱照，表达他们相互之间的挚爱。

● 蜈支洲岛

银色的沙滩、碧蓝色的海水和蔚蓝色的天空是大自然赋予蜈支洲岛的美丽，和你心爱的人站在海滩上享受海浪的戏耍和阳光的爱抚，用相机定格这永恒的浪漫。如果你想要更加新鲜的婚礼，不如来一场潜水婚礼吧，搂着心爱的情人、看着奇特的海底世界，那该多么美妙啊！

呀诺达热带雨林

鬼斧神工，其中林蟒绞杀、空中花篮、老茎生花、藤本攀附、高板根、根包石六大雨林奇观形神兼备，展现了独特的根石雨林景观。

梦幻谷

主要由木栈道构成，以巨石、巨榕、热带阔叶林、流泉叠瀑等热带雨林景观为主。这里也是呀诺达雨林特色拓展活动——踏瀑戏水野外拓展的主要场所，可以体验紧张刺激、有惊无险的野外拓展活动。

三道谷

由瀑布、奇石、巨树、龙潭、泻泉等相对独立、融为一体的景观形成，有着奇特的地质构造和丰富的药材资源。谷内溪水清澈见底，石头形态多样，各种奇异的花朵竞相开放，风光秀美。

仙安石林

中国唯一的热带雨林喀斯特石林

保亭县毛感乡仙安岭上

从海口或三亚乘车至保亭县城，乘中巴到毛感乡再租车可往返景区

免费　8:00~18:00　83820388

仙安石林占地39公顷，发现于1992年，这是一座由山顶剑状、针状奇石组成的石林，在地貌学上属于热带雨林型喀斯特石林。景区融山、石、洞、崖、林、溪为一体，是热带风雨溪流镂雕的艺术精品。石林中石景栩栩如生，如虎豹，似恐龙，像仙女，若雄鹰，同骆驼；溶沟似刀劈斧砍，形状千姿百态，这是大自然的杰作，令人叫绝。仙安石林是海南难得的天然石林风景旅游区，也是旅游探险的先锋地。

玩家攻略

5~10月是海南山区的雨季，这个时候一般上午天气晴朗，下午有雨，去仙安石林一定要赶在下午前结束行程。

丛林中常有山蚂蟥，最好带一块碱性比较大的肥皂或驱风油涂抹鞋子、袜子和腿脚。

涉奇探险：来到仙安石林，对于爱好探险的人来说是一个可以一显身手的地方，石林的密林中有一条羊肠小道沿着险峻的绝壁而上，一路上虽有先人已经搭好的梯子，但由于长年累月的风吹雨淋，梯子很多木板已经腐蚀，因此每走一步，都要踩着梯子上的铁条，小心翼翼地往上爬。爬过隘口，满眼全是尖尖的石芽，犹如锋利的刀刃。千姿百态、美不胜收。

木舟游溶洞：溶洞中怪石嶙峋，遍布钟乳，千姿百态，爱好探险的人可以乘坐木舟观光，但最好请一位向导带路。

仙安瀑布

从小路穿出石林，闻得水击之声哗然，从田间小路穿过，始见水声之源——仙安瀑布。这是一条落差6米的小瀑布，珠帘倒挂、水珠溅花。看上去十分秀美。

石芽——溶洞

百余尊大石芽及数不清的小石芽，千奇百怪。这里的石芽一般高3~4米，有些高达10~15米，最高的达到35米。百余尊大石芽和无数小石芽是大自然鬼斧神工的雕塑，非人类艺术家奇思妙想所能及。有的像骆驼、有的像雄鹰、有的像仙女，等等。石林丛中还有许多溶洞，洞洞迂回曲折，遍布钟乳，形态各异，洞中有洞，洞下有河，可行木舟。

七仙岭温泉国家森林公园 AAAA

融温泉、热带雨林、田园风光和民族风情为一体的旅游胜地

保亭县东北边七仙岭风景区

可从三亚乘汽车到达保亭县

60元　7:30~16:00

七仙岭温泉国家森林公园包括温泉区和森林区两部分，其魅力在于温泉、奇峰、民族风情和热带田园风光融为一体。七仙岭温泉国家森林公园主要分三个游览区域，第一区域是七仙岭国家公园体验之旅，另外两个区域分别为热带雨林猎奇之旅、探险登峰之旅。拥有各类珍奇植物5000多种，野生动物500多种，是海南岛为数不多的几片保存较完好的热带雨林之一。在七仙岭温泉国家森林公园内，游客可尽情观赏丰富多彩的地貌景观、动植物景观，也可自由呼吸森林中高浓度的氧气和负氧离子，还可体验温泉风情度假的无限魅力。

玩家 攻略

1.七仙岭温泉高尔夫球场：它是国际标准18洞72杆山地球场，球场占地面积约99公顷，球道全长7151码，最大球道落差达50余米，由美国著名设计师精心设计打造，别具匠心地利用了原始地形地貌，令球道迂回穿梭于茂密的橡胶林及天然湖泊山溪之间。

2.七仙温泉度假村：位于七仙岭温泉度假区，日方独资建造，相当于三星级饭店，只有12间房约24张床位，平时打折后房价约256元/天，周末287元/天。

3.七仙岭温泉山庄：临于溪水之边，配有温泉大泳池、温泉小泡池、温泉小鱼保健池、槟榔休闲园。

4.来到七仙岭，肯定要尝尝当地黎族的竹筒饭和苗族的五色饭了，许多宾馆的餐厅都有售卖。另外，漫山遍野的蕨菜、蒲公英、苦妈菜、白花菜等是这里上等的无公害野菜。

5.橡雨轩午餐厅：提供中西美食和特色海南黎苗风味菜肴，可容纳100人同时就餐，餐厅露台可以观看高尔夫球场景致。

玩家 解说

七仙岭七座山峰似人的掌指竖立，直指苍穹，如仙女亭立，岭名由此而得。前峰高大，海拔1126米，后六峰相依而小。七仙岭地区气候温润，年平均气温23℃，全山密布原始热带雨林，是天然的动植物王国。

七仙岭

又名七指岭，以七个状似手指的山峰而得名。它由七座峭立的花岗岩石组成，突兀于山峰之上，远看挺拔险峻。设有登山石板栈道和木质观光栈道，在石板栈道的终点处有攀岩石壁，设有辅助铁索，可享受攀岩乐趣。

七仙岭温泉

七仙岭温泉

是海南岛唯一处于热带雨林之中的温泉，又有“森林温泉”的美名。它是海南岛唯一处于“半野生”状态的自喷温泉，温泉水质软滑，清澈透明、无色、无味，享有“天下圣泉”的美誉。高温池可煮熟鸡蛋，中低温可用于游人浸泡。

黎苗民族歌舞长廊

可体验民族风情，观赏民族歌舞的歌舞长廊

五指山市至保亭县一带约十几千米的路段两侧

可先乘海口至保亭的快车，再换保亭至五指山的车，到达后沿着南圣河北岸走2千米即到番茅黎寨

黎苗民族歌舞长廊共有十几家黎苗风情旅游村寨，每个村寨长年可供游客体验民族风情，观赏独具特色的民族歌舞，形成具有一定规模的黎苗民族歌舞长廊。通什黎族山寨、番茅黎村、番空旅游村是黎苗民族歌舞长廊中主要的参观点，各参观点以民族歌舞著称，其民族歌舞丰富多彩、纯朴优雅、真实反映黎苗民族风情和生活。

玩家解说

跳柴舞：黎族地区山高林密，相传先民们建茅屋时，竹竿不断从屋顶滑下，人们为避免打脚碰头刺脸，便不断地跳呀跃的。这情形颇具趣味，就逐渐模仿和改进，形成了“跳柴”。跳时，人们在晒谷场或山坡的地坪上，平行地摆开两条小腿般粗的四方木（木桁条）或圆木，在有规律、有节奏的叩击声里，跳柴者在圆木条分合的瞬间空隙中，不但要敏捷地进进退退，还要自然地做各种花样的舞蹈动作和表演。

钱铃双刀舞：黎族男子很崇尚能武，跳舞时身着传统服饰，头缠红布的大汉手执八寸双刀，与另一手持钱铃棍者对斗。钱铃棍有两尺长，两端各系着一串铜钱。舞蹈往往在一个特制的大簸箕里进行，闪亮的双刀四面勇猛地向持钱铃棍者佯刺。

黎族民居

毛感千龙洞

海南省发现的较大溶洞

保亭县毛感乡千龙苗村附近，仙安石林东片区石峰下　海口至保亭的省汽车再乘中巴可到

8：00～18：00

毛感千龙洞占地133公顷，海拔500～700米。这里四季如春，风景优美。溶洞全长400多米，洞分上下两层，上层旱洞，由龙门厅、龙王殿、凯旋门、登天宫、通海长廊等串珠式大小六个洞厅组成。洞中有山，山中有洞，神秘奇特。洞穴处有一口奇幻美妙的仙女浴池，水深2米左右，清澈透底，鱼若空浮，堪称奇绝。最大洞厅长50多米，宽30米，高40多米，可容纳千余人。

南国槟榔庄园

有海岛面积最大最古老的槟榔园

保亭县南端

乘海口至三亚的省汽快车，在三亚高速公路出口处乘中巴至景点　15元

南国槟榔庄园有黎族人民别具风格的田园风光、有海南岛面积最大最古老的槟榔园。庄园内种有多种亚热带古树，这里的山泉溪水呈多级瀑布从园中穿流而出，冲击形成了形状各异的怪石群。此外，这里还有著名的奥闺屋（黎族姑娘居住和娱乐的场所）可供参观。在庄园中可以品尝到黎家竹筒饭和黎家山茶，观赏多姿多彩的黎家歌舞，还

可以参加黎家弓弩射击的娱乐项目。

玩家 解说

南国槟榔园由三园（约13公顷槟榔园、千种植物园、山栏园）、三舞（黎族歌舞、苗族歌舞、艺人表演玩蜂舞）、三怪（石头长出榕树来、蜜蜂学乖不蜇人、小孩爬槟榔树比猴子快）、二村（黎村风情、苗村野趣）、一馆（黎苗文化展览馆）、一蜂（100窝蜜蜂繁忙酿蜜）、一街（民族工艺品和土特产品一条街）组成。

甘什岭
国内首次发现无翅坡垒树种

保亭县南部和三亚交界处

乘海口至三亚的省直快车，再乘当地中巴至目的地 ￥50元

甘什岭保护区地貌属低山丘陵地，为五指山脉南麓的延伸部分，区内峰峦起伏，山清水秀，四季常青。登高眺望，东可见10千米外的内海，向西依稀可遥望三亚。保护区内生长着大片热带珍贵树种——无翅坡垒，属龙脑香科乔木，树高一般在12米至15米之间，树干通直，树皮平滑，呈红褐色，木质坚韧，是制作家具的上乘材料。甘什岭上的无翅坡垒混生于次雨林中，这种生态群落较为独特，在我国首次发现，在国外也很少见。

热带植物园
有很多稀奇的热带植物

保亭县热带作物研究所内

乘海口至保亭的汽车

热带植物园占地10公顷，种有30多个国家热带经济作物和国内珍贵的热带、亚热带植物，共有91科、420种。热带植物园园内分热带作物标本区、热带果树区、热带经济作物区、南药区、热带林木区、花卉观赏区、油料作物区，种有神秘果、人心果、面包果、红毛丹、油梨、牛油果等稀奇古怪的热带植物。

火炬姜

布隆赛乡村
可体验农活乐趣

保亭县呀诺达热带雨林景区附近

乘海口至保亭的汽车

布隆赛乡村文化旅游区离呀诺达热带雨林景区仅500米，是个新开放的景区。进入旅游区，一栋栋色彩鲜艳、具有黎族风貌的两层小别墅格外引人注目。当地黎族人也依旧在此地生活，并参与到了旅游区的开发中。现在旅游区里包含了度假别墅、商业街等项目，游人可小住一日，在这里体验农活乐趣，制作陶艺、插秧体验、当地米酒制作或者烧烤休闲。

更多本旅游区景点

南美温泉：山庄于2007年8月开张，是一家按四星级酒店标准装修，融旅游、休闲、观光、温泉疗养为一体的涉外度假型酒店。酒店拥有各类客房62间，116张床位。酒店设有餐厅、酒吧、商务中心、温泉泡池、户外山泉水游泳池等服务设施，能远眺具有古老传说的七仙岭。保亭县七仙岭风景旅游区

毛感生态旅游区：主要由仙安石林、仙龙溶洞、百翠湖（实称毛拉洞水库）三部分组成，是一个融“石、洞、水”三位为一体的自然景观最丰富，热带雨林最突出，地貌生态最完整的大型旅游区。保亭县毛感乡境内

发现者旅行指南

海南东线

概览

亮点

东郊椰林

东郊椰林郁郁葱葱，是一条一望无际的林带，宛如天然绿色屏障，是体会椰风海韵的好去处。

铜鼓岭

铜鼓岭西连内陆，东濒南海，是海南的最东角。这里山美石奇，有着壮观的山海景色，素有“琼东第一峰”之美称。

万泉河

万泉河可分为漂流区和峡谷探险区，漂流穿越激滩，惊险刺激，被誉为“中国热带第一漂流”。峡谷区为探险项目，热带雨林中峡谷丛生，景色奇幻。

博鳌水城

博鳌水城旅游区以“亚洲博鳌论坛”而闻名。融江、河、湖、海、温泉、山麓、岛屿为一体，这里水中有岛，岛中有水，秀丽景色和名胜古迹集于一地。

兴隆热带植物园

热带植物园物种资源丰富，园林景观优美，是一处融旅游观光、科研科普、生产加工、资源保护为一体的综合性植物园。

分界洲岛

分界洲岛是世界唯一的热带与亚热带海域分界岛。它由山、海、岛相融合的独特资源构成，拥有众多独特自然景观，是海南最适宜潜水、观赏海底世界的海岛。

南湾猴岛

南湾猴岛景区总面积为10.2平方千米，现居住着千余只猕猴，因此人们称之为“猴岛”，是我国也是世界上唯一的岛屿型猕猴自然保护区。

线路

海南东线温泉休闲游

早餐后前往博鳌水城（琼海），游览洁白美丽的玉带滩和博鳌亚洲论坛永久会址。午餐后前往兴隆温泉度假区（万宁）。晚上住在温泉度假村，可观赏东南亚特色的风情表演。

文昌经典两日游

文昌自然风光得天独厚，清澜的白金海岸，龙楼的铜鼓岭，东郊镇的东郊椰林风景独特，吸引着无数人前往。第一天游览东郊椰林和铜鼓岭，陶醉在一片椰海风韵和满目青翠中，第二天游览宋庆龄祖居和文昌孔庙，感受浓郁的人文气息。

琼海博鳌两日游

第一天游览白石岭和万泉河，赏奇景，听红色娘子军的英雄事迹。第二天在博鳌水城，尽情享受快乐。

为何去

海南东线指的是文昌、琼海、万宁、陵水一带，这里阳光充足、雨水丰富，历来是经济作物的生产基地，是海南经济及旅游开发最早、设施最完善、文化传统相对深厚的地区。

文昌海滩

东线四地景点各具特色：文昌以椰文化著称，有海南地区椰林最为繁茂集聚在海边的东郊椰林；琼海以博鳌为中心，有万泉河的入海口及亚洲论坛成立会址及永久会址；万宁一带兴隆热带植物园、热带花园景区尽显东南亚风情；陵水拥有我国唯一的岛屿型猕猴自然保护区——南湾猴岛。

何时去

每年11月至次年3月是东线一带最佳旅游时间。

博鳌亚洲论坛酒店

东线气候终年温暖湿润，长夏无冬，不过6～9月是台风季节，特别是文昌和琼海两地有“台风走廊”之称，此时不宜到此旅游。而每年11月至次年3月，其他地方正当寒冬之时，这里却一派阳光明艳、树木葱茏的夏日景象，可以尽情享受冬季里的夏日时光。

景点推荐

文昌旅游区

铜鼓岭

有“琼东第一峰”之称

文昌市龙楼镇

在文昌汽车站乘坐文铜线（文昌汽车站—水涯崀—龙楼墟）公交车到龙楼镇下车，然后换乘出租车或当地的“风采车”即到

免费　66661003

铜鼓岭即铜鼓岭自然保护区，地处南海之滨的琼东北地区，是一处国家级自然保护区。这里以铜鼓岭为中心景点，其他景点包括宝陵河、淇水湾、月亮湾、云龙湾、大澳湾、石头公园等。保护区内自然资源十分丰富，拥有植物984种，其中包括海南特有种茶槁楠、琼刺榄、草豆蔻、古山龙、山竹仔、海南苏铁等35种，海南新分种水芫花、沙漠马齿苋、海南青牛胆3种；拥有动物种类包括兽类10种、鸟类20余种，以及爬行类、两栖类等，其中包括国家野生保护动物如蟒蛇、猕猴、穿山甲等。此外，这里珊瑚礁资源也很丰富，主要有珊瑚藻、造礁石珊瑚等100多种。总之，铜鼓岭不仅是游览观光、休闲健身的好去处，也是科考、探险的绝佳地。

玩家攻略

1.上山可以沿着盘山公路开车或步行，如果在半山腰雨林栈道入口处钻进新修的登山古道拾级而上，可以真正领略到许多珍稀植物及根抱石等各种热带雨林自然景观。

2.到了山顶可以把车停在部队的篮球场里，停车费10元，然后步行几分钟就到山顶。在这里不能乱拍照（风景除外），特别是不能拍部队的营房，不然你的相机就要被没收。

3.铜鼓岭位于海南岛最东角，是欣赏海南岛第一轮日出的最好观测点，日出时间大约在早上6:00，冬天会晚些。

玩家 解说

铜鼓岭主峰海拔338米，被誉为“琼东第一峰”，地貌奇特，植被繁茂，山美石奇，风光秀丽，传说动人。游客上山时，可沿着盘山公路开车或步行。在到达半山腰的雨林栈道入口处，就能沿着新修的登山古道一路而上，沿途可欣赏到很多珍稀植物、根抱石等热带雨林景观，意趣盎然。此外，在顶峰上观日出或看晚霞，也是一种极为美妙的享受。

链接

珊瑚礁

珊瑚礁是指造礁石珊瑚群体死后，其遗骸构成的岩体。珊瑚礁的主体是由珊瑚虫组成的。珊瑚虫是海洋中的一种腔肠动物，在生长过程中能吸收海水中的钙和二氧化碳，然后分泌出石灰石，变为自己生存的外壳。每一个单体的珊瑚虫只有米粒那样大小，它们一群一群地聚居在一起，一代代地新陈代谢，生长繁衍，同时不断分泌出石灰石，并黏合在一起。这些石灰石经过以后的压实、石化，形成岛屿和礁石，也就是所谓的珊瑚礁。

铜鼓嘴

铜鼓嘴大概是海南岛最具魅力的海边景观了。沿着一条800米长的绿荫小路走到尽头，便是铜鼓嘴山顶，顶上有0.67多公顷起伏的草坡，里面长满了野菠萝树和狐尾椰。草坡东南面为一处广阔的悬崖，悬崖下面正对无边无际的大海。站在这里，面海迎风，刹那间能让人心旌摇曳，浮想联翩。

玩家 攻略

1.铜鼓嘴山道边树上常有一种红澄澄的果子，格外诱人，但是千万不要吃，含有毒。

2.铜鼓嘴山顶十分险峻危险，千万要注意脚底光滑的草地，不要接近悬崖。

月亮湾

月亮湾位于宝陵河出海口，海岸线长25千米，蜿蜒曲折，因形同一钩弯月而得名。站

铜鼓岭

在高处俯瞰月亮湾，目光所及之处，是南海滔滔的白浪，它们像一条条银白色缎带起伏不定；是海中的一座座小岛、礁石，它们像一颗颗珍珠镶嵌在南海之中，耀眼夺目。

玩家 攻略

1.从铜鼓岭下来后在山脚右转有条小路，走大约20分钟就能到月亮湾海边。

2.天气晴朗少云的日子看海效果非常好，通常冬季如果刮北风，空中雾气就大，能见度和大海的色彩就不是很理想；如果刮南风，不仅浪花好看，大海也多姿。所以，想专业摄影的话一定要咨询天气状况。

大澳湾

大澳湾地处铜鼓岭与铜鼓角之间，是一处特别美丽的海湾。它是“U”形海湾，两侧是山峰，中间有1000多米的白色沙滩。这里海水纯净，沙质细腻，天很蓝，风很柔，像是人间天堂一样充满了惬意。

云龙湾

云龙湾长达几千米，以海底分布的100多种珊瑚资源、400多种珊瑚礁鱼类及海草而著称。这里的珊瑚有的像蜂窝，面积最大可达一二十平方米；有的像牛粪，沾满了海底礁岩；有的像锅盖。在海底缓坡和巨石崖壁

上，还生长着很多海草，草丛里有五彩缤纷的鱼儿及螃蟹四处游弋，它们看起来欢乐而神秘。

石头公园

石头公园坐落于铜鼓嘴和云龙湾之间，里面的石头是地壳深处的岩浆突出地面后形成的玄武岩。这里的石头大小、颜色不一，鬼斧神工般形态各异，展现着大自然的无穷威力与魅力。

东郊椰林

以椰风海韵和海鲜为主的海滨浴场

文昌市东郊镇海滨半岛

在文昌市乘坐班车到文城镇，然后在文城车站附近乘坐中巴到清澜港下

10元 8:00~18:00

36829996

东郊椰林风景区椰树成片，共计50多万株，椰子种植面积占全省的50%以上。椰姿百态，品种繁多，包括红椰、青椰、高椰、水椰、良种矮椰等，葱翠的椰林组成了一条长长的林带，像是一道天然的绿色屏障。椰林下，风情小木屋错落其间，座座背林朝海，陈设古色古香，可悠然自得坐于屋檐下品茗赏海。此外，这里海水清澈，是天然海水浴场，可开展各种沙滩运动和水上活动。被人们描述为“文昌椰子半海南，东郊椰林最风光”。

东郊椰林

玩家攻略

1.椰林还有一处奇特罕见的海上森林——红树林，漫步风姿绰约的椰林小道，游人可尽情感受那略带椰香的习习海风与沙沙林涛。

2.濒海处是洁净绵细的沙滩与湛蓝清澈的海水，为绝佳天然海水浴场、水上运动和游乐胜地。浅海还盛产龙虾、对虾、石斑鱼和鲍鱼等名贵海鲜，可以在海边的海鲜坊内吃到新鲜的海鲜。

3.椰林下有许多风情小木屋错落于椰树间，悠然自得坐于屋檐下品茗赏海，惬意至极！椰林的海滩也是个拍摄日落的好地方。

玩家解说

椰林环境优美，区内已建成多处海鲜坊、旅游码头、海滨度假村，开展有各种沙滩运动和水上活动，是休闲度假的理想之处。其中，占地约5公顷的百莱玛度假村位于椰林深处，是一处不错的住宿场所；海鲜坊提供龙虾、鲍鱼等海鲜美食；天然海水浴场有多种水上运动可以体验；椰林海滩还是赏日落和拍摄日落的好地方。

链接

“椰乡”文昌

文昌椰树成片，椰姿百态，因而文昌别称“椰乡”，椰子种植面积和产量占全省50%以上，东郊镇又占全市椰子种植面积和产量50%以上，共50多万株。主要有椰林长廊、“椰子王”树、椰园小村、水尾圣娘庙、椰子工艺厂、椰乡民居、椰子产品一条街等景点。

宋庆龄祖居

宋庆龄的高祖、曾祖、祖父3代都居于此地

文昌市昌洒镇古路园村 坐海口汽车东站到昌洒镇的大巴或中巴然后再乘坐三轮车

15元 8:00~18:00 63308418

宋氏祖居坐落于文昌市昌洒镇的一片山丘上，是当地传统的农家宅院，占地1500平方米，建筑面积198平方米。祖居是砖木结构，坐西南朝东北，建造于清嘉庆年间（1796—1820年），由正屋、横屋、门楼各2

海南最佳摄影地

● 风光摄影

亚龙湾：这是个被大自然宠坏了的地方。大自然把最宜人的气候、最清新的空气、最和煦的阳光、最湛蓝的海水、最柔和的沙滩都赐予了这座迷人的海湾。拍摄海滨的景点，尽量选择诸如沙滩、蓝天白云、大海、岩石等作为背景，日落之时，是拍摄海滨照片最壮观的时刻。

蜈支洲岛：全岛呈不规则蝴蝶状，临海山石嶙峋陡峭、直插海底，中部山林草地起伏逶迤、绿影婆娑，北部滩平浪静、沙质洁白细腻、恍若玉带天成，四周海域清澈透明、极目远眺、烟波浩渺、海天一色。岛上的观日岩是拍摄清澈的海水、细软的沙滩和大海日出日落的最佳地点。

铜鼓岭：有琼东第一峰之称，三面环海。明媚的阳光，湛蓝的海水，纯净的海风，奇异的石景，以及没有一丝张扬色彩的满目青翠，这就是真实的铜鼓岭，如此美景可选择在铜鼓岭盘山公路保护区核心碑处或者月亮湾沙滩拍摄这里的奇幻日出和奇特的岩石。

东郊椰林：这里海湾瑰美，风平浪静，银沙柔软，椰林遍地，铺绿叠翠；被世人誉为"椰子王国"。那静静的海湾、海边的日出、满目青翠的椰林是你的镜头不可错过的。拍摄地点可选择附近的度假村里。

南湾猴岛：这里四季绿树葱葱，风光秀丽迷人，洁净迷人的沙滩、茂密的热带丛林、猕猴们的自由嬉戏，还有当地疍家的生活场景都是你的摄像机不可错过的镜头。

五指山：海南最负盛名的一座山之一，海南的主要江河如万泉河等都从此地发源。山中古树参天，藤萝密布，奇花异草随处可见，水满河和极具特色的热带雨林景观是你架起相机拍摄的最佳对象。

石山火山群：堪称是世界上保存最完整的火山群地质遗迹，犹如一座规模巨大的天然火山地质博物馆。景区内的马鞍岭火山、火山古民居是拍摄的特色景点。

● 民俗摄影

槟榔谷：景区由原住民黎村、原蚩尤苗寨和原神秘雨林三大板块构成，是感受浓郁民族风情的最好去处，用你的镜头记下原汁原味的黎族和苗族风情吧。

海南民族博物馆：是一座以贮藏、陈列黎族、苗族、回族历史文物，以及研究海南各族传统文化为主的综合性省级博物馆。在这些民族的展厅里，你可以用相机拍下那些积聚了先人智慧的文物及各种特色的物品。

白查村：黎族村寨保存得最完好的一座村子，已入选国家级非物质文化遗产名录。其中黎族独有的船形茅屋是你了解黎族风俗的切入点，你的镜头岂能错过？

● 古迹摄影

海口骑楼老街：它作为历史的印记，浓缩了海口的百年城市发展。老街上分布有200余座骑楼式建筑，其外表虽然斑驳古拙，但细致的雕塑和洋派的装饰是那么的优美。快用镜头拍下这沧桑的美吧。

文昌孔庙：它是海南省保存得最完整的古建筑群，被誉为"海南第一庙"，代表性的有孔子塑像和大成殿。如果你的镜头已经记录下全国的大部分的孔庙，那么这座孔庙也是不可错过的。

间以及院墙组成，4字门额"宋氏祖居"由邓小平题写。祖居内陈列有和宋庆龄有关的照片、史料等，以及宋庆龄高祖、曾祖、祖父、父亲等人的照片、家谱或使用过的物品等。这里周围绿树成荫，环境清幽，还建有宋庆龄陈列馆、宋庆龄植物园、宋庆龄汉白玉雕像等重要景观，是游客缅怀和纪念宋庆龄这位历史大名人的最佳去处。

宋氏祖居

玩家 解说

宋氏祖居门前，长着几棵很大的荔枝树。大大的荔枝树，象征着祖居的悠久岁月。国母宋庆龄的父亲宋耀如于1861年出生在这里。为纪念宋庆龄及其家族在中国近现代历史上留下的深远影响，文昌县人民政府于1985年修复宋氏祖居，修葺一新的宋庆龄祖居为四合院；又在宋庆龄基金会和海内外友好人士的支持下相继兴建起宋庆龄陈列馆、宋庆龄植物园，还在祖居北边竖起了总高达3.2米的宋庆龄汉白玉雕像。

链接

宋氏家族

从宋氏家族家谱可以看出，宋氏家族原来姓韩，最早居住在文昌市罗豆乌坡村。宋庆龄高祖叫韩儒循，曾祖叫韩锦彝，祖父叫韩鸿翼，从高祖韩儒循开始迁到了古路园村。祖父韩鸿翼有3男，即韩政准、韩教准、韩致准，其中韩教准为宋庆龄父亲。由于家境贫寒，韩教准在12岁时便跟随舅舅去了美国。后来，他被舅舅收为养子，并更名为宋嘉树，号耀如。宋嘉树共育3男3女，分别为宋蔼龄、宋庆龄、宋子文、宋美龄、宋子良、宋子安。宋氏姐弟后来都成了影响中国历史的名人，尤以"二小姐"宋庆龄最为知名。

文昌孔庙

海南省保存最完整的古建筑群

文昌市文城镇文东路77号

在文昌汽车站乘坐"风采车"可到

15元　8:00~18:00　63227482

文昌孔庙也叫文庙、文昌学宫，地处文昌老城——文城镇，占地面积3300平方米，始建于北宋庆历年间（1041—1048年），元至顺二年（1331年）迁往奉化乡北山都，明洪武八年（1375年）迁到了现址。该孔庙是中国唯一一座大门不朝南开的孔庙，被誉为"海南第一庙"。该文庙布局严谨，庭院宽广，前庭有棂星门、泮池、状元桥、孔子全身塑像，后院有大成门、大成殿等。文昌孔庙古色古香，明、清建筑工艺特色鲜明，儒家文化氛围浓厚，每年都吸引着众多海内外游人来此游览参观，是一处非常不错的景点。

玩家 解说

大成殿是文庙的主体建筑，其为框架式木结构建筑，重檐歇顶，给人古朴、庄重之感。殿内正中供有孔子坐像；坐像上方挂有四块涂金描红的巨匾，分别为清康熙皇帝玺印的"万世师表"、嘉庆皇帝玺印的"圣集大成"、咸丰皇帝玺印的"德齐帱载"、光绪皇帝玺印的"圣协时中"；坐像两旁设有颜回、曾参等人牌位。

链接

"状元不出，龙门不开"

孔庙门前的石阶旁，有一块"文武百官至此下马"的石牌。但这里并不是孔庙的正门。据说是因为文昌

文昌孔庙大成门

文昌孔庙

县虽然人才辈出，却从未出现过一位状元郎，为此这里不开正门，叫作“状元不出，龙门不开”。进入庙门，左侧壁上雕着两条栩栩如生的镂空蟠龙，旁边竖着一座明清时代文昌进士芳名碑，共有16位；右侧是雄伟的棂星门，由四根白色石柱组成，横梁上嵌有三颗火珠，意思是希冀文昌能出状元之才。棂星门后是古老的状元桥，据说也是没有人走动过的，原因当然同“不开正门”一样。

张云逸纪念馆

张云逸将军诞辰100周年而建

文昌市文城镇文建路51号（近文昌市青少年宫）

在文昌汽车站乘坐三轮车可到

8:00~20:00　63330169

张云逸纪念馆，即张云逸将军纪念馆，坐东朝西，占地7962平方米，1992年建成，是为了纪念张云逸将军诞辰100周年而建。该馆6字金色匾额为聂荣臻题写；顶分双层，覆以碧绿色琉璃瓦；大门和陈列室中间设有张云逸全身铜像，高8米，基座上刻字为彭真题写。陈列室内展出有各种和张云逸相关的照片、书稿、实物资料等，系统、细致地反映了张云逸光辉的一生。整个纪念馆布局严谨，建筑精美，馆内绿草如茵、花木扶疏，环境清幽，是游客缅怀这位大将的绝佳之地。

链接

张云逸将军生平

张云逸（1892—1974），别名张运镒、张胜之，广东文昌（今海南文昌）人，中国人民解放军高级将领，革命家、军事家。历经北伐战争、南昌起义、百色起义、抗日战争、解放战争等，历任红七军军长、中央军委副参谋长等职。1955年被授予大将军衔。1974年病逝于北京，终年82岁。

高隆湾

被誉为“天然泳场”

文昌市清澜镇高隆湾旅游度假区

在文昌汽车站乘坐去往高隆湾的专线公交车可到

8:00~17:00

高隆湾东临南海，海岸椰林成带，水洁

沙白，四季常春，是文昌市的一线海景旅游区。这里景色美丽壮观，除了鸥群翱翔，千帆相竞，游客还可在早晨观看海上日出，在黄昏欣赏落日景观，是一处非常不错的休闲度假胜地。高隆湾目前已建成多处大小度假村、酒店、高级别墅，以及大型淡水泳池和其他服务设施等，可以为游客提供最完善、最个性化的旅游服务。

椰子大观园

完整体现海南椰文化的殿堂

文昌市新市区

椰子大观园是以棕榈科植物为主的旅游观光休闲景区，园内椰林葱郁，花繁叶茂，鸟语花香，汇集有众多棕榈植物、海南特色树种以及世界各地椰子品种，是目前中国棕榈植物品种保存最多的植物园区。园内分为椰林区、奇异椰子区、百棕园区、棕港乐园区、留芳园区等区域。

玩家解说

除了可以观赏植物外，还有特色椰鲜果品尝、猴子摘椰子表演、投喂鸽群、垂钓、烧烤等休闲娱乐项目。其中猴子摘椰子表演相当精彩，经过人工驯化的猴子，以它的灵巧直入云霄，从高高的椰树上摘下椰子，游客可以品尝甘洌的椰汁。

链接

海南椰文化

几千年来，椰树和海南各族人民结下了不解之缘，椰子几乎渗透到人们生活的方方面面。人们习惯在田园、土地、住宅边种上椰树，称“地界椰”；当男女双方快结婚时，男方到女方家下聘礼，要带去两棵长势兴旺的椰苗，这叫“订婚椰”；女方过门结婚，夫妻要共同栽下两棵椰树，这叫“结婚椰”或“夫妻椰”；待到孩子出生满月时，父母还得为子女种上两棵椰树，称“子女椰”等，这种风俗习惯，千百年来世代相传，已成为海南人生活中不可分离的部分。

后港湾

被誉为“海上森林公园”

文昌市头苑镇东南部，距文昌市约8千米

后港湾地处文昌河、横山河、文教河等八条大小水系流注入清澜港的汇合处。后港湾有着十分迷人的红树林，港湾滩涂长着约11 334多公顷树林，被人们誉为“海上森林公园”。涨潮时，一望无际的碧水上，露出一

椰子大观园

簇簇浓绿的叶丛，这是高干红树冠顶。红树林护岸护堤，又能保护浅海海产资源及鸟类资源，是保护海洋生态的理想植物，它还是多种工业染料和工艺的用材。

玩家 解说

红树林的传宗接代非常有趣。它的种子下端粗大而末端尖锐，长度一般20厘米左右，种子在母树上成熟后，还要由母树“怀胎”一段时间。这段时间里，种子从母树体内吸收营养，慢慢萌芽、发育，待到具备独立生长能力时，才脱离母树，一个个往下跳，稳稳地插进淤泥，几小时之后，上边发出新芽，下边长出新根，不断成长起来，有的跳落在水里，能随波漂流两三个月，当遇到滩泥，三四个小时就能扎根生长。

清澜港景区

有“文昌之咽喉”的美称

📧 文昌市清澜镇东南，距文城镇12千米处

🚌 海口东站有直接到文昌清澜港的普通中巴，需用时1个半小时

清澜港景区以清澜港为中心，港区处于八门湾（也称后港）的西岸，水域宽阔，面积达12万平方米，港内风浪很小，回淤较少，是一个自然条件优越的港口。港岸椰林成带，郁郁葱葱。自古以来，此处就是海南岛东海岸重要商港，有“琼州之肘腋”“文昌之咽喉”的美称。明洪武元年（1368年），这里就形成了渔商小港，而现在这里已是海南东部水运物资集散地，是沟通西沙群岛、中沙群岛和南沙群岛的重要枢纽。

木兰湾

隔海与大陆相望

📧 文昌市北端的铺前镇 🚌 先乘海口至文昌的省直快车，再乘文昌到铺前的中巴

木兰湾形状似三角形，由木兰头、木兰湾和30平方千米的宽阔腹地组成。木兰湾的海南角有海拔97.2米高的航标灯塔，堪称亚洲第一。木兰湾腹地开阔平缓，保持着良好的生态环境。自然景观如诗如画，绿色草坪

木兰湾

犹如天然高尔夫球场。距木兰湾3千米处是木兰头，由七个具有独立性的月牙形沙滩、怪石区和约6平方千米尖三角形陆地组成。

玩家 解说

急水门位于木兰角最北端突出岬角的前方。传说在清代末期，有几位英国水文地理专家对急水门的流速进行了测试，认定其水流流速仅次于英吉利海峡的世界第一急水门，此后，木兰头的急水门的“世界第二急水门”说法就流传了下来。老渔民们说，很早以前木兰头急水门也叫“鬼门关”，水流至此由于礁石等原因必定加速，到了退潮时更是壮观，常会在海上形成一段段的“瀑布”。一些不熟悉这片海域海流的船只通常都会遇险，船破后木板被海浪冲到海岸上，堆积滩头腐烂掉，遂有“木烂头”的称呼。

海底村庄

中国唯一的因地震导致陆地陷落成海的古文化遗址

📧 文昌市铺前镇一带的海湾海底

当海水退潮时，从东西长10千米、宽1千米的浅海地带可见阡陌纵横的古耕地、玄武岩石板棺材、墓碑、石水井和舂米石等有序排列。

周边海滩上，有一座以方石块砌成的古色古香戏台。离此不远，有个古“仁村”沉陷遗址，透过10米深的海水，当年村庄的庭

院、参差的房屋遗迹依稀可辨。还有一座雕工精细、四柱三孔的“贞节牌坊”仍竖立于水中。成群的鱼虾在牌坊上下穿梭、追逐，好像神话里所描绘的“海底龙宫”一样壮观，令人流连忘返。

横贯于海底的“绝尾沟”是地震留下的裂沟，深10多米，宽20多米。沟东的古河道上，至今仍有一座石桥横跨河道两旁。

玩家 解说

村庄成因：它是明万历年间一次大地震导致陆陷成海的灾难所致。史料记载，1605年7月13日午夜，琼州北部发生大地震，震中烈度为10度，震级7.5级。重震区为琼山、澄迈、临高、文昌四地，地震造成陆地沉陷成海，面积达100多平方千米。共有72个村庄缓慢下沉，为世间罕见的灾害遗址奇观。

七星岭

七峰如星，平湖似月

文昌铺前镇东北边

七星岭北面临海，海拔117.4米，大小十余峰，其中七峰独高，似“七夕星斗”，隔海和雷州半岛相望。景区星岭秀丽迷人，自古称为七星伴月。七星岭南面1000多米处有山岭，俗称大岭。此岭只有一峰，其峰与七星岭主峰并齐，岭巅上有百多米长的弯弯曲曲的日寇战壕和哨所遗迹。大岭西面连绵起伏，怪石嶙峋，景观别致。

玩家 解说

岭上有巍然耸立的斗柄塔，始建于明代天启五年（1625年），重修于清代同治十三年（1874年）。斗柄塔八角形，共七层，高30多米。沿塔内螺旋式阶梯可登顶层，俯视琼州海峡，尽览远近景物，顿觉天高地广，心旷神怡。

岭区一峰半腰处有一泉水眼，泉水长流不歇，水质清甜，历来佛门道家视之为圣水。峰脚下有一庙，名叫“七星圣娘之神庙”，造型古朴别致。主峰脚下东边约200米处有一淡水湖，俗名“恐龙塘”，面积约3公顷，形如圆月，水深无比。

文昌旅游交通示意图

金沙岛

可以移动的小岛

文昌市东郊近海

金沙岛，又名“情侣洲”，是文昌东郊近海的一座移动小岛，面积只有约20公顷，涨潮时会被淹没，退潮时就露出金灿灿的沙滩。金沙岛奇妙之处在于：沙岛在每月的某个夜里被海水淹没一次，平时最大涨潮时该岛只有三个篮球场大，最大退潮时该岛可足有三个足球场大，站在沙岛上，四面碧波荡漾，如临仙境，该沙岛还会随季节、水文变更而移动。

文昌抱虎岭

海南岛东北部的第二高峰

文昌市

抱虎岭主峰海拔220多米，仅次于铜鼓岭，自古誉为文昌名山之一。抱虎岭南北走向，山势狰狞，整个形状貌似巨人抱着一只老虎，南为岭头似虎首，北为岭尾似虎股，中间顺势弓形下弯，中有小处隆起，状似巨大骑虎腰抱虎颈。岭岩临海挺拔，气势磅礴，似斧削般峻奇，山上怪石嶙峋，悬石叠岩慑人胆魄。特别是那巨大的老鹰石，似坠似飞，而又稳伏于山岭之东，呈现出捕虎壮士的坚毅和雄姿，充分展示了自然造物之伟大。

文昌溪北书院

海南清末著名书院之一

文昌市铺前镇

溪北书院坐北朝南，规模宏大，占地面积约1公顷，南开山口，俗称头门，面阔三开间。两边有砖砌的侧间，上为卷棚顶，铺盖琉璃瓦。门匾上为清末著名书法家杨守敬书写的“溪北书院”四个大字。书院于清光绪十九年（1893年）所建，由清末著名书法家潘存发起，在雷琼道朱采和粤督张之洞的支持下筹资建造。现保存完好，为文北中学所用。

更多本旅游区景点

八门湾绿道：文昌八门湾绿道是在海南省建设国际旅游岛以及文昌建设航天卫星发射中心的宏观背景下，依托文昌“海、河、港、湾、林”的自然资源和以“侨乡风情”为主体的人文旅游资源特色打造而成，是一个开放性的新型旅游区。文昌市庆龄路横山服务区

文昌三更峙：是一座50米高的小山包，三面临海，山藤野树青翠葱茏，曲径回旋通上峙顶。登顶观望，能尽览南海日出和椰林晚霞。临海三面峙脚，200多米长的石滩连成半圆形。滩上石头颇具特色，大的如屋，小的如拳，形态多样，错落有致。文昌市会文镇冯家湾海滨

斗柄塔：斗柄塔矗立于七星岭主峰上犹如七星生柄，故得名斗柄塔。塔建于明朝天启五年（1625年），清朝光绪十三年（1887年）重修。塔平面为八角形，共七层，层层收缩递减，砖道以线砖与棱角子砖叠涩出檐，每层有拱门，内设螺旋式阶梯104级，拾级而上可登塔顶。文昌市七星岭景区

溪北书院

景点推荐 琼海旅游区

万泉河风景区

因电视剧《红色娘子军》美名远扬的风景名胜区

琼海市博鳌镇万泉河

在琼海汽车站乘坐出租车可前往；乘坐万泉河漂流旅游接送车到烟园水电站下车即到

66700699

万泉河，又称万全河，即万泉河风景区，地处海南岛东部，全长163千米，是目前世界河流出海口自然风光保护最好的地区之一。万泉河风景区可分为漂流区和峡谷区，主要由万泉河码头、红色娘子军雕像、沙洲岛、万泉河宾馆组成。

这里融“三河”“三岛”“两港”“一石”等风景精华为一体，集林带、流泉、海水、沙滩、红礁于一身。出海口风光更为迷人，再加上明媚的阳光、清新的空气，简直就像一处世外桃源，让人陶然心醉，流连忘返。

玩家 解说

万泉河入海口处为博鳌玉带滩，长达2.5千米，1999年被列入“大世界吉尼斯之最”。玉带滩北部充分保持着原始状态，河面开阔，水清见底，自然河流景观极其秀美，两岸晨昏景色变幻多姿，像一幅漂亮的山水画轴。其中，万泉河游览项目也独具特色，值得体验，包括大型水上观光游船、摩托艇、快艇、竹排等。

链接

万泉河的由来

元朝泰定二年（1325年），因宫廷发生权变，太子图帖睦尔被流放到海南定邑多水河畔。王官为当地绅士，看到太子遭贬，充满烦恼和忧愁，就带着他在多水河山水之间畅游散心。没想到这样一来，太子心情果然大好，还直呼“此乃吾之第二故乡也”。其后，王官又为太子介绍了一位叫梅娘的姑娘与其完婚。三年流放岁月结束后，枢密院拥立太子就皇帝位。在太子携梅娘乘船出海时，王官和万泉河两岸的人民夹岸欢送。由于他当时尚未登基，老百姓便握拳直呼：“太子万全，一路万全。”元至顺元年（1330年），元文宗（图帖睦尔）升海南定邑为南建州，封王官为知州，并将“多水河”更名为“万泉河”。

万泉河峡谷

万泉河峡谷位于琼海市阳江镇，是一个天然的热带雨林大峡谷。景区内有万泉河漂流、峡谷探险、夜漂等旅游项目。其中万泉河漂流既可体验激流越险滩的刺激，也可感受两岸风光尽收眼底的诗情画意，而峡谷探险由激流勇进、雨林穿越、悬崖速降、峡谷溯溪、深潭跳水、高山瀑降等项目组成，让人可以体会到融于自然、挑战自我的快乐。除了漂流、探险、夜漂等项目外，还有垂钓、露营、篝火晚会等休闲项目，万泉河山野大餐更让人大饱口福。

玩家 解说

1.峡谷探险：为景区开展的拓展训练项目，主要有溪降、逆水划船（20~30分钟），徒步穿越热带雨林（20~30分钟）、崖降（大约20分钟）、大峡谷溯溪（40~50分钟）、高台跳水、高山瀑降（30~50分钟）等项目。

2.峡谷探秘：乘橡皮艇前往回音壁、神秘洞、大小龙潭、情人谷、叠泉、一线无名谷、牛路天门等景观进行探秘。

3.万泉河峡谷夜漂：沿万泉河大峡谷溯流而上，远离城市的灯火，投身到大自然的怀抱，在河面的时候，已是明月当空，或是满天星斗，或是空寻流萤。

4.苗家篝火晚会：在苗家聚居地——万泉河河畔进行的户外篝火晚会、卡拉OK、与苗家阿哥阿妹跳苗家竹竿舞、篝火、牌类游戏等诸多活动。

5.中游农家乐和竹排漂流：从中游嘉积镇的椰子寨顺水漂流至官塘温泉旅游度假区，全长4千米，需时50分钟。漂行在水波涟漪的河面上，欣赏两岸的田园风光。

万泉河漂流

万泉河漂流区长约15千米，时间约3小时。漂流的起点是烟园水电站，这是60年代

建造的一个水电站，河水清澈，沿途经过“浅滩”“清滩”“水秧滩”“长滩”“白沙滩”“玉芳滩”“拉蓬滩”“高镰滩”“加秀滩”九道险滩，其中“长滩”最险最急。游客乘橡皮艇顺流而下，感受到的将是惊险和刺激。

玩家 攻略

1.最好带一套备用的衣裤，湿了可以换，如果没有带，也可以在漂流点买一套，价格不贵，30~35元。

2.防晒护肤品一定要搽上，漂流的过程中很晒，最好戴上太阳镜、帽子。

3.手机、手表、照相机等电子产品最好用密封袋装好，以免弄湿受潮。

4.漂流最后时间在15:30，一定要赶在这个时间之前到达。

博鳌水城

以“亚洲博鳌论坛”而闻名的旅游区

✉ 琼海市博鳌镇

🚌 在琼海市区乘坐2路公交到博鳌水城站下车即到　¥ 125元（博鳌亚洲论坛永久会址门票、观光车、玉带滩以及游艇）

🕗 8:00~18:00　☎ 62691509

博鳌旅游区以“亚洲博鳌论坛”而闻

博鳌水城会议中心

名。融江、河、湖、海、温泉、山麓、岛屿为一体，这里水中有岛，岛中有水，秀丽景色和名胜古迹集于一地，其中最著名的是获世界吉尼斯纪录的自然景观玉带滩和被誉为“世界河流出海口自然景观保存最完好的地方之一”的三江入海口。

旅游区现有博鳌亚洲论坛成立会址、博鳌亚洲论坛永久会址、玉带滩、圣公石等众多景点，高档酒店、高档别墅和高尔夫球场随处可见。博鳌旅游区是您度假、休闲和养生的好去处。

玩家 解说

博鳌亚洲论坛：是在经济全球化进程加快和亚洲区域经济合作迅速发展的背景下成立的。2001年2月，博鳌亚洲论坛正式宣告成立，它是第一个总部设在中国的国际会议组织。论坛每年定期在中国海南博鳌召开年会。作为一个非官方的国际会议组织，论坛以平等、互惠、合作和共赢为主旨，立足亚洲，推动亚洲各国间的经济交流、协调与合作；同时又面向世界，增强亚洲与世界其他地区的对话与经济联系。

博鳌亚洲论坛永久会址

博鳌亚洲论坛永久会址，即博鳌亚洲论坛国际会议中心。从外观上看会议中心就像一枚圆形的古钱币，外圆内方，象征着包容性与亲和力。会场的主色调采用黄色，给人以金碧辉煌的印象。总面积37 000平方米，

共3层，景区坐落在美丽的东屿岛上，是博鳌亚洲论坛年会的永久性会址。景区里宏伟气派的现代建筑、智能化的会议设施、动静相宜的高尔夫球场、河海交融的旖旎风光、古老动人的美丽传说，演绎着人与自然的和谐。

■ 博鳌禅寺

博鳌禅寺总建筑面积6万平方米，按禅宗寺院规制建成，主要建筑有通慧门、天王殿、普济殿、大雄宝殿、万佛塔、钟鼓楼、方丈楼、甘露亭、东方文化主题公园、莲花馆等。其中，普济殿内供奉有12尊独具特色的“十二生肖观音像”；大雄宝殿造型既富丽堂皇，又古朴庄重；万佛塔高55米，是博鳌地区的最高建筑，塔内供奉有千手千眼观音菩萨像。东方文化主题公园以佛教文化为核心内涵；莲花馆建有莲花主题科技、文化馆，并育有66种名贵荷花，以“大贺莲”“冬季荷”2个品种最为稀有。此外，寺内还种有丰富的珍稀树种、花卉，其中包括5棵树龄均在百年以上的菩提树。

■ 博鳌海洋馆

博鳌海洋馆分为多个单元，包括海龟展、鲨鱼展、热带林区、珊瑚海区、珍品海洋区、浅海滩涂区、海底大观园区、维生系流展示区、海洋哺乳动物展示区等。馆内融观赏、娱乐、科普教育、旅游休闲为一体，拥有水生动、植物800余种，是海底世界的真实再现。在这里，游客不仅能欣赏到全国最大的立体热带水草观赏缸，国内品种最全的南中国海珊瑚，以及人鲨共舞表演等，还能学到各种海洋知识。

■ 玉带滩

博鳌玉带滩是一条自然形成的地形狭长的沙滩半岛，外侧南海烟波浩渺一望无际，内侧万泉河、沙美内海湖光山色，内外相映，构成了一幅奇异的景观。玉带滩全长8.5千米，地形地貌酷似澳大利亚的黄金海岸和墨西哥的坎昆，在亚洲区可谓仅此独有。

■ 东方文化苑

坐落在万泉河畔。这座中式的仿古建筑，在风格上处处体现出明、清两代的传统建筑特色，三面环水、一面靠山，莲花锦簇、绿树成荫，是游客品茗、进餐和歇息的好地方。博鳌东方文化苑由博鳌禅寺和东方文化主题公园两部分组成，主要景点三十余处。有名的有禅寺素芳斋、莲花馆、七宝莲池等。

■ 南强生态村

南强生态村紧邻博鳌水城，博鳌亚洲论坛落户以来，该村借助博鳌效应，积极从事第三产业，创建后的南强生态村，依借优美的环境，文明的村风，丰富的文化资源，引进公司合作，开设了万泉河竹排游项目，成了博鳌新的旅游景点。

博鳌禅寺

海南八大会展

海南由于它得天独厚的区位优势，随着海南国际旅游岛的建设步伐加快，会展经济已成为拉动海南旅游业发展的有力杠杆。目前，海口、三亚和琼海已经基本形成了以优势产业和消费热点为主的会展发展模式。

海南每年都要举办不少会展，以下列举一些比较有名的会展。

● 博鳌亚洲论坛

于2001年2月27日在琼海市博鳌镇成立，论坛年会将于每年4月第3个周末定期举行。旨在为政府、企业及专家学者等提供一个共商经济、社会、环境及其他相关问题的高层对话平台。

● 中国家具博览会

于9月上旬在海口市海口会展中心举行，随着海南国际旅游岛建设的推进，它同时将成为中国家具行业最具成长性及重要发展的区域。

● 国际汽车工业展览会

于每年3月在海口会展中心举办，是华南地区最具影响力和最具人气的专业车展之一，是国内外汽车巨头展示形象，开拓市场的最佳平台。

● 旅游房地产博览会

分为春季和秋季两场，一般于3月底和9月底在海口会展中心举行。旨在通过现场参观、展览的方式，为海南楼市“把脉”，促进海南房地产业健康发展。

● 国际兰花博览会

一般于1月上旬在三亚鹿回头广场举行，旨在进一步扩大国际交流合作，创建美丽三亚品牌，增添兰花优雅文化，促进兰花产业发展。

● 高尔夫博览会

一般于12月中旬在海口上邦百汇城广场举行，旨在充分利用海南高尔夫的资源优势，推动海南高尔夫产业和现代服务业的升级。

● 旅游商品交易会

一般于11月中旬在海口会展中心举行，是海南省规模最大的旅游商品展销活动。极大地促进了海口旅游商品以及相关产业的发展。游客可在这里选购各地特色的商品。

● 新丝路模特大赛

三亚美丽的海滨风光和浓郁的热带风情，使它成为多届模特大赛的举办地。三亚的美丽之冠会展中心、半山半岛酒店、国光豪生酒店等都曾留下过模特们靓丽的风采。

玉带滩

天然的狭长沙滩半岛

✉ 琼海市博鳌镇万泉河入海口

🚌 博鳌镇内乘坐13路公交

🕘 8:00~18:00 📞 62691509

玉带滩是琼海市博鳌镇万泉河入海口的一处沙滩半岛，必须坐游船过去，过去的码头就在博鳌会址的边上。玉带滩的沙滩是狭窄的长长的，如同一条带子一般。比较特别的地方是，它是世界上分隔海、河最狭窄的沙滩半岛，它的外侧是一望无际的南海，内侧是万泉河。所以一边会看见浪打浪，而另外一边则是河水，并没有浪花。

玉带滩

玩家 攻略

1.一般可以购买套票连同博鳌会址一起游玩，如果不想去会址，也可以花50多元在博鳌镇买船票过去，为当地村民们私营，船程大约10分钟。

2.玉带滩上全是厚实的沙子，沙质较三亚海沙粗，光脚踩会有点疼。除了在水边，其他地方最好穿鞋子。

博鳌玉带滩

3.在博鳌玉带滩前不远处，有个多块黑色巨石组成的暗礁，屹立在南海波浪中，状如垒卵，突兀嵯峨，那便是标志性景点之一的“圣公石”。

另外海滩还有大海龟、鳄鱼供游客拍照，一张照片约10元。

圣公石

古今闻名的涛头奇观

琼海市博鳌港附近

在琼海市区乘坐2路公交到博鳌千舟湾站下

圣公石，是屹立在博鳌港门大海碧波中的一个黑黛公，高出海面数米的巨大岩礁。古往今来，任由风吹浪打，这石群昂首挺胸，巍然不动，其气概伟岸神圣，故人们美誉为“圣公石”。

玩家 解说

圣公石的涛头奇观最生动的是暴雨过后的几小时。每当暴雨，山洪下注，万泉河、龙滚河、九曲江的水位便一齐暴涨，汇集下泻，汹涌澎湃地拥向博鳌港。而这时，不甘示弱的大海，却以更大的气势，掀起一个个巨大的浪头，朝着迎面冲来的三江洪涛扑撞，两股对面而来的巨涛刚好同时撞击于圣公石上，化成咆哮的水流，冲向大海。两股对面相冲的巨涛，一个回合一个回合地奋不顾身地扑撞，一次又一次地撞得粉身碎骨，一趟又一趟地化集成流，翻滚着，旋转着，前冲后撞，奔驰于圣公石周围，景色奇特壮观。

莲花墩

立有高八米的观音圣像

琼海市博鳌镇万泉河中央附近

在琼海市区乘坐中巴可到

莲花墩位于万泉河中央，据传很久以前，有一鳌龙在此兴风作浪，祸及百姓。观音闻讯，足踏莲花赶至南海。与鳌斗法七十二个回合，终将鳌收服，并令其不得再惹事端。然后卸下莲花宝座乘鳌而去。卸下的莲花宝座就是今天的莲花墩。1999年底，博鳌亚洲论坛的推动者——博鳌之父蒋晓松先生在莲花墩上捐建了一座高达8米的观音圣像，供游人参观游览、烧香膜拜，回味古代传说中那段惊天动地的感人故事。

链接

奇石传说

相传，因苍天四边崩塌，使大地上大火不灭，水患不息，猛兽凶禽伤害百姓。天上善良勤劳的女娲，为解除百姓苦难，便架起巨炉，炼出五色岩石来弥补苍天。女娲炼石时，因一时失手，掉下一块黑色岩石。此石不偏不斜，正好坠落在博鳌港出海口，使此处奇石突现，后人称为"圣公石"。

乐城古城

七百多年的历史古城

琼海市乐城村

从琼海市区乘坐中巴可到

乐城，位于博鳌水城西部地界之外、万泉河流域朝阳段，是"乐会"古县城所在地，自元朝大德四年设县，至今已有近700年历史。经历700多年历史的风雨冲刷和变幻莫测的朝代更迭。但是，香火不断的城隍庙，四通八达的青石砖古道、昂然屹立的古县衙立柱、古城墙依然在向人们诉说着这里曾经辉煌的历史。古城的遗迹虽然不多，但喜爱怀古探幽的游客到岛上游玩，总能从中感悟到乐会古城当年的繁华与兴旺。

古县衙乐城

这里有近乎完美的生态环境、阡陌纵横的热带田园、随手可得的热带瓜果、错落有致的民居古舍、淳朴祥和的民俗民风、清澈见底的万泉河水和婀娜多姿的椰树、槟榔，足以给每一位到过乐城岛的游人留下难以忘怀的印象。

马国师陵园

"文武官员至此下马"

琼海市乐城岛附近

从琼海市区乘坐中巴可到

马国师陵园坐落于与乐城岛一河之隔的朝阳渡口处。人未过河，一座颇有气势的"皇明钦命国师马润通公墓"映入眼帘。进入陵园内，但见果树葱郁，硕果累累。一尊朝廷所赐"文武官员至此下马"圣旨碑文，令整座陵园平添了一种庄严肃穆的气氛。行至陵墓前，香炉上香烛犹存。时有国师的后人或其他游客参观此地时敬奉的凭吊香火。

玩家 解说

据《国师志》记载：国师名润通，字仲余，祖籍扶风茂陵，系汉伏波将军后裔。其父瑶公随祖父志善公自金陵赴任乐会知县。国师因好善乐施，教人从善，扶弱济贫，被皇上钦命为国师。受封后次年逝世。朝廷钦命风水名师陈雅朝随棺进琼，循斗觅宝地。奉逢县葬县，逢州葬州之圣旨，鸣道所向无阻。终葬于本县朝阳河渡校场。每年当地知县主持扫祭，朝廷赐"文武官员至此下马"圣旨碑文。

红色娘子军纪念园

为纪念红色娘子军而建造的文化旅游区

琼海市嘉积镇街心公园

在琼海市区乘坐1、2路公交到嘉积镇下车后换乘出租车　33元　8:00~17:30

62802175

红色娘子军纪念园于2000年开园，是为纪念"中国工农红军第二独立师女子军特务连"而专门建造的景区。纪念园山清水秀，风光旖旎，融山峰、河流、沙滩、海水、椰林、温泉等为一体，以红色娘子军的历史为内涵，是中国30条红色旅游精品线之一。园内建有“红色娘子军”雕像，像高3.7米，由胡耀邦题词，雕像将红军女战士巾帼英雄的气概展现得淋漓尽致。

玩家 解说

红色娘子军纪念园主要由园前景区、主题雕塑展馆区、热带风情园林景区、旅游服务区四大功能区域组成，园区设有和平广场、纪念广场、娘子军连部、歌舞广场、椰林寨和纪念馆等景点。园内和平广场中的雕像十分醒目，雕像由锁链、娘子军竹斗笠、号角以及和平鸽组成，主要反映战争与和平的主题。

链接

红色娘子军

1931年5月1日，在海南省琼海市万泉河畔一个椰林环抱的小山村里，红色娘子军连召开了成立大会。100多位穷苦的农村女孩子，为反抗封建压迫和争取男女平等，在共产党组织领导下，勇敢地拿起了枪。在随后的一年多时间里，这支娘子军部队与当地民团作战8次。伏击沙帽岭、火烧文市炮楼、炮轰白石岭等仗大获全胜，威名远扬。新中国成立后她们的事迹被改编成芭蕾舞剧。

红色娘子军纪念园

椰寨农家乐

再现海南农村固有风情民俗的农家乐

琼海市嘉积镇椰寨村　在琼海市区乘坐1、2路公交到嘉积镇下车后换乘出租车

椰寨农家乐占地面积约13公顷，位于著名的万泉河畔，距离琼海市12千米，是近年来才建起的一个体现海南农家特色的旅游景点。农家乐再现了海南农村固有的风情民俗，是根据当地自然资源和当今人们寻求回归自然、返璞归真的时尚而开辟的新型旅游项目。“农家乐”以其独特的河畔风光韵味，赏心悦目的八音民乐欢迎游客的到来，让人倍感亲切和新鲜。

玩家 解说

在这里可以踏水车、摘水果、尝小吃、看表演，美丽的田园风光和浓郁的乡土气息会使人流连忘返，还可以入乡随俗，探访农家，攀谈农事，和农民同吃、同住、同劳动，“做一天中国农民”，体验到“真正的中国农村经历”。

白石岭

景观优美奇特的风景区

琼海市嘉积镇12千米处的万泉河畔　琼海市有中巴可到　门票20元，缆车35元

8:30～17:00　62802186

白石岭由公子岭、衬布岭、登高岭、三牛岭等山岭组成，山上有石柱擎天等“八景”，登顶可饱览万泉河风貌。

白石岭周围还有众多水库，为山景增添了不少灵动的秀色。登高岭是白石岭最高峰，海拔328米，山状变化万端，移步换形。山上怪石嶙峋，千姿百态，石洞幽深，神奇莫测。每当云雾缭绕，山峰忽隐忽现，变化万千，犹在虚无缥缈之中。

玩家 解说

白石岭不仅仅是登山观景的好去处，还可以来此泡泡温泉。其中以颐温泉山庄最为有名。颐温泉山庄园区坐落着一座座皇家园林式建筑，规模节制，建筑限高，最大限度地保存生

态自然，注重与环境兼容共生。从园区几乎任何视角均可见白石岭全貌。

玩家 解说

白石岭八景：沿白石岭1308级登上石阶贴崖而上，可观“白石岭八景”，分别是：“石柱擎天”“金钟驾驰”“青狮眺目”“翠屏拥月”“崆峒筛风”“苍牛喷雾”“花岗蔚彩”“碧沼储云”。最为有名的是“石柱擎天”，它是指岭上的一块千吨巨石，颜色苍白，白石岭便得名于此。巨石悬于空中，从不同角度观看这块巨石，其形状各异。从高处俯视，如蹒跚之龟；从岭下仰望，似奔腾之骏马，栩栩如生。巨石旁边有一个石洞，疾风吹来，石洞里不时发出瑟瑟之音韵。一边游览八景，一边远俯山下，只见炊烟袅袅的村舍，碧绿碧绿的良田，瓜果飘香的农庄，一幅幅壮丽的生态画卷映入眼帘。

官塘温泉度假区

中式庭院的温泉度假村

琼海市嘉积镇西南郊，白石岭山脚下

乘坐海口至琼海的省汽快车，在高速公路官塘出口处下车即到　7:30～23:30

官塘温泉总面积20多平方千米。度假区内有经专家鉴定的“世界少有，海南无双”的温泉热矿水，日流量达万吨。

温泉休闲中心面向风景区、秀丽的万泉河，背靠雄伟奇特的白石岭，地处官塘热矿水区域腹部。整体设计独特，风格浪漫，建筑环抱着一个中国式庭园廊道，将主楼、客房、别墅、保龄球馆等亭台楼阁有机连成一体，绿草如茵，环境典雅，是旅游度假、疗养休闲的人间仙境。休闲中心拥有全循环天然温泉露天泳池、保龄球、网球、中西餐厅、商务中心等系列设施，是休闲度假、商旅会晤的首选目的地。

官塘温泉休闲中心

玩家 解说

其独特的温泉项目有：温泉气泡浴、差别温泉浴、温泉药浴、温泉泥沙浴、温泉情调浴、温泉浮浴、温泉桑拿按摩、温泉美容美发等。

海南第一橡胶园

我国第一个橡胶种植园

琼海东太农场坡塘作业区18队

海南第一橡胶园至今已有78年的历史了。这个胶园是当年琼海县华侨何麟书先生从马来西亚归来后亲手创办的。当年种下的4000棵橡胶树，几经战火和自然灾害的摧残，如今只剩下千棵左右。解放后，经过多年努力，这千棵橡胶树的子孙遍布岛内外四省区，为发展祖国的橡胶事业做出了卓越的贡献。

在这千棵树胶树中，栽在会山区合湾边的东太合口咀队的一棵，可称得上是我国的“橡胶王”，其围径2.4米，高约30米，在3米高的地方长了六条60～70厘米粗的枝干。现在年产干胶至少在40公斤以上，比一般的胶树单株产量高出6倍多。

琼海聚奎塔

“奎塔插天连甲第”

琼海市塔洋镇西南约500米处

聚奎塔巍然耸立在高低参差的椰冠丛中，直指苍穹。它是海南保存最完整的古建筑之一。

聚奎塔高近30米，一共七层，每升高一

聚奎塔

层，高与宽都相应缩减。塔身中空，底有塔座，四周有墙，正门朝北，楣上端有石匾“聚奎塔”。塔体仿唐代建筑，造型古朴别致。外表每层由八个墙面构成，属楼阁式砖檐塔，七面各筑一个假门，只有一面筑真门。登至塔顶放眼远眺四周，绿树、翠禾、碧荷、红莲尽收眼底，大有心胸开阔，陶陶自娱之神感。

玩家 解说

据《琼东县志》记载，聚奎塔为明代万历二十一年琼东知县卢章兴建。据传在建塔期间的一个夜晚，卢章在梦中看见一位名叫宵霍的人，身穿青衣裙，站在塔顶念道：“奎塔插天连甲第。”因此，把塔名命为“聚奎塔”。

琼海攻略资讯

●琼海交通

火车：琼海火车站位于琼海市嘉积镇东侧1千米处的排岭村，是东环铁路大站之一，东环铁路北起海口，途经文昌、琼海、万宁、陵水直至三亚。每天有多趟车次往返，交通便捷。市内乘坐6、7路公交可到。

汽车：琼海主要有三个汽车客运站，分别是琼海客运总站、琼海汽车南站、琼海长途汽车站，乘客可以乘汽车前往海南省内及省外各地，均可直达。

公交：琼海市市内公交常用线路是1、2、8路公交，可到白石岭、博鳌、嘉积等地。票价1~2元。

出租车：起步价为5元2千米。

●琼海美食

万泉河鲤：因盛产于琼海境内万泉河中得名。河鲤体大肉肥味美，营养价值极为丰富。

嘉积鸭：因产地嘉积得名，又名番鸭。它是海南传统的四大名菜之一，味美滋补，营养价值高。

温泉鹅：指万泉河沿岸农户饲养的本地杂交鹅，具有营养丰富、肥而不腻、清淡原味、醇香可口的特点。

琼脂：用麒麟菜为原料，经科学方法取制而成，大多以凉拌菜、冷饮、软糕为主。

鸡屎藤粿仔：是富有地方特色的民间滋补品，以鸡屎藤叶和大米为原料精制而成。

●推荐店铺

鳌庄海味馆：经营海鲜为主。✉ 其他琼海博鳌开发区东海岸 ☎ 62777123

春笋美食：经营海鲜为主。✉ 其他琼海市银海路（近龙湾酒店） ☎ 62931302

海星酒楼：店内的温泉鹅十分有名。✉ 其他琼海市爱华路西段250号 ☎ 62830888

●琼海住宿

名称	位置	联系电话
博鳌海航度假酒店	博鳌镇滨海大道	62777555
锦江温泉大酒店	博鳌金海岸大道1号	62778588
龙湾国际大酒店	嘉积镇金海路218号	62929999
银海国际度假中心	嘉积镇金海路	62930918
维嘉大酒店	嘉积镇银海路	62923333
琼海宾馆	嘉积镇人民路	62824205
椰庄度假酒店	嘉积镇爱华路	62833628
官塘温泉休闲中心	琼海温泉旅游开发区	62802888
金芙蓉度假村	博鳌旅游开发区	62777888
博鳌索菲特大酒店	博鳌东屿岛	62966888

更多本旅游区景点

多河文化谷旅游区：景区是海南唯一一家以海南母亲河万泉河本土文化为主题的景区，始建于1986年，占地面积11余公顷。✉ 琼海市嘉积镇兴海南路勇敢村

大乐万泉河大桥：大桥是博鳌亚洲论坛会址北出口的重点工程，该桥总长981.20米，是目前万泉河上最长的桥。雄伟壮丽的大桥犹如一条巨龙横卧在碧波荡漾的万泉河上，其左边是古钟悠扬、荷花绽放的博鳌禅寺和博鳌高尔夫乡村俱乐部，右边是神龟引路、踏浪而来的南海观音。✉ 琼海市东部万泉河入海口处

沙洲岛：由流沙冲积而成，面积20多公顷，形如一弯亮月落在河上。岛上有一碧水湖，湖与河水明隔暗连，构成“河中岛，岛中湖”的奇妙佳景。目前，美国企业投资的国际娱乐中心坐落在岛上，琉璃红瓦，辉映河中，以崭新风貌吸引四方游人。✉ 琼海市万泉河中游

杨善集纪念亭及故居：建于1958年。杨善集，是我党早期的革命活动家，琼崖党组织和武装斗争主要创始人，1927年9月23日，在武装战斗中壮烈牺牲，年仅27岁。✉ 琼海市嘉积镇富海路

汀州村：全村至今保留着多处百年以上的古民居。这些民居在建筑风格上既有海南的传统，又融入了南洋的特色。再加上村里良好的自然生态环境，美丽的田园风光，四季常熟的热带瓜果，以及热情好客的村民，常引来一批又一批挥墨作画的学生到此写生创作。✉ 琼海市万泉河畔

多河文化谷

景点推荐

万宁旅游区

兴隆温泉度假区

集热带植物园和东南亚风情村于一体的温泉旅游度假村

万宁市兴隆华侨旅游度假城内

在海口汽车南站坐到兴隆的车，可以直接到度假区

兴隆温泉，即兴隆温泉旅游区，号称“世界少有，海南无双”。该温泉共有10多个泉眼，水温高达80℃，水汽带有淡淡的清香，水中富含对人体有益的矿物质，可辅助治疗皮肤病、关节炎、神经衰弱症等。这里群山环抱，环境幽美，兴隆温泉附近有兴隆热带花园、热带植物园和东南亚风情村等休闲观光点，已成为吃、住、玩、浴多功能相配套的，具有相当规模的旅游度假城。

兴隆热带花园

兴隆热带花园建成于1997年，融自然、人文、园艺、园林、生态为一体，是我国四个环境教育基地之一，被联合国旅游组织赞誉为“世界自然生态保持最完美的植物园”。景区占地面积约400公顷，分为热带植物园、农业观光区、花果品尝区和热带花木科研基地四个部分。拥有繁茂的热带雨林植被、幽深的热带雨林沟谷、数千种热带珍稀植物和数不尽的奇花异草。

兴隆热带植物园

兴隆热带植物园是一座物种资源丰富、园林景观优美，具有科研、科普、观光和植物种质保护功能的综合性热带植物园。现有

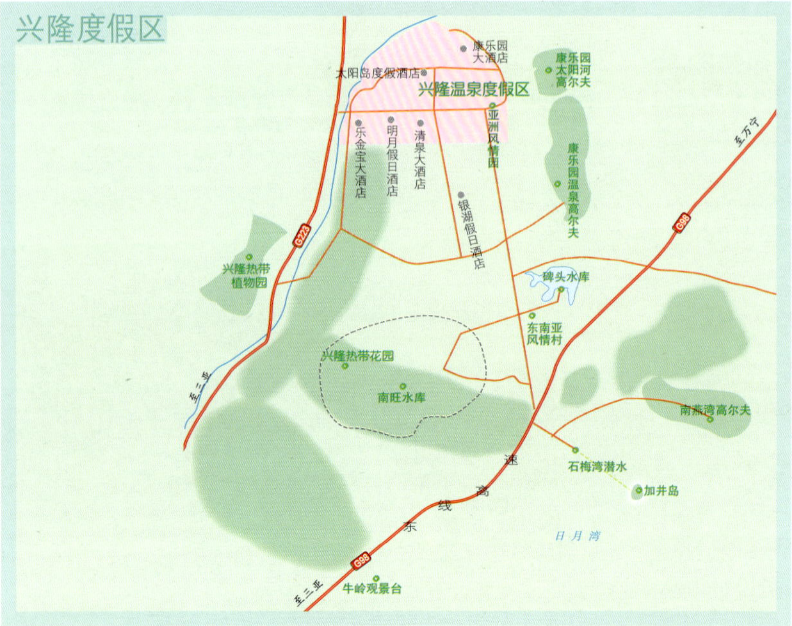

热带树木、热带香料植物、药用植物、油料植物、观赏植物、珍稀植物等展区，保存有见血封喉等野生植物的珍稀物种。园内可开展丰富多彩的活动。

东南亚风情村

风情村的园门，是一座典型的泰国风格的建筑，呈现吉祥瑞和。走进村里，可观赏各种蛇艺表演，让人惊心动魄；还有身着东南亚服装的新老艺人为你献上东南亚歌舞；少数民族综合展览馆内展出东南亚各国的历史文物、民俗风情文化和罕见的巨鱼标本；享有盛名的东南亚食品文化长廊展示着别具风味的东南亚食品。

兴隆热带植物园 AAAA

科研、观光的综合性热带植物园

万宁市兴隆镇南部223国道附近

从海口汽车东站乘到兴隆的大巴

旺季60元，淡季50元

7:30～17:30　62554410

兴隆热带植物园占地约40公顷，创建于1957年，属农业部中国热带农业科学院，是海南最早对外开放的热带植物园。这里三面环山，一面临海，拥有5大功能区和1200多个植物品种，物种资源丰富，园林景观优美，是一处融旅游观光、科研科普、生产加工、种质资源保护为一体的综合性植物园。

玩家 攻略

1.如果您游玩累了，还可以在园区的休息处免费品尝到植物园自产的各种饮品，有香浓的兴隆咖啡、可可椰奶和甘香清冽的香兰茶等。

2.热带植物园内设有科技产品展销厅，专门出售独具特色的热带作物旅游产品。如兴隆咖啡、香草兰、胡椒、苦丁茶和糯米香茶等。

玩家 解说

兴隆热带植物园划分为五大功能区：植物观赏区、试验示范区、科技研发区、立体种养区和生态休闲区，共收集有12类植物。走进植物园，便如同打开一本关于热带植物的百科全书，大自然的种种奇妙在这里五彩纷呈。汇集有咖啡、胡椒、香草兰、可可等热带经济作物和榴莲、山竹子等名优稀特果树；保存有见血封喉等野生植物资源和珍稀物种，引进有国内外名贵的热带植物种类。你还可以观赏到荔枝、鸡蛋花和有着“沙漠甘泉”之称的旅人蕉、米仔兰等名目繁多的热带观赏花木。

东山岭文化旅游区 AAAA

被称为“海南第一山”

万宁市万城镇东山岭

万宁高铁车站有到东山岭文化旅游区的8路公交

旺季50元，淡季40元

9:00～17:00

62222269

东山岭，历史上叫笔架山，素有“海南第一山”“仙山佛国”“海外桃源”之美名，还曾与天涯海角、鹿回头、五公祠等齐名。东山岭风景区历史悠久，是海南开发较早的旅游景点之一，占地面积10平方千米，拥有3座山峰，100多处大小石景，尤以“东山八景”驰名中外。风景区内自然风光极其秀丽，人文景观极其奇特，林木苍翠，芳草茵茵，山泉涓涓，石石苍劲，洞洞莫测，非常适合旅游观光、休闲度假、户外运动等。

玩家 攻略

1.东山羊：东山羊为海南四大名产美食（东山羊、文昌鸡、加积鸭、和乐蟹）之一，其肉肥而不膻、汤白似乳。

2.东山茶：它野生于高山石缝之间，质量上乘，饮用时甘香透心，芳香四溢。

3.东山烙饼：其皮薄层多、外酥内软、咸淡适口、香味奇特，有人誉之为“海南第一饼”。

玩家 解说

“东山八景”：七峡巢云、正笏凌宵、仙舟系缆、蓬莱香窟、瑶台望海、冠盖飞霞、海眼流丹、碧水环龙。

“七峡巢云”是一处蜿蜒逶迤的峡谷，所谓“几处葱茏迷谷口，一泓清沏泻林湾”。

“正笏凌霄”是一块像玉笏的巨石，传说是仙人丢下的玉笏，所谓“削玉俨然铁面刀，风吹雨打不弯腰”。

“仙舟系缆”是一个巨大的船形岩石，相传为海龙王系舟之处。

“蓬莱香窟”是一个由洞石组成的大窟窿，里面有“海南第一泉”，泉水能治病健身。

东山岭

“瑶台望海”是一块形似瑶台的巨石，上面建有一座望海亭，传说为海龙王望海兴叹之处。

“冠盖飞霞”是两块巨石叠成的儒巾状景观，所谓“巧制冠巾分外妍，明霞缭绕在山巅”。

“海眼流丹”是一处天然泉眼，涓涓细流终年不竭，传说水源来自南海龙宫，所谓“一隙疑从碧海通，涓涓点滴渺无穷”。

“碧水环龙”是指站在瑶台景区向下俯视时，东山河就像一条龙环绕在周围，景象十分绮丽。

链接

“东山再起”的传说

相传南宋末年，抗金名将李纲遭奸人陷害后，被贬谪到了海南万宁。谪居万宁的李纲情绪低落，心灰意冷，有一天他来到了东山岭潮音寺打算剃度出家。不料，庙里的大师婉拒了他的请求，并送了他一句“东山再起”的箴言。没想到三天后，李纲就被召回京城复职了。

南燕湾

燕窝鸟和春燕的度寒之处

万宁市礼纪镇南沿海，与石梅湾相连

在万宁市乘坐中巴可到

免费

南燕湾因其为燕窝鸟和春燕的度寒之处而得名。这里旅游资源丰富，山峰石崖高耸，清泉飞瀑长流，巨洞阔大，沙滩洁白，绿树葱茏，天青海碧，水产丰富。与朋友一起坐在海边，赏明月、吃烧烤，望着海面上忽隐忽现的点点渔火，一天的劳累顿时烟消云散。南燕湾风景如画，是一个令人向往并流连忘返的地方，游客在这里定能收获最美的意外。

南燕湾

玩家攻略

南燕湾建有一处南燕湾海滨高尔夫球会，是海南唯一的海景高尔夫球场。它共有18洞，前9洞山峦起伏，球道设计十分巧妙，挑战无限；后9洞视野开阔，热带海滨魅力无穷。

石梅湾

有面积最大的海滩青皮林

万宁市礼纪镇

在兴隆路口乘当地中巴或“风采车”即可到达

62525888

石梅湾滨海沙滩长约7千米，规划面积为12平方千米，三面环山，一面朝海，以世界热带“海洋文化”为主题，因其由两个形如新月的海湾组成而得名。湾内自然资源丰富多彩，植被繁茂，分布着大片椰树、橡胶等热带作物，再加上碧海、蓝天、沙滩、奇石、岛屿等景观，充满了原始的热带原生态自然风情。这里山清水秀，风平浪静，景色怡人，美不胜收，形成了典型的岛屿风光，曾被世界旅游组织专家誉为“海南现存未开发的最美丽海湾”，是游客在海南东线地区旅游度假、海上游乐等的绝佳之处。

玩家解说

石梅湾至今已有4000余年历史，是目前世界上发现的第二个也是面积最大的海滩青皮林。以石梅湾为中心，这里集中了兴隆温泉、兴隆热带植物园、海南兴隆侨乡森林公园、太阳河、大洲岛、神州半岛等多个旅游区。

石梅湾

链接

石梅湾得名由来

石梅湾中的“石”源自“乌石姆”，“梅”源自“青梅”。在海南话中，“乌石姆”的意思是黑色的石头，而石梅湾东侧海域散落有众多黑色礁石；“青梅”即“青皮”，指的是绵延几千米的青皮林带。所以，石梅湾就是黑色石头和青梅林组成的海湾。

青皮林

它是世界上仅有的两片海滩青皮林之一，绵延数十千米，像一道屹立南海之滨的绿色长城。郁郁葱葱，十分森严和雄浑。青皮树苍劲挺拔、盘根错节，宛如妙墨封卷，同蓝色大海相映成趣，十分迷人。

加井岛

岛上树林繁茂、怪石林立、浪花簇拥、异常美观。临岛的海水清澈见底、鱼游浅滩、海岸边各式贝壳历历在目。走入浅海，海星、海参及活体珊瑚随处可见，岛南岩石众多，是垂钓的最佳场所。加井岛是海南为数不多的具有淡水资源的袖珍岛屿，岛上共有两处泉眼，人们认为该泉眼是龙太子眼睛的化身，岛上所产泉水为龙水，为此，当地人们有端午节到该岛附近洗浴沾龙气的风俗习惯。

玩家攻略

由于加井岛是无人岛，基本呈原始未开发状态，故去加井岛须做好一些必备措施：

1.患有中耳炎、心血管病、心脏病的游客不宜参与潜水活动。

2.无论选择何种娱乐方式都要特别注意安全。

3.去加井岛前先查清最近几天的天气，挑最好的一天去岛上。

4.去岛上玩的时候包车不必包来回，回来可以让码头上等人的出租车送，30元可以搞定单程，比较省钱。

5.手机、相机、水下相机、胶卷，所以最好将自己必须的物品带全。

6.衣着保健：平时穿上夏季的衣服即可，在1~3月的时候最好携带几件长袖外套，以备早晚或室外用；由于阳光强烈，太阳镜、帽子为必带物品，女性可别忘了带上防晒霜；最好准备一些防蚊虫的药和晕车、晕船药。

日月湾

半月形海湾

万宁市兴隆旅游区　在万宁市乘坐中巴可到

168元　7:00~17:30

62585235

日月湾是一个半月形海湾，分为海门游

日月湾

览区和台海民俗文化游览区两部分，境内的茹新河和田头河静静流淌，河流在日月湾内出海，河海水相渗，咸淡互补，水质清净。这里依山傍水，沙滩洁白、柔软，海面风平浪静，海水清澈，是非常适合开展游泳项目的天然海水浴场。这里气候湿润，四季如春，风景秀丽，服务项目齐全，特色项目包括龙王鼎、海门奇观、沙滩娱乐、海边骑马、椰林休闲广场等。

玩家 解说

日月湾建有度假村、小别墅等，楼房装修精美，融吃、住、玩、游等为一体。客房类型多样，分为标准客房、豪华客房等；配套设施齐全，餐厅、舞厅、会客厅、会议室等，应有尽有，一应俱全。

海堤边还建有观海亭、品茶室、淡水游泳池等，游客可在亭里室内安闲地品茶观海，也可在游泳池里尽情畅游。

在台海民俗文化游览区内，游览内容包括清水造雾、外婆家免费招待、台海兰苑、快活椰林、风情演艺等。在槟榔园里还有对歌亭、椰叶吹奏亭、高山歌舞表演场等。

◘ 日月湾海门游览区

日月湾海门游览区位于素有“海南黄金海岸”之称的日月湾海边，是一处具有特色海洋景观（海门奇石）和海湾风情文化相结合的旅游景点。游览区分为海门公园和台海民俗文化游览区两部分，海门公园主要景观和配套服务项目有：海门奇观、椰林休闲广场、龙王鼎、沙滩娱乐、海边骑马等；台海民俗文化游览区内，在一条蜿蜒小河的主线的牵引下，将“天长地久”大拱门、清水造雾、外婆家、台海兰苑、盘古掌、人造瀑布、快活椰林、风情演艺、中华龙等景物有机地联动起来。

◘ 日月湾南海渔家文化旅游区

日月湾渔家文化旅游区是在海南唯一以渔民和冲浪文化为主题按5A级标准打造的旅游景点，一半是海水，一半是古村。旅游区内有：观海长廊、南海龙王、海上丝绸之路博物馆、耕海牧渔文化馆、珊瑚馆、妈祖庙等，更有上演的国家非物质文化遗产“哩哩美”渔家歌舞及大型“祭海开渔”活动，与景区配套的有以南海渔家冲浪为主题的400间全海景客房酒店。

天涯雨林博物馆

亚洲最大的根雕、根艺展馆

万宁市兴隆镇华侨农场工业大道合口旅游区1号

在万宁市乘坐中巴可到

天涯雨林博物馆是目前亚洲最大的根雕、根艺展馆，里面陈列的都是罕见的巨型根雕、根艺。馆内包括三大部分内容：根雕、根艺展馆，文化长廊、演艺厅、手工作坊及园林、园艺。里面花草遍地，奇石林立，让人回味无穷。

主展馆模仿热带雨林原貌进行装修布局，内有蓊郁的大树、流泉飞瀑、峭壁岩石、小桥流水等，如同置身于原始森林。巨型的根雕、根艺格外吸引人，它们造型奇特，形态多样，大多数作品都是热带雨林濒临灭绝的树种，部分是已经灭绝的树种，精美的作品让人如处在自然的艺术殿堂之中。

六连岭

古时有“连峰耸翠”的美名

万宁市万城镇北面60千米处

万宁有中巴可直达景区

六连岭因六峰相连，逶迤腾浪，故古时有“连峰耸翠”的美名，是万州八景之一。

六连岭不仅以其高峻的山峰，美丽的森林而闻名，而且岭中有无数深涧石洞，古时为鹿麋唤侣聚会之所。革命战争时期则是琼崖革命坚持23年武装斗争、建立革命根据地、革命同志艰苦栖身之所，是海南革命的胜地。

玩家 解说

其六峰是：带尖顶、太师椅、石狗咀、三支香、鼻谷架、第一架。六峰高度相差不大，最高峰太师椅峰海拔558米。

神州半岛

四季如春的阳光型半岛

万宁市东奥镇东南面

乘坐高铁在神州高铁站下，然后乘坐神州半岛神州高铁站穿梭巴士可到

神州半岛有美丽的海湾，千奇百怪的石头，涨潮退潮时风景各有不同，这里的渔舟唱晚是一大风景。神州半岛有美丽的海湾，洁白松软的沙滩曲折悠长，海湾深入的后海渔场，渔舟如梭，网群如云，一派繁忙景象。广阔深海盛产马鲛鱼、带鱼、西刀鱼、墨鱼等，是海南著名的渔业生产基地。

玩家 解说

神州半岛海湾里有一处三角形陆连小岛，面积约300平方米，小岛由大石叠成，涨潮时漂在距岸百米的海中，潮退后又与陆地连为一体。岛上的岩石千姿百态，其中“公鸡石”最有名气，昂头伸向大海，好似雄鸡报晓，周围还有乌龟石、观鱼石、钓鱼石等象形石。

六连岭自然保护区

大花角

有前鞍、后鞍两个山峦

万宁市和乐镇港上村

大花角由前鞍和后鞍两个山峦构成，双峰之间有一处宽近百米的峡谷，与双峰一起伸向浩瀚的南海，于是形成一个天然的海湾，这里弓状的数百米长的海滩上，没有洁白的沙带，人临此境，首先看到湛蓝的海水，其次是密密麻麻的卵石。

弓状的卵石滩上，大石小石你拥我挤地堆积在一起，大的如斗，小的如蛋，圆的扁的，一个个光滑透碧，在灿烂的阳光下闪闪烁烁，剔透玲珑，石体上，有纹有景，如琢如磨，似画非画，五彩缤纷，令人眼花缭乱，情趣盎然。

大洲岛

我国唯一的金丝燕产地

万宁市东南部的海面上，距市区15千米

从海口长途东站乘车前往万宁市

大洲岛即燕窝岛，有二岛三峰，唐宋以来，一直成为航海的标志，也是我国唯一的金丝燕产地，大洲燕窝就产于此。大洲岛距乌场港6海里，离陆地最近的新潭村只有3海里。

大洲岛

岛上有南北两岭对峙，中部有前后港相望，中间有长700米，宽50米沙带联结，坡上有孤魂公庙、大洲公庙和水夫人庙等遗址，岭上终年泉水清冽，巨石屹立，秀木葱翠，异竹挺立，植被茂盛，动物喜人，渔舟泛海，燕子飞舞，大洲岛“燕窝”更是驰名中外。

玩家攻略

岛上有渔民自己开的排档，价钱可商量。特色菜肴有大洲岛特有的带草药味的“百草蟹”汤和各种时令海鲜，原汁原味，味道正宗。

大洲岛上没有固定居民，也没有正规的旅店和宾馆，但是一些常驻渔民也出租自己临时搭建的房子，虽然简陋，但也可以将就一晚，二三十块钱就够了。也可自己带帐篷。

链接

金丝燕的燕窝

金丝燕体长约18厘米，暗褐色的羽毛间闪现出金丝光泽，首尾犹如燕形，因而得名金丝燕。每年春天，金丝燕开始做窝繁殖后代。它的咽部有非常发达的舌下腺，能分泌出很多有黏胶性的唾液，这是做窝的主要材料。它们把唾液从嘴里一口一口吐出，积少成多，在山洞潮湿的空气中，这些唾液自然凝结干固起来。经过20~30天形状如碗碟一般的小窝做成了，这就是燕窝。

牛岭

东线高速公路上的最佳观海点

万宁市南部与陵水自治县交界处东线高速公路路口 乘万宁至陵水的中巴可到

牛岭是海南地理、民族、气候的分界点。牛岭以北是万宁市日月湾，以南是陵水自治县香水湾；牛岭以北多汉族，以南多黎族、苗族、回族等少数民族；牛岭以北是北热带地区，牛岭以南是中热带地区。

牛岭目前已建成风格独特的观海亭，有盘山公路蜿蜒而上。这里，蓝色的大海如锦

牛岭

缎一般，左边是万宁县大片珍稀植物青皮林绿娇娇的石梅湾；右边是陵水县的香水湾，大片银沙滩光闪闪的；头顶是澄澈而纯净的蓝天，身后是滴翠的青山。

更多本旅游区景点

伊斯兰教徒墓葬群：该墓葬群延伸至三亚的番岭坡，共有四十多座。全部坐北朝南，一般高0.45米，也有的高0.63米。墓碑是用珊瑚石做的，有的还清晰地保留着阿拉伯镌文。隋唐时期在航海中去世的波斯人的遗体都被埋在沙滩的坑道中，遗体屈膝朝西，表示向西方伊斯兰教徒的天国朝拜。✉ 陵水县与三亚市交界的陵水湾海滩上

万宁青云塔：当地亦称为“山尾岭”“万州塔”。青云塔体为八角形，用火砖和零星石料砌成，塔高约27米，分七层七檐。青云塔的前身是文魁塔，始建于清朝康熙五年（1666年），毁坏后于道光壬辰年重建，取名青云塔，因为塔身高耸壮观而得名。青云塔高大巍峨，古朴典雅，坚固稳重，充分体现了万宁古代人民独特的砖石建筑艺术。✉ 万宁市万宁镇东南2千米处的山尾岭上

亭湖宾榭：坐落在铺天盖地的椰子、橡胶、胡椒、咖啡等热带植物的绿海中，房前屋后，林木葱翠，路旁繁花似锦，凉风吹拂，树轻摆花摇曳，加之鸟语林间，蝶蜂恋花，一派春意盎然。✉ 万宁市东兴农场

白水岭热带森林：属热带原始森林，总面积约3048公顷，这里生长着茂密的热带山地雨季林，林中栖息着种类众多的珍稀动物，被誉为海南物华天宝之地，是热带森林旅游观光的好去处。✉ 万宁市

万宁风光

景点推荐 陵水旅游区

分界洲岛 AAAAA

具有热带风情的旅游袖珍岛

陵水县G98海南环线（三亚东线高速公路牛岭出口处） 在陵水动车站门口乘坐分界洲岛旅游区专线巴士可到

132元（含来回船票） 38187777

www.hnfjz.com

分界洲岛位于陵水县东北部海面，是世界唯一的热带与亚热带海域分界岛。它由山、海、岛相融合的独特资源构成，拥有众多独特自然景观，是海南最适宜潜水、观赏海底世界的海岛。

分界洲岛所处位置是海南岛重要的分水岭，素以"蓬莱仙阁"著称。岛的四周被蓝色的大海所环抱，岛上常年灌木丛生，林荫翳地，鸟语花香。岛上还建有福龟湾、寿龟滩、禄龟岭、"前途无量"及山顶主题公园等景点。

玩家 攻略

1.岛没有单独的门票，是连船票一起打包销售的，船的类型是豪华游艇，码头都是原木搭建起来的，非常有热带风情。下船就是分界洲岛的游客中心，然后岛上景点有海豚湾及珊瑚湾，可以看海豚及各类珊瑚。

海豚湾需要另外收门票，海豚湾观光票市场价100元，一般散客优惠票是80元（海豚湾海豚表演时间为：9:30、11:30、14:30、16:30），购买海豚湾票即可进入珊瑚馆参观。

2.分界洲岛半山顶悬崖边有海景咖啡亭，横跨"决断谷"的海景西餐厅，海滩边的海南味道酒楼，岩石海岸上的传统刺身料理，玩累了到这

里来可以一边品美食一边欣赏无敌海景。

3.上岛以一日游为主，住宿主流选择是三亚，游客也可选择在景区度假住几天，酒店价格880到1280元不等。

4.参加海上娱乐运动前须换上泳衣，穿好救生衣，过程中请听从教练的指导，安全第一。潜水和坐船及各类刺激的水上娱乐活动，都有年龄及身体方面的一些要求，请根据自身情况选择。

玩家 解说

分界洲岛还有潜水、拖伞、摩托艇、香蕉船等海上项目，仅潜水项目就有海豚潜水、堡礁潜水、远海潜水等。

这里还有中国唯一的海底观光游艇供游客游览海底。此外，岛上还有目前海南最大的以海洋科普为主题的珊瑚馆，馆内可以看到南海海底的珍稀海洋生物标本、“海上丝绸之路”古代商船、古代火炮、古铁锚等。

分界洲岛海豚湾是中国第一个纯自然条件下，规模最大、最具观赏特色的野生海洋动物世界。这里生活着地球上最大的鱼类、被誉为“温柔的海洋巨人”的鲸鲨，被称为“海洋精灵”的海豚，生性凶猛的龙胆石斑鱼等，游客可以与它们零距离亲密互动。

链接

分界洲岛名字的含义

一是气候之分：分界洲岛位于海南省陵水与万宁交界的海中，是牛岭向南海延伸塌陷地段。据说，整个牛岭是五指山山脉的延续，这是由于亿万年前，大陆板块的挤压所形成的。分界洲岛是牛岭的下部分，后来冰川期，海水的浸入，淹没了较低的部分，切断了分界洲岛与牛岭的联系，从而形成了现在的样子。二是行政区域之分：这里是万宁市与陵水县行政区域的分界岭，岭北为万宁市，岭南是陵水黎苗族自治县，两个县市的分界碑就在这山岭上。三是人文分界：分界岭连接着中部的五指山山脉和西部的鹦哥岭，构成了一条东西纵横山脉分隔了海南岛南北，自然的分界也成为古代海南人文分界，也就是汉族、黎族聚集程度的分界，岭南主要聚居黎族，岭北主要以汉族为主。在分界洲岛常常可以看到奇观：夏季时，岭北大雨滂沱，岭南却是阳光灿烂；冬季时，岭北阴郁一片，而岭南却是阳光明媚。

□ 寿龟湾、福龟湾

寿龟湾、福龟湾分别是两个满布细沙的

分界洲岛

海南主要潜水地

海南岛处处洋溢着热带风情，这里平均海水温度为26℃，海水透明度高，是潜水的绝佳去处，目前海南有名的潜水胜地有：分界洲岛、小东海、情人湾、大东海、西岛、亚龙湾（百福湾、太阳湾、坎秧湾）、蜈支洲岛、石梅湾加井岛、云龙湾、东锣岛。

● 分界洲岛—小东海—情人湾

只想体验一下的人可以去那里潜水。珊瑚和鱼儿比较多，价格也便宜。其中在分界洲岛潜水时可以观赏海底沉没的近代大铁船。

● 大东海—西岛

可以说是中国最早的潜点，经过十几年的旅游开发和使用，里面设施齐全，有水肺岸潜、外海船潜、珊瑚礁潜水、海底漫步等诸多潜水项目。

● 亚龙湾—蜈支洲岛

它们的名气最大，海底珊瑚保护得比较完整，鱼群也较多，加上海上绝美的风光吸引了无数自助游客和散客前往。百福湾、太阳湾和坎秧湾这几个湾同属亚龙湾，这里生态环境保护良好，是潜水的绝佳地点。太阳湾以形态各异的石珊瑚为主，百福湾则有大面积的软珊瑚群落，坎秧湾最适合深海潜水，石珊瑚和软珊瑚兼而有之。

● 加井岛—云龙湾—东锣岛

加井岛目前尚未开发完成，珊瑚资源保存完整，游客不多，潜水方便而且可欣赏到美丽的珊瑚，在云龙湾度假的游客可以在海星度假酒店外的海边潜水，这里的海底生物十分独特，有其他潜点不多见的宝贝（古代当钱币的那种小贝壳）、蜂窝珊瑚和海草等。东锣岛距离三亚市较远，游人较少，也是潜水的自由之地。

海滩。其中寿龟湾是海滨浴场的所在，而福龟湾则紧连着大洞天，沿着用石头打制成的古钱币大道拾级而上，登上山顶公园，南海美景尽收眼底。

分界洲岛

□ 官帽石

进入景区不久，便可看到刻有“分界洲岛”四个大字的礁石，字体苍劲有力。绕过礁石，又有一处奇石让人驻足，石头的形状极像一个官帽，上面刻有“官帽”两个字。

□ 大洞天

从洞口进入后，这里千年古榕盘根错节，草绿花红，果香扑鼻；石头相垒成屋，缝隙透光，天如一线，似一个天造地设的神仙洞府。

□ 前途无量

在分界洲岛上有一条路，路上都有着各类钱币，有我国的有外国的，有古代的也有现代的，大家不要去数，数也数不清，正对了我们一句俗语：“前（钱）途无量。”大家上岛来，一定要走这段路，这样回去会沾着财气，带给你意想不到的收获。

南湾猴岛 AAAA

我国唯一的岛屿型猕猴自然保护区

陵水县新村镇南湾村　在陵水高铁站可乘坐免费接送车至岛外的景区站点，可以选择坐索道或者坐船上岛　160元　8:00～17:00（16:30停止售票）　83360902

南湾猴岛景区总面积为10.2平方千米，现居住着千余只猕猴，因此人们称之为“猴岛”，是我国也是世界上唯一的岛屿型猕猴自然保护区。这里三面环海，沙滩洁净，珊瑚礁群色彩斑斓，四季葱绿，风光迷人，还有近400种热带植物，近100种动物，以及天然海滨浴场等，堪称最具海南特色的风情岛。其中浪漫天缘景区主要以观光为主。乘坐观光电瓶车欣赏美丽的海岸线风景，最远可到观海台，站在观海台，视野开阔，风景绝伦。

岛上猕猴种群众多，现有猕猴近30群，是国家二级保护动物。岛上还有3个自然村，3000多人口，还盛产椰子、荔枝、杨桃、波罗蜜等水果。在这里，游客既可为猕猴拍照，与它们合影，也可给它们喂食，还可欣赏到猴艺小品、马戏表演。最佳观猴时节为每年10月底至次年2月初，因为这时是母猴

南湾猴岛

发情期，公猴会向母猴展示求爱场面，乐趣无穷。

玩家攻略

1.景区至陵水高铁站的往返免费接送车，游客只要上车购买景区的门票即可乘坐景区的免费接送车到景区游览。在码头可以选择坐观光车去猴岛，也可以去浪漫天缘。

2.上岛时不要身穿红色的衣服，否则会遭母猴子妒忌，撕烂衣服；给猴子喂食时，要一次把手中的东西都喂完，如果留一点在手中，猴子会一拥而上抢夺；手上不要拎塑料袋之类的东西，否则猴子以为是食物，上来抢食；眼睛不能和猴子长时间对视，否则它们会认为在挑逗它，猴子会上来撕咬所带的东西。

3.观猴进食的最佳时刻以管理人员喂食时

南湾猴岛

最佳，哨笛一响，猕猴们呼啦地奔下山来，集合完毕后，边争吃边打闹。

4.游客可在观猴园前买袋花生果等食物给猴子喂食。需要注意的是，猴子们不喜欢被人戏弄，假如只亮食物而不喂给它吃，或者看到握拳亮开的是空手掌，那么它们便会龇牙咧嘴、大叫不止。

5.游客还可以欣赏到精彩的猴艺小品、充满灵性的马戏表演，马戏表演是在一个露天的舞台。一声“演出开始”，猴子们就联袂登台表示欢迎。

6.南湾猴岛被称为“漂浮的美食岛”，岛上有一排排渔船组成的水上餐厅。餐厅经营生猛海鲜，全部海鲜都是“就地取材”，每家的渔排餐厅都有自己的海鲜养殖场。餐厅还提供海南岛最具特色的鱼粥。

玩家 解说

新村港的疍家已有500多年的历史，他们的祖先多数来自福建泉州和广东南海、顺德等地。他们靠打鱼为生，以舟楫为家，居无定所。虽经历史变迁，至今他们仍保留着自己的风俗习惯。从语言上来说，疍家讲的不是海南话，而是具有广东口音的方言。现在，很多疍家人都做起了渔家乐旅游。品尝他们刚刚打回来的海鲜，拉拉家常，很有乐趣。

南湾猕猴属于亚热带猕猴，属于国家二类保护动物。它们体形一般较小，聪明灵巧，毛色纯正，体重一般不超过20斤，寿命大约在25岁。猕猴过着群居生活，主要以母猴和小猴为主，每群猴由一个猴王率领，它们各有各的地盘，有自己较为固定的活动领域。

猴岛索道

它是全国最长的跨海观光索道，索道犹如一条凌空彩链横跨新村港湾，将神秘的南湾猴岛、迷人的热带港湾、浓郁的“疍家民俗”、喧闹的渔港风情等串成一线。

猕猴自然保护区

保护区成立于1965年，现有21群2500多只猕猴。因这里气候温和，雨量充沛，椰树、荔枝、波罗蜜、杨桃等果树比比皆是，为猕猴提供充足的食物。真正成了猴子的乐园。

猕猴

香水湾

自然散发淡淡香气的湖泊

陵水县光坡镇，距县城18千米

从海口东站坐到陵水的省汽快车可到

香水湾位于海南岛南北气候分界岭——牛岭脚下，距三亚60千米。香水湾因香水岭流来的泉水注入海湾而得名，与万宁市的石梅湾相接，与分界洲岛遥遥相望。踏入香水湾，首先映入眼帘的是青翠的椰林，其次就是漫无尽头的银色沙滩，低处若毯，高处成丘，酷似沙漠景观。香水湾沙滩边上有一个约6万平方米的天然湖泊，湖水清澈见底，每年的3月和9月，湖水自然散发淡淡香气，香飘数里并可持续数月。当地流传饮了仙人井的泉，能“香三年，福三年，平平安安过三年”。

香水湾

吊罗山森林公园

海南省东部规模最大的森林公园

陵水县距海榆东线高速公路陵水出入口20千米处 在陵水县富陵路乘中巴1小时左右到达本号镇再转乘三轮车可到

70元 8:00～18:00

吊罗山是名副其实的“植物宝库”和“真正的动物园”，分白水岭热带雨林自然保护区和吊罗山旅览区两个功能区。区内除了丰富而奇特的自然景观外，还有种类繁多而珍稀的动植物资源，主峰三角山是海南三大林区之一。

吊罗山是海南六大热带雨林地区之一，又是国家森林公园，景区内的根抱石、高板根、古藤缠树、老茎生花、空中花篮和树木绞杀等奇观都极具观赏价值。

玩家 攻略

1.山里的野生动物种类繁多，晚上要注意防蛇。雨天最好不要登山，山蚂蟥多。

2.应穿着清爽透气的运动鞋，爬山不打滑，比较实用，切忌穿皮鞋或高跟鞋。最好穿长裤，或者戴手套，避免树枝划伤皮肤。

3.拍摄瀑布一定要带三脚架。建议不熟悉地势的拍摄者一定要请向导，可以避免走错路而被困于深山中。

4.山间的溪水不能直接饮用。

5.最佳游览季节是旱季的11月至次年的3月，这时野牡丹、野杜鹃竞相盛开，彩蝶飞舞，十分美丽迷人；每年5月底至10月底是雨季，4月是旱季和雨季的相交时段，偶有小雨，山高路滑，不太利于户外运动。

枫果树瀑布群

枫果树瀑布群长约1.5千米，落差达150米，大小瀑布15节，从山谷中急流而下，气势磅礴，号称“海南第一瀑”。其中最有观赏价值的仙泪瀑布，丰水季节落差近百米，还有一条弯曲的石阶从瀑布顶端追随瀑布而下，直坠一泓潭水。

枫果树瀑布

小妹湖—托兰日瀑布

小妹湖原是由水库形成，水面有50公顷，四周青山环抱，湖中还有几座翠峰点缀，湖面波光粼粼。顺岩壁朝上游不过十分钟就是托南日瀑布。瀑布为三叠瀑，状如马尾，70多米高的瀑布犹如一条硕大的白练，从碧空飞泻而下，悬挂于叠翠重岩之中，气势壮观，轰鸣贯耳。

热带雨林保护区

进入保护区，首先看到的是低海拔的热带沟谷雨林风光，茂密而幽暗的雨林下面，流淌着潺潺溪水，溪水上空横亘着长着附生蕨的粗大树木。沿着山道，慢慢进入热带原始乔木林，所到之处都是遮天蔽日的参天古树，粗大的树木甚至得三四个人合抱。

清水湾

"会唱歌的沙滩"

陵水县东部沿海

乘汽车在海汽清水湾汽车客运站下即可

清水湾是一个人迹稀少、但风景绝佳的休闲胜地。在这里可同时观赏到清水、白沙、奇岭、怪石，最奇妙的是，其弧形海岸一半是礁岩，其中别有洞天；一半是沙滩，不仅沙细，海滩也很平整，它集合了海南东西两地截然不同的景观。清水湾跨越英州、新村两个乡镇，滩涂狭长，海岸线长约12千米，景区东邻海南十大景点之一的南湾猴岛及新村港，南与赤岭景区相连。

清水湾日出

椰田古寨

黎族先民生活习俗保存完好

陵水县英州镇英州村椰田古寨景区

在陵水县乘坐开往三亚的车，在英洲高速路口下，按照指示牌步行200米即可

25元

7:30～17:00

83470995

椰田古寨保存着黎族先民漂洋过海的历史印迹和文化记忆，既有大自然鬼斧神工的自然奇迹，又有厚重沉淀的具有上古遗风的钻木取火、黎族织锦等多项国家非物质文化遗产，更有刻于血肉之躯的古老文化遗存——黎族最后一代的文脸文身阿婆。在独特的金字屋、船形屋和寮房中能看到更多勤劳勇敢，淳朴善良黎族人民亲手制作的手工艺品和特色小吃。

椰子岛

岛上椰树众多

陵水县椰乡排溪村

在陵水县城乘到黎安的中巴前往水口码头，换乘木船可到达目的地

椰子岛位于陵水河的出口处，距县城仅5千米，总面积约1平方千米。此岛被碧水环抱，椰林装扮。椰子岛目前尚是一处没有开发的小岛，景色自然脱俗，岛上因多高大椰子树而被称为椰子岛。椰子岛上的椰子树姿态各异，整个岛上很难找到几棵形态相似的椰树。登岛之高处南向远望，可见双女石

耸于海上，顶风博浪，相依相靠。俯视近处，青椰绿水相映，渔船海鸟相戏。登此岛须乘船，舟迎神姿仙态的椰树，浪奏洗心涤魄的海韵，可谓到了世外桃源，海上仙境。

椰子岛椰树

苏维埃旧址

琼崖第一个红色政权的诞生地

✉ 陵水县椰林镇中山东路

陵水苏维埃旧址原为琼山会馆，始建于民国十年，1927年，大革命失败后不久，琼崖第一个红色政权——陵水县苏维埃政府就在此诞生，在这里重新点燃了全岛革命斗争的火种。新中国成立后，陵水苏维埃政府旧址被列为省级文物保护单位。

陵水苏维埃旧址是一幢精美的建筑，总体来看是一个祠堂式的多进式院落，分前、中、后三进，每进建筑之间都有天井分隔。一进为单层，二、三进均为二层楼房，木照壁上的镏金彩绘，门窗棂上的精致雕刻，白墙壁上的浮雕花饰等建筑装潢上都显现中国传统建筑特色。同时还融入欧式抱厦、圆弧顶部、脊饰卷草造型、脊下彩塑双凤设计，卷形拱门下四根方柱顶佩以狮饰，门面采用拱卷式长柱廊等欧洲巴洛克风格和楼廊密柱式花栏杆非常明显突出，尽显当年琼山商人的奢华之气和建筑的气度不凡。

经历了80年风云变幻，陵水县苏维埃政府旧址都没有遭到人为的破坏，这座建筑也成为了陵水的标志。

琼山会馆

索引

A

阿陀岭森林公园 201

B

霸王岭 171
白查黎族村寨 176
白鹭公园 108
白鹭乐园 193
白鹭天堂 165
白马井古迹 164
白沙门公园 77
白沙起义纪念园 197
白沙陨石坑 169
白石岭 231
百花岭 196
百仞滩 159
邦溪坡鹿自然保护区 170
比干妈祖文化园 84
滨海公园 75
槟榔谷 203
槟榔河 119
博鳌水城 225
布隆赛乡村 209

C

昌化古城 172
昌化岭风景区 172
城市乐园 107
澄迈金寺 157
澄迈鹭鸟天堂 156
澄迈美榔姐妹塔 155

D

大东海旅游区 131
大广坝风景区 177
大花角 242
大小洞天 122
大洲岛 242
吊罗山森林公园 249
东郊椰林 216
东瑁洲岛 105
东坡书院 161
东山岭文化旅游区 237
东寨港红树林保护区 85

E

俄贤岭 175

F

番茅黎寨 201
分界洲岛 244
枫木鹿场 191
冯白驹故居 85
凤凰岛 104
凤凰花海 136
凤凰岭海誓山盟景区 109
福山咖啡文化风情镇 154
府城鼓楼 64

G

甘什岭 209
高隆湾 219
高山岭 159
观澜湖温泉 83
观音洞 165
官塘温泉度假区 232
光村银滩 167
桄榔庵 165
桂林洋海滨旅游区 85

H

海底村庄 221
海底村庄 86
海甸岛 77
海口骑楼老街 71
海口人民公园 74
海南大学 79
海南第一橡胶园 232
海南海上国家森林公园 167
海南民族博物馆 200
海南琼崖纵队司令部旧址观光园 201
海南热带飞禽世界 188
海南热带野生动植物园 81
海南省博物馆 67
海瑞故居 66
海瑞墓园 69
红坎岭陶艺园 156

红坎瀑布 169
红色娘子军纪念园 230
红兴温泉 178
后港湾 220
后海湾 134
皇帝洞 173

J

济公山旅游度假区 155
加笼坪热带季雨林 156
佳西自然保护区 181
尖峰岭 179
江排游览区 170
金牛岭公园 75
金沙岛 222
锦母角 131
京润珍珠博物馆 119
九架岭风景区 170
九乐宫温泉度假山庄 157
军屯热带花果园 168

K

魁星塔 166

L

兰花世界主题公园 127
蓝洋温泉 162
乐城古城 230
雷琼世界地质公园 80
黎苗民族歌舞长廊 208
黎母山 195
李硕勋烈士纪念亭 65
莲花墩 229
临高角 158
临高文庙 160
磷枪石岛自然保护区 168
六连岭 241
龙门激浪 167
鹿回头山顶公园 106
落笔洞旅游区 133

M

马国师陵园 230
毛岸苗村 202
毛感千龙洞 208
毛公山 180
美丽之冠 108
美视五月花高尔夫球场 83
猕猴洞 177
鸣凤谷 180
茉莉轩 160
母瑞山革命纪念园 188
木兰湾 221
木色湖风景区 191

N

南国槟榔庄园 208
南丽湖 189
南美岭 169
南山文化旅游区 124
南天生态大观园 127
南湾猴岛 247
南燕湾 238
牛岭 242
农垦万嘉果农庄 155

Q

七连屿 139
七仙岭温泉国家森林公园 207
七星岭 222
七星燕窝岭 173
棋子湾 173
千古情景区 109
千年古盐田 162
清澜港景区 221
清水湾 250
情人湾 107
琼海聚奎塔 232
琼台书院 66
琼州大桥 79
琼州文化风情街 76
丘浚故居 66
丘浚墓园 71

R

热带植物园 209
热作两院植物园 163
日月湾 239

S

三亚爱心大世界 117
三亚河 105
三亚奇幻艺术体验馆 110

三亚湾 111
深田湖避暑山庄 193
神州半岛 241
圣公石 229
石花水洞地质公园 163
石梅湾 238
石峡海瑞祖居 193
世纪大桥 77
仕阶村摩崖石刻群 197
松涛天湖 164
宋庆龄祖居 216
苏维埃旧址 251

T

太平山瀑布 201
太史坊 188
天南第一泉 176
天涯海角 115
天涯热带海洋动物园 115
天涯雨林博物馆 240
铜鼓岭 214

W

万绿园 74
万泉河风景区 224
文笔峰盘古文化旅游区 186
文昌抱虎岭 223
文昌孔庙 218
文昌溪北书院 223
卧龙山 192
蜈支洲岛 135
五公祠 65
五指山大峡谷漂流 199
五指山风景区 198
五指山蝴蝶牧场 199
五指山热带雨林 199

X

西岛 112
西海岸带状公园 68
西山岭景区 181
仙安石林 206
仙沟塔 189
仙人洞 84
冼夫人纪念馆 84
香水湾 248
小东海旅游区 133
兴隆热带植物园 236
兴隆温泉度假区 235
秀英炮台 69

Y

崖州古城 120
雅龙风景区 177
亚龙湾 128
亚龙湾国际玫瑰谷 130
亚龙湾热带天堂森林公园 129
亚运会南端点火台 117
亚洲水彩艺术博物馆 69
呀诺达雨林文化旅游区 204
扬帆海上钓鱼俱乐部 132
羊角岭天池 194
椰梦长廊 110
椰田古寨 250
椰寨农家乐 231
椰子大观园 220
椰子岛 250
莺歌海盐场 181
鹦哥岭 196
永乐群岛 139
永庆寺 155
永兴岛 138
鱼鳞洲 175
玉带滩 228
云月湖 166

Z

张云逸纪念馆 219
中和古镇 165
中华民族文化村 202
珠江南田温泉度假区 136

我们的理念

做发现者，才能走得更远。发现秀美景色、探寻历史痕迹、体验文化脉络、寻找地理起源等深层次的旅行知识，是我们不停脚步的动力。我们不仅是在做一本旅行指南，能为旅途上的行者做出一部内容丰富、态度严谨、值得边走边读的行囊书，是我们永恒不变的追求。

《发现者旅行指南》编辑部

总 策 划 丁海秀

执行策划 李荣强 安颖侠

项目统筹 周国宝 龚道军

内容编辑 刘 挺 王叶青 方明杨 刘秀红 丁天丰 张文齐 商子微 张亚飞 苏雪莹 沈 皓 魏建飞 张灵燕 许晨晨 杨康健 张 鑫 刘晓璐 刘慧慧 王春雪 刘智勇 李荣强

美术总监 左小文

美术编辑 侯心如 王春晓

图片编辑 朱盼盼 马志鹏

插图绘制 尚祖山 李秋红

排　　版 水长流 赵媛媛

图片提供 微图网 汇图网 中国图库网 全景网 锐景创意 集成图像 站酷海洛 shutterstock fotoe dreamstime 孙西国 马林宏 徐 行 高应胜 薛 冬 西部老马 钱多多

出炉过程

在编辑部成员的共同努力下，这套耗时两年有余的旅行指南终得以付梓。其间，我们亲历景点，翻遍资料，只为确保撰写的内容准确有效；我们实地考察，联系景区，只求绘得一幅精美的景区图；我们花尽心思，几易版式，只为呈现出前所未有的阅读体验。如今，这套精心打造的旅行指南，能放到您的行囊或书架，我们深感荣幸。我们期待与您一起走向远方，重新发现旅行的价值。

联系我们

我们的成长需要您的支持。您对本书的每一条意见我们都会珍视。同时也欢迎您与我们一起分享旅游体验，稿件一旦被采用，您将会获取相应稿酬。您可以将意见和稿件投递到我们的邮箱（tepfx@163.com）。

丛书策划 丁海秀
责任编辑 张 颖

图书在版编目（CIP）数据

海南 /《发现者旅行指南》编辑部编. -- 北京：旅游教育出版社，2016. 6（2019.8）
（发现者旅行指南）
ISBN 978-7-5637-3380-4

Ⅰ. ①海… Ⅱ. ①发… Ⅲ. ①旅游指南—海南省 Ⅳ. ①K928.966

中国版本图书馆CIP数据核字（2016）第082716号

海 南（第2版）

《发现者旅行指南》编辑部 / 编

出版单位 旅游教育出版社
地　　址 北京市朝阳区定福庄南里1号
邮　　编 100024
发行电话 （010）65778403 65728372 65767462（传真）
本社网址 www.tepcb.com
E-mail tepfx@163.com
印刷单位 北京华联印刷有限公司
经销单位 新华书店
开　　本 905毫米 × 1100毫米 1/32
印　　张 8
字　　数 296千字
版　　次 2019年8月第2版
印　　次 2019年8月第1次印刷
定　　价 68.00元

图书如有装订差错，请与发行部联系

特别提醒

本书信息在出版前已经认真核实过。但由于现实发展太快，旅游信息随时可能发生变化，我们无法承诺保证本书信息的准确性和完整性，并只能在法律规定范围内承担责任。如因此给读者带来不便，我们深表遗憾。